军事情报前沿理论探索丛书

主编 | 王 亮

战略支援部队信息工程大学
出版基金
PUBLISHING FUND

美国对古巴国家情报评估研究

（1957—1965）

张 力 | 著

金城出版社
GOLD WALL PRESS
·北京·

图书在版编目（CIP）数据

美国对古巴国家情报评估研究：1957—1965 / 张力著 . —北京：金城出版社有限公司，2023.7
（军事情报前沿理论探索丛书 / 王亮主编）
ISBN 978-7-5155-2460-3

Ⅰ. ①美… Ⅱ. ①张… Ⅲ. ①情报工作—研究—美国 ②美国对外政策—研究—古巴 Ⅳ. ① D771.236 ② D871.20

中国国家版本馆 CIP 数据核字（2023）第 021724 号

美国对古巴国家情报评估研究（1957—1965）

作　　者 张　力
责任编辑 蔡传聪　李晓凌
责任校对 柴　桦
责任印制 李仕杰
开　　本 710 毫米 × 1000 毫米　1/16
印　　张 15.25
字　　数 200 千字
版　　次 2023 年 7 月第 1 版
印　　次 2023 年 7 月第 1 次印刷
印　　刷 天津旭丰源印刷有限公司
书　　号 ISBN 978-7-5155-2460-3
定　　价 58.00 元

出版发行 **金城出版社有限公司**　北京市朝阳区利泽东二路 3 号
邮编：100102
发 行 部 （010）84252396
编 辑 部 （010）64222699
总 编 室 （010）64228516
网　　址 http://www.baomi.org.cn
电子邮箱 jinchengchuban@163.com
法律顾问 北京植德律师事务所　（电话）18911105819

◂ 丛书总序 ▸

努力系统探寻军事情报活动的“道”与“理”

一

对军事情报活动“道”与“理”的探寻，始于2500年前的孙子时期。“用间”“相敌三十二法”等思想在军事历史的长河中熠熠生辉，引领与指导着军事情报实践活动，至今仍然闪耀着智慧的光芒。这份东方智慧在西方直至19世纪上半叶还无法被军事理论的研究者认同。西方的“兵圣”克劳塞维茨在《战争论》中依然仅用不足千字来讨论“战争中的情报”，主要阐释的是，指挥官面对情报的“不可靠性和多变性”应该如何“保持真正的镇静”，对于从情报人员视角思考怎样做好情报保障工作，克劳塞维茨既无信心也无办法。

西方开始系统理性地思考情报活动规律已然是20世纪的事情。19世纪末20世纪初，新老帝国主义国家之间激烈博弈，对情报活动产生了巨大的需求，情报活动随之迅猛发展。在谍报领域，各国的情报侦察能力向体系化和精细化两个向度发展。在技术侦察领域，第一次世界大战前后，无线电技术侦察和航空侦察纷纷登上情报活动的历史舞台，极大地拓展了情报侦察手段的多样性。日俄战争催生了俄国独立的情报分析机构，侦察和分析成为情报工作链条上两个独立的环节。日益复杂的情报活动既为系统的情报研究活动提供了实践基础，也对深入理解情报活动的内在规律提出了现实需求。战后，曾是沙皇俄国第一位晋升将军军衔的情报人员巴秋申撰写了《秘密军事情报工作与反情报工作》，这应该是最早对现代情报活动展开理性探讨的专门著作。此后，日本、英国等多个国家出现了类似的研究成果，但数量稀少，基本上是有着丰富情报工作经验的人员对情报经验的总结与升华，这些成果也多成为各国情报人员培训教材。

1949 年，曾在第二次世界大战期间服务于美国战略情报局的谢尔曼·肯特，撰写了《战略情报：为美国世界政策服务》，开启了美国情报理论研究的先河，更开启了文人研究情报活动的先河。肯特在战前 20 年的时间里，受训和执教于耶鲁大学，已经打下了扎实的学术训练功底，形成了极强的理论意识和方法意识。《战略情报：为美国世界政策服务》正是他的学术意识与情报领域实践活动结合的产物，更是他力图透过系统建构情报理论从而统筹与规范复杂的战略情报活动的尝试。自此，经验总结与升华不再是情报领域理性思考的唯一路径，引入自然科学和社会科学的理论，运用理论分析军事情报问题，进而创建军事情报理论，成为美国军事情报理论研究活动的不同面向。肯特之后，以罗伯塔·沃尔斯泰特为代表的非情报人员出身的学者也投入情报研究，形成了诸多研究成果。张晓军教授在《美国军事情报理论著作评介》一书的前言中，曾经这样概括美国战后的军事情报理论研究：“美国的军事情报理论研究，数十年热度不退……这些著作从不同层面、不同视角，对军事情报理论与实践进行了探讨。”[1]

---

[1] 张晓军主编：《美国军事情报理论著作评介》，时事出版社 2005 年版，第 1 页。

与战后美国情报学界的百家争鸣景象不同，同样有着超强情报实力的中国与苏联，因为国家安全观念和情报文化的不同，在情报理论创新上鲜少呈现学者的相互争鸣，公开出版的情报相关文献有着共同的话语体系和共同的认知内容。《苏联军事大百科全书》和《中国人民解放军军语》及其修订版最有利于观察两国情报理论创新的节奏与面貌，其中情报相关篇章论述极为精练，蕴含着极为丰富的情报工作实践经验与理性思考。

东西方情报理论创新成果的广泛交融出现在冷战结束以后。20 世纪 90 年代，俄罗斯情报界开始向西方开放，俄罗斯情报学界也外溢出情报界，诸多国际政治和军事问题研究机构（大学和智库等）纷纷开始研究情报问题。传播本国既有的情报理论，引入美国情报理论研究成果，运用历史学研究方法深挖解密档案，创造性地引入系统论等现代科学方法探索军事情报问题，蔚然成风。在我国，20 世纪 90 年代末开始学术化地“研究军事情报活动的规律与指导规律”，系统构建军事情报理论知识与经验知识体系。由此，国内军事情报研究领域的拓荒者们一方面系统梳理情报活动的历史经验，另一方面从继承、“拿来”和创新三个路径探索情报理论。在对中国古代军事情报思想进行系统总结与提炼后，学界把目光投向了百花齐放的美国情报理论界。张晓军教授开此先河，《美国军事情报理论著作评介》为中国读者打开了美国情报理论研究的万花筒，《美国军事情报理论研究》一书则开启了对美国军事情报问题的原创性理论研究。

过去的 20 多年，国内军事情报学者在军事情报理论的翻译与研究道路上大踏步前进。“情报与反情报丛书”“国家战略预警研究译丛”等书系为国内业界提供了丰富的美国情报理论研究全本译著，“军事情报学博士文库”“国家安全与情报丛书”等研究成果也不断推陈出新，相映生辉。更为重要的是，一些研究大战略和战略问题的学者加入情报理论研究的行列，为学界贡献出不同视角下的情报理论研究成果。中国军事情报学界初露锋芒。

二

当我们讨论军事情报理论时，到底在指涉什么？军事情报活动是否需要理论？

为此需要先理解何谓理论。各个学科几乎都要从回答这一问题开始。陈嘉映在《哲学·科学·常识》一书中认为，“我们叫作‘理论’的东西，首先是一般的东西、普遍的东西、抽象的东西，是和具体情况相对的”，“理论的另一个含义是对世界的整体解释”。[1] 文军在探讨何谓社会学视野下的“理论”时指出，“从功能主义的观点来看，理论实际上就是力求解释社会进程的过程和因果关系的一种体系或架构，在这一框架中，各种陈述都会由逻辑的关系连接起来，而逻辑必然性依靠的又是一套内部相关一致的定义和规则。所以，理论也可以看作是对事物的合理解释或事先预测，是对客观事物本质及其运动规律的一种科学认识”[2]。国际关系学者詹姆斯·多尔蒂和罗伯特·法尔兹格拉夫劝告该领域的学生不应被“理论”一词吓到，“理论只是对现象系统的反映，旨在说明这些现象，并显示它们是如何相互密切联系的”[3]。不一而足。从这些学者对“理论”的界定来看，第一，它是对世界（理论所对应领域）进程的反映，也是对具体现象的系统反映，因而是一种抽象的反映；第二，它为世界进程中的因果关系提供一种解释，这种解释往往是整体的、结构化的，由多

[1] 陈嘉映：《哲学·科学·常识》，中信出版社 2018 年版，第 60 页。
[2] 文军：《西方社会学理论》，上海人民出版社 2006 年版，第 6 页。
[3] 倪世雄等：《当代西方国际关系理论》，复旦大学出版社 2001 年版，第 2 页。

重逻辑关系构成的。

如果说上述对理论的定义具有较强的西方科学思维的色彩，那么从中国传统文化中对“道”与“理”的解读，似乎更可帮助我们以中国人的思维习惯视角理解理论的内涵及价值。

庄子以一则《庖丁解牛》建构起了两组对立统一的概念——“技”与“道”、“道”与“理”。当文惠君感叹庖丁解牛技术之高明时，庖丁却为自己理解解牛的“道”而自豪，甚至向文惠君详细描述了处理大骨、小骨、骨结合部等部位的方法，此所谓“道”，即“所然”。庖丁进而解释了这些方法的形成依据，所谓“依乎天理”，即“道”背后的“理”，“所然”背后的“所以然”，按照今天的话语体系，庖丁所遵循的“天理”应为牛的内在结构。能够保证庖丁所用之刀十九年仍仿佛“新发于硎”的，并非“切割”这样的表象活动及其技巧，而是对所解之牛内在深层次结构（理）理解基础上的用刀之法（道）。

散见的道理无处不在。中国文化传播的特点是将诸多道理分别寓于形象化的故事中表达出来。散见的道理不能称为理论。道理还需要系统地说——“系统说理”。“常识所关的……是简单而基本的事实和道理”，而“细致、系统观察到的现象，仪器观察和实验所产生的结果，更是常识难以解释的”，所以需要“系统说理”，“所谓‘穷理’……是向深一层去探究事物的所以然”，“我们关于世界的东鳞西爪的知识，通过对所以然的追问，收归原理的统辖之下，形成一个系统”，“系统说理通过一套原理贯通各种具体问题”。[1]

由此，东西方关于“何谓理论”的理解达成了共识。抽象地阐述事物的所然，系统地理解事物的所以然，从而对事物形成整体的、结构性的认识，应为“理论”的本质内涵。

---

[1] 陈嘉映：《说理》，华夏出版社 2011 年版，第 32—33 页。

需要强调的是，“系统说理”的“系统”有着具体的内涵。中国文化中有强烈的“悟道”习惯，仿佛《关尹子教射》中的关尹子，所谓“教”者，只是明示列子需要知道射箭的“所然”与“所以然”，但“所以然”需要列子在实践中去体悟。西方的理论是对“所然”与“所以然”的系统逻辑推理过程。这也应该是陈嘉映所谓“系统说理”的本意吧。所以，我们进而可以说，通过系统地逻辑推理实现求道穷理的过程即为理论创造的过程，这一过程的产物——运用严密的逻辑推理过程系统地表达事物表象背后的“道”与“理”，即为理论。

理解“理论”的内涵后，也就理解了“理论”的价值。人们应该皆希望自己是文惠君所赞之庖丁，而非“月更刀”“岁更刀”的“族庖”和“良庖”。《韩非子·解老》甚至有言，“夫缘道理以从事者，无不能成。”但是哲人们也提醒我们，不要过高估计“道”的价值。走过“确定领域中的确定事物中的沟沟坎坎”，往往还需要经验和通过经验的累积而日益熟悉的“术”的帮助。[1]

所以，所谓军事情报理论应为对军事情报活动“道”与“理”的系统逻辑推理，是对军事情报活动“所然”与“所以然”的结构化理解。

三

今天，中国军事情报学界已经走过了理论研究的拓荒时期。诸多军事情报理论探索的前辈在这一领域深耕20余载，形成了自己对情报活动“所然”与“所以然”的认识。更为重要的是，他们以自己丰厚的学养和拓荒者的精神培养了新一代的情报理论研究者。薪火相传中，新一代的情报学人承载着新的使命。

[1] 陈嘉映：《说理》，华夏出版社2011年版，第32—33页。

如果说，中国军事情报学界前20年的理论探索为军事情报理论研究领域不断拓展边界，赋予了它足够的宽度，那么在接下来的时间里，情报学人努力的方向也许是：

首先，潜心深耕这片沃土。把情报理论研究前辈们已经开拓出的这片研究领域，作为情报理论探索的核心地带，努力为其中的每一个情报理论问题提供扎实的研究注解，这是构建系统情报理论的第一步，就像所有的通史研究都需要首先做好各个断代史的研究一样。

其次，在继承和拿来的基础上更加专注于对情报问题的原创性理解与阐释。事实上，美国的情报理论创新最重要的路径是将哲学和社会科学的方法引入情报问题的理解中，比如小理查兹·霍耶尔的《情报分析心理学》、凯瑟琳·弗森和伦道夫·弗森的《战略情报的批判性思维》，即将认知心理学的最新发展成果和西方传统的批判性思维引入情报具体研究领域。面对情报活动中的诸多理论问题，我们也可以打开视野，运用不一样的哲学理论或者跨学科理论工具形成独特的系统解释。

再次，对军事情报活动的“所然”与“所以然”给出现代中国的答案。每一个民族每一种文化都有自己在长期的生产生活中形成的独特思维方式。如果说现代科学有共通的“天理”，当涉及人的精神理解时则必然会有文化的烙印。情报领域所需面对的问题既有科学的问题也有人文的问题。现代中国对军事情报基本理论的回答必然依托于自己的文化心理和思维方式。与此同时，情报理论学人也应努力回答国家发展过程中所迫切需要回答的情报理论问题。信息时代，情报能力作为国家重要战略能力之一，面临着更大的竞争挑战，有着更为迫切的发展需求，通过理论创新引领与推动国家情报能力的发展是情报理论研究者责无旁贷的使命。

最后，紧跟时代发展的前沿努力探索情报理论的发展方向。“每一个时代的理论思维，从而我们时代的理论思维，都是一种历史的产物，在不同的时代具有非常不同的形式，同时具有非常不同的内容。”这句耳熟能详的教导同样适用于军事情报理论探索领域。这个时代的理论创新，一方面，是对这个时代所产生新现象的深入系统理解；另一方面，也应该包括以这个时代的视角和理解方式阐释军事情报的基本问题。

上述每一个方向的探索都殊非易事。好在我们都是“思想的苇草”，好在何兆武先生为我们指明了路径：“人的思想总是由零零碎碎的感触长期积累而逐步形成的，没有夹生的，自然也就不会有成熟的。”[1]

正是在这些思考基础上，我们策划了“军事情报前沿理论探索丛书”。这将是一个具有高度包容性的丛书系列，只要聚集军事情报理论探索问题，哪怕只是一个小小的理论问题，哪怕思想没有那么深邃，理论没有那么完美，我们都愿意将其视为珍宝奉献出来。多年以后，中国军事情报理论体系的构建也许就有今天一个小小的理论探索火花的作用。星星之火，终可燎原。

是为序。

王亮　彭亚平

---

[1] 何兆武：《思想的苇草：历史与人生的叩问》，北京师范大学出版社 2013 年版，前言。

前　言

古巴因所处的战略地位及其秉持的社会主义意识形态，成为美国国家情报评估重点关注的对象之一。1957—1965 年之间，美国对古巴的国家情报评估产品在数量上出现了一个大幅度、长时间的剧烈震荡，这既是整个冷战时期《国家情报评估》对古巴评估最活跃的阶段，也体现了美国对古巴重大决策中情报保障工作的力度。

从情报学视角来看，研究这一时期美国对古巴的国家情报评估工作，有助于我们更好地理解《国家情报评估》对古巴的认知理念和评估模式，也可以此为个案进一步认识美国国家情报评估制度的特点，探求战略级情报评估生产的规律，为我国科学开展相关情报评估工作寻求有益借鉴。

本书分为三大部分：第一部分是第一章，以美国国家情报评估体系的总体建设为背景和基础，概述冷战时期美国对古巴国家情报评估活动的运作方式和主要产品；第二部分是第二章至第四章，分别对应《国家情报评估》对古巴革命政权认识的初始、拓展和成熟阶段，提炼每个阶段评估的重点问题和主要观点；第三部分是第五章，对冷战初期美国对古巴国家情报评估实践活动进行总结和评价。

本书的创新之处在于：一是拓展了对美国国家情报评估的体系性研究，首次以美国对古巴国家情报评估的个案为研究对象，纵深展开对美国国家情报评估的研究；二是廓清了美国对古巴政策的情报来源与决策依据，回溯美国对古巴决策的情报分析和评估过程，认识和了解政策制定背后在情报这个无声战场上的较量；三是厘清了美国对古巴国家情报评估工作的路径，首次提炼和概括出国家情报评估工作在不同阶段的主要任务、核心问题和评估思路。

目　录

绪 论

一、问题的提出

作为“代表美国情报界最正规和最高水平的战略分析产品”[1],《国家情报评估》(National Intelligence Estimates，NIEs) 是美国情报界供美国决策层使用的、在国家安全事务方面最权威的书面评估。国家情报评估涉及的问题包括区域性和功能性两方面范畴，研究对象非常广泛，几乎涵盖了世界上对美国具有战略意义的所有国家和地区。

无论从政治、经济还是安全的角度来看，一个国家的周边地区都是该国维护主权利益和发挥国际影响力的首要依托。因此，美国的周边国家和地区自然而然地成为《国家情报评估》的重要评估对象。谈到这个问题，就不能不提到古巴。首先，古巴比邻美国。古巴位于加勒比海西北部，与

---

[1] Richard A. Best Jr., *Intelligence Estimate: How Useful to Congress?* CRS Report for Congress, Order Code:RL33733, Updated December 14, 2007, p. 1.

美国隔海相望，距离佛罗里达州最南端的基韦斯特直线距离仅为 145 公里，距离佛罗里达半岛也只有 217 公里。其次，古巴对美国具有巨大的政治利益与商业利益。美国开国领袖约翰·亚当斯曾说："从美国国家利益角度出发，古巴具有任何其他外国领土所不能比拟的重要性。"[1] 最后，古巴革命后建立的政治制度和秉承的意识形态与美国截然不同。古巴是西半球唯一的社会主义国家，尤其是该国的社会主义制度建立于冷战时期，这更加令美国不能等闲视之。综合上述因素，古巴必然是《国家情报评估》重点关注的周边国家之一。

通过梳理美国对古巴国家情报评估的产品，可以发现，20 世纪五六十年代美国对古巴遏制政策的形成过程中，美国对古巴的国家情报评估活动达到了一个前所未有的高潮。1957 年是美国情报界对古巴特殊关注的起始点，在此之前的《国家情报评估》从未对古巴作出详细的针对性分析，仅是在对加勒比地区进行总体评估时对古巴提及只言片语。就在这一年，菲德尔·卡斯特罗的名字及其领导的革命组织"七·二六运动"首次出现在 NIE 80-57 中，该评估中有 6 段文字专门谈论古巴形势。此后，古巴国内局势的剧烈变化引起了美国情报部门的高度关注，以中央情报局为首的美国情报机构对古巴开展了密集的情报侦察和评估工作。1957—1965 年美国发布的相关《国家情报评估》具体数量为：1957 年 1 份，1958 年 2 份，1959 年 2 份，1960 年 3 份，1961 年 2 份，1962 年 5 份，1963 年 4 份，1964 年 2 份，1965 年 1 份。1965 年之后，相关《国家情报评估》的发布频率和数量都大为减少[2]。可见，在 1957—1965 年间美国对

[1] W. C. Ford, ed., *The Writings of John Quincy Adams* (New York: Macmillan Company, 1913), p. 372.

[2] 根据目前解密的文件，1966—1970 年发布的相关《国家情报评估》具体数量为：1966 年 0 份，1967 年 2 份，1968 年 1 份，1969 年 1 份，1970 年 0 份。

古巴作出的《国家情报评估》，在数量上画出了“波谷—波峰—波谷”这样一个完整的波长。而这一时期正与美国对古巴遏制政策的形成时期基本吻合，换句话说，该波长基本体现了同时期美国对古巴外交政策的震荡，代表着重大决策转变过程中情报保障工作的力度。

为此，本书以1957—1965年间美国对古巴作出的《国家情报评估》为基础研究对象，着重探讨以下几个问题：

（1）这一时期美国情报界是如何对古巴实施国家情报评估的？

（2）相关《国家情报评估》的主要内容是什么？其主要得失是什么？

（3）这些评估在美国对古巴遏制政策的形成过程中发挥了什么作用？

二、研究对象

（一）概念界定

美国情报界对国家情报评估的官方定义主要有3种：一是《中央情报局百科全书》将国家情报评估定义为“对敌对国家与其他威胁实体的能力、弱点以及可能行动方案的战略评估，是中央情报局协调下情报界集体协作的情报产品，被认为是具有最高水平的成品情报”[1]；二是《美国情报百科全书》将其定义为“对与美国外交、经济以及国家安全政策制定有关的外国情况的彻底评估，它主要对这些情况将来的发展与可能的变化进行评估”[2]；三是《国家战略情报法》所做的定义：“国家安全情报对任何情况下所发现的可能性、可能发生的事情以及事实进行考量和权衡，并从中得出结论。”[3]

[1] W. Thomas Smith, Jr., *Encyclopedia of the Central Intelligence Agency* (New York: Facts on File, Inc., 2003), p. 175.

[2] Bruce W. Watson, Susan M. Watson, Gerald W. Hopple, *United States Intelligence: An Encyclopedia* (New York & London: Garland Publishing, 1990), p. 376.

[3] “National Strategic Intelligence Act 1994,” http://fas.org/irp/world/rsa/act94_039.htm.

上述定义虽各有侧重，有的偏重情报产品的特性，有的侧重情报分析的过程，但具备几个共同点，基于这些特点，本书对国家情报评估的界定如下：首先，国家情报评估是关乎国家利益的战略级评估；其次，国家情报评估是预测性的，强调对未来的判断；最后，国家情报评估是由美国情报界共同协作生产的。总结来说，美国国家情报评估，从动态上说就是国家情报评估部门对国家情报进行分析研究，并对关系美国安全的重要国家和重大事件的未来发展趋势作出描述、得出结论的组织过程；从表现形态上看，国家情报评估的产品就是定期刊发的《国家情报评估》和应对突发事件临时刊发的《特别国家情报评估》（Special National Intelligence Estimates, SNIEs）[1]；从作用功能上看，国家情报评估始终服务于美国国家安全利益，为其国家安全政策的制定提供坚实的依据[2]；从实施过程来看，国家情报评估有一套严谨的生产程序，且该程序一直在不断演变和完善中。一般情况下，生产一份《国家情报评估》需要 2 至 6 个月；一些大型的评估可能会耗时 7 个月乃至 3 年之久；在危机时期，生产时间可以缩为 2 至 4 周，甚至更短的时间。[3]

（二）理论渊源

“国家情报评估”从最初概念的提出到最终制度的确立经历了一个相对

[1] 《国家情报评估》通常是按照国家安全委员会和情报界代表制订的计划提出的，《特别国家情报评估》则往往是应国家决策者或决策机构为应对某种危机时的紧急要求而撰写的。

[2] 〔美〕杰弗里·里彻逊：《美国情报界》（郑云海等译），时事出版社 1985 年版，第 260—268 页。

[3] Loch K. Johnson, “Glimpses into the Gems of American Intelligence: The President’s Daily Brief and the National Intelligence Estimate,” *Intelligence and National Security*, 23:3, 2008, p.342. 2007 年 7 月的《国家情报评估》“对美国家园的恐怖主义威胁”从准备到完成花费了 3 年的时间，而 1956 年苏伊士运河危机期间，情报界仅用几个小时就生产了一份有关苏联意图的《国家情报评估》。

较长的发展过程，尤其是经历了一个较长的准备过程。在国家情报评估理论发展成熟的过程中，乔治·佩蒂、谢尔曼·肯特等都作出了突出贡献。[1]

乔治·佩蒂在其代表作《美国秘密情报的未来》中较早地提出了情报评估的概念。他认为，历史证明，在现当代世界中想要成功突袭一个情报能力出众的国家是不可能的，而美国在面对一系列重大事件时表现出的措手不及，足以证明美国的情报工作很成问题。对此，他指出，美国情报机构缺乏的并不是相应的情报搜集能力，而是一种对大量政治和经济情报进行综合和斟酌之后形成情报成品的能力，这种情报恰恰是决策的基石。佩蒂进一步指出，情报应当是一项整理和解读海量数据的工作，而不是其他工作的副产品，因此只能由专业机构来完成。值得一提的是，佩蒂早在当时就指出，由于现代技术的广泛运用，可获取的情报素材必将飞速增多，因此，情报分析的重要性显得越发突出。“获取信息的手段不断增加，分析这些数据的压力也越来越大，这一切迫使国家要精心编组分析人员，让他们专注于发现最有价值的细节，并通过繁杂的运筹，将这些细节融合为一，从而最终形成关于敌方的全景式的情报。”[2]

佩蒂还在理论层面对情报评估的生产组织结构和生产流程进行了深刻的思考。他认为，情报必须依赖流畅运行的情报组织，这就涉及情报组织的架构是否合理、情报生产机构与使用机构间的关系如何协调等。为此，他主张建立中央情报机构，保证战略情报的生产和有效使用。按照佩蒂的主张，一方面，要成立一个由决策者组成的高级别委员会来使用这种情报；另一方面，还需要成立一个中央情报机构来生产这种情报。佩蒂特

[1] 刘鹏喆：《美国〈国家情报评估〉研究——组织、程序、文本》，解放军外国语学院博士学位论文，2013 年，第 21—22 页。

[2] George S. Pettee, *The Future of American Secret Intelligence* (Washington, D.C.: Infantry Journal Press, 1946), p.67.

别明确了生产最高级情报过程中各部门的作用及地位。佩蒂认为，最高级的情报，即可以作为决策基石的那类情报，必须由中央情报机构生产，中央情报机构必须致力于此，并独立完成大部分的基础工作；其他情报部门在此过程中亦发挥作用，它们的相关研究成果会被整合到最终情报产品中。对这个系统，佩蒂用了他所惯用的工业生产的例子来进行类比："生产战略情报，同时并不把所有的情报部门合而为一，这就意味着采用一种分包模式（subcontracting system）：有许多零件供货商，还有一家母公司生产其他供货商无法提供的零件，并将所有零件组成一个最终产品。"[1]

此外，佩蒂还最早提出了情报金字塔概念，即情报活动的开展犹如金字塔的层层叠加，由基座抵达塔尖，形成最终结论，用以支持决策。基于情报金字塔的理论，佩蒂提出了下述情报流程：第一步，获取大量的原始信息，其手段包括获取公开发行资讯、驻外机构的报告乃至谍报手段等；第二步，由分析人员对这些信息进行仔细和彻底的解读；第三步，生成初级的分析报告产品；第四步，对特定领域内的相关信息进行联系、比较和综合处理；第五步，对多个领域的专家意见进行理性分析，形成综合性分析意见。[2] 可以看出，佩蒂的构想基本得到了实现，中央情报局和国家安全委员会正是其理论运用的实践成果。同时，国家情报评估生产组织和程序的基本构架，从大的层面来看，也沿袭或契合了他的学说。

如果将佩蒂视为国家情报评估的理论先驱，那么谢尔曼·肯特无疑是将理论付诸实践的关键角色。肯特在情报部门担任高级职务期间，负责组织生产《国家情报评估》，并在其后的实际工作中完整贯彻了佩蒂的相关

---

[1] Roger Hilsman, *Strategic Intelligence and National Decisions* (New York: The Free Press, 1956), p. 125.

[2] Roger Hilsman, *Strategic Intelligence and National Decisions* (New York: The Free Press, 1956), p. 126.

理论。肯特被称为“战略情报之父”，他系统全面地阐述了有关战略情报的理论认识，这既是一种对此类产品的“呼唤”，又是一种前期的理论准备。肯特认为，战略情报是“主动获取的关于外国的高层次情报”[1]。而在战略情报当中，肯特最为重视其中的评估型情报，他对“评估”一词的理解是“评估：事态下一步的或然性发展方向”[2]。国家情报评估是“关于国际形势的情报评估，正是战略情报的最佳范例”[3]。

对于佩蒂提出的情报分析金字塔理论，肯特在继承其主要观点的同时，予以了完善。他根据多年的工作经验创造性指出，在抵达塔尖的过程中，分析人员可以遵循三种方式：一是顺着推理的惯性得到一个最终的推断，犹如竖立起一个尖锐的塔尖；二是不做最终推断，只是告诉用户，已将可能性缩小为有限的几个，犹如将塔顶削去一截；三是先看再下结论，或所谓“窥视”。除窥视法外，另两种方法是情报分析人员在工作中最常用的方法。《国家情报评估》在最重要的结论部分，充分体现了肯特的这一理论。[4]

不同于纯粹意义的学者，肯特本人还是身居要职的情报界官员，他的行政职务方便其将理论贯彻于实践，从而在组织和制度层面一举奠定了美国现行国家情报评估的基础，其影响力一直持续到现在。[5]

---

[1] Sherman Kent, *Strategic Intelligence for American World Policy* (Princeton: Princeton University Press,1949), p. 3.

[2] Ibid., p. 98.

[3] Bruce D. Berkowitz and Allan E. Goodman, *Strategic Intelligence for American National Security* (Princeton: Princeton University Press, 1989), p. 3.

[4] Sherman Kent, *Estimate and Influence,* The Sherman Kent Center for Intelligence Analysis, https://www.cia.gov/library/center-for-the-study-of-intelligence/csi-publications/books-and-monographs/sherman-kent-and-the-board-of-national-estimates-collected-essays/4estimates.html.

[5] 刘鹏喆：《美国〈国家情报评估〉研究——组织、程序、文本》，解放军外国语学院博士学位论文，2013 年，第 27 页。

（三）主要原则

美国的国家情报评估制度经历了半个多世纪的发展，在情报评估产品的生产方面形成了一些众所周知的基本原则。这些原则是实践奉献给理论最珍贵的礼物，既是国家情报评估活动的指南，也是国家情报评估理论植根的基础。与此同时，在情报实践中也出现诸多难以形成一致意见的争论和分歧，这些分歧既是情报评估活动当下面临的困境，也是情报理论突破的未来机遇所在。

其一，情报分析是国家情报评估活动的重中之重。国家情报评估工作的典型目标是确立事实，然后作出可靠和有效的推理或判断，形成一定的评估结论，以便在进行战略决策时有效使用。其中，分析是情报评估工作的核心，卓有成效的情报评估产品必须依靠高质量的情报分析。如果获得了大量情报素材却无法作出精当和及时的分析，就是对情报资源的浪费。可见，情报分析在整个情报评估工作流程中至关重要，是信息转化为情报的枢纽，是情报价值得以实现的关键。

曾任中央情报局局长的科尔比这样形容传统的情报工作："传统情报就是秘密工作，找到敌人的秘密计划，告诉国王，帮助他赢得战争。"[1]这个观点和当下充斥屏幕的各种谍战类影视作品中情报工作的作用可谓不谋而合，也非常形象地概括了人们对情报活动的看法和认识。然而，事实是，信息通常就在那里，至少事后看来就是如此；同样，大量无关材料也混在其中，有待甄别和摒弃。大部分重大情报失误的原因是分析不足或者根本就没有分析。因此，二战后产生的现代情报机构都很重视情报分析，特别是在美国，中央情报局最初就是作为一个分析部门建立的。哈尔尼克

[1] Wilian Colby, "Intelligence in the 1980s," *The Information Society,* no. 1(1981): 65, quoted by Abram N. Shulsky, Gary J. Schmitt, *Silent Warfare: Understanding the World of Intelligence,* the third edition (Washington D.C.: Brassey's, 2002), p. 160.

说："世界上任何国家的情报机构都有分析职能，但是没有一个国家像美国那样在分析上投入如此多的时间、精力和金钱。"[1]

肯特着重强调了情报分析的作用，他深信，运用严谨和没有偏见的分析，可以通过信息缺口和不确定性得到一些可能性的解释。鉴于他本人身兼学者和官员双重身份，他对情报分析问题除了理论思索之外，还有着许多现实体悟。后来曾担任谢尔曼·肯特情报分析学校首任校长的弗兰斯·巴克斯，将其主要成果总结为"情报分析九原则"[2]。这些原则在撰写《国家情报评估》的过程中得到了严格的遵循。

其二，跨部门合作是国家情报评估实践的必由之路。不同情报机构之间的合作可以减少部门之间的重叠、低效和恶性竞争，更合理地利用资源，更集中地服务于国家决策。在国家情报评估过程中，除中央情报局之外，其他情报部门也都有自己的职责和分工，它们在各个层面开展情报评估合作。第一是情报资源合作。在国家情报评估生产过程中，情报界各部门有义务提供与自己领域相关的情报资料。例如，国防部国防制图局主要负责提供用于战略与战术作战的地图、地测咨询及相关资料，并提供武器及航空系统发展的情报资料；国防部军事医药情报中心主要负责提供外国（地区）有关卫生、健康、流行病、生态环境、医药能力的情报资料；陆军情报局则主管有关国家军事能力及特点的情报资料。这些涉及领域广泛且专业性极强的情报资料，为《国家情报评估》的准确性和完整性提供了保障。第二是人员调配合作。《国家情报评估》是由美国情报界共同协作生产的，负责起草的不仅有中央情报局人员，也有情报界其他机构的人士

[1] Arthur S. Hulnick, *Fixing the Spy Machine: Preparing American Intelligence for the Twenty-first Century* (Westport, CT: Praeger, 1999), p. 56.

[2] Jack Davis, "Sherman Kent and the Profession of Intelligence Analysis," The Sherman Kent Center for Intelligence Analysis, https://www.cia.gov/library/kent-center-occasional-papers/vol1no5.html.

参与，如国家情报委员会、国防情报局、国务院情报和研究局等。甚至少数《国家情报评估》还会由情报界外部人士起草，遇到复杂的军事问题需要评估时，国家情报委员会以外的军职人员也会加入起草的团队。情报界的相关人士经常在一起讨论情报评估，并参与国家情报评估委员会的相关工作。这种密切的人员调配交流保障了在《国家情报评估》生产中能听到各方的声音，防止出现“一言堂”的局面。第三是评估审定合作。情报界各个部门的代表共同参与《国家情报评估》的初稿和定稿讨论，并共同承担评估责任。无法达成共识时，相关机构的不同意见会以脚注的形式写入评估报告，以此确保异议者的声音不会被湮没，同时也使评估报告代表整个情报界的立场。这种分析审读的程序和机制得到了情报界的认可，这种机制下生产出来的《国家情报评估》能够较好地体现整个情报界的认识。[1]

如果说上述两点是美国情报界对国家情报评估活动已达成的共识，那么有关情报与政策关系的争论，自国家情报评估制度创立以来就没有停息过。如果情报与政策严格分离，那么情报界就无从得知和跟进政策制定者的决策焦点，《国家情报评估》的相关性必然会受到极大削弱。如果情报与政策紧密融合，决策层很可能会直接或间接地影响《国家情报评估》的生产，使其成为政策的依附而非依据。那么，情报与政策应当保持何种关系才能有效生产《国家情报评估》呢？情报界对这个问题进行过深入的辨析，总的来说，存在传统派、激进派和后传统派这三个主要流派。

作为主要流派之一的传统派认为，情报必须远离政策利益，否则将面临参与政策辩论的危险。珍珠港事件催生了传统派理论的诞生，对这一事件的反思之一就是，如果情报不是因为迎合决策者的直觉判断而失去客观

[1] 李萌：《冷战时期美国国家情报评估制度演变研究》，解放军外国语学院博士学位论文，2011年，第141—142页。

性，或许可提前作出正确有效的预警。威廉·多诺万、威廉·兰格是这一立场的早期倡导者。在1942年成立的战略情报局中，多诺万任局长，兰格是研究分析处副处长，该处撰写报告的原则是“不建议、不推荐，不以任何方式对战争的战略决策产生决定性影响”[1]，将工作范围限定在情报本身。这种作风成为美国情报部门工作理念的起源。

谢尔曼·肯特是传统派的核心人物，他率先将这一“感性层面的实践经验提炼深化为理性层次的观点”[2]。1949年，肯特所著《战略情报：为美国世界政策服务》一书问世，首次将情报与政策的关系作为一个重要的课题加以探讨。肯特强调，情报流程应具有独立性，不应与情报用户产生直接互动，而应该以数据和分析作为回应。他认为，情报的功能是提供外部世界专业知识（expert knowledge of the external world），之后需由那些具备国家政治专业知识（expert knowledge of national politics）的人根据前一种知识制定合理政策。同时他还认为，情报生产者与用户之间的关系是极为微妙的，最突出的原因是政策制定者既不肯轻易相信情报产品的质量和效用，也不肯相信情报生产者愿意为自己的评估负责。因此，肯特为情报与政策关系确立的原则是：“情报必须紧贴政策、计划、行动，以获得最大限度的指导，但是又不能太近，以免丧失判断的客观性和公正性。”[3]

因此，肯特在国家情报评估活动的组织问题——情报机构的相互隶属关系上，几乎是不遗余力地强调保持情报分析机构独立地位的重要性。肯

[1] Barry M. Katz, *Foreign Intelligence: Research and Analysis in the Office of Strategic Services, 1942-1945* (Cambridge: Harvard University Press, 1989), p. 14. 参见〔美〕斯坦菲尔德·特纳：《读后销毁》（孙伊译），华中科技大学出版社2014年版，第20—21页。

[2] 胡荟：《战后美国情报界关于战略情报与国家安全政策关系的争鸣》，载《情报杂志》2015年第7期，第6页。

[3] Sherman Kent, *Strategic Intelligence for American World Policy* (Princeton, NJ: Princeton University Press, 1949), p. 180.

特认为，“将情报分析机构隶属于决策者和行政机构，将会危及情报产品的客观性”[1]。为此，他强调，“要保证情报机构在行政层面和实体层面的独立地位，要使其与情报使用单位分离开来”[2]。

总之，传统派认为情报必须与政策保持距离，强调对事务的独立判断，避免依照决策者的意识形态驱动或政策喜好而形成情报判断。在二战后较长一段时间内，传统派理论在美国情报界占主导地位。

激进派是与传统派针锋相对的一个派别，激进派强调情报生产者与用户的沟通是关键，倡导通过建立信息和反馈的双向流动，在生产者和用户之间建立密切的工作关系。首先是威尔摩尔·肯达尔从理论上提出了这一观点。在肯特的《战略情报：为美国世界政策服务》出版后不久，肯达尔就在《情报的功能》[3]一文中对肯特关于情报与政策关系的理论提出了质疑。肯达尔相信，情报的功能是“找到美国可以施加影响的地方，从而直接帮助决策领导人达成其外交政策目标”[4]。因此，情报与政策之间的密切关系无可厚非。肯达尔认为，肯特所说的情报生产者与消费者之间的关系，实际上是情报官员和决策辅助官员之间的关系，而情报官员与那些真正的决策者并没有什么联系。肯达尔指出，在肯特理念的指引下，情报分析专家们无法成为决策者的助手，而仅仅成为决策者幕僚的助手。显然，在他看来，情报分析专家应该为最高决策者服务，二者之间应该建立更为密切的联系。

---

[1] Scott D. Breckinridge, *The CIA and U.S. Intelligence Systems* (Boulder, Colorado: Westview Press, 1986), p. 160.

[2] Sherman Kent, *Strategic Intelligence for American World Policy* (Princeton, NJ: Princeton University Press,1949), p. 200.

[3] Willmoore Kendall, “The Function of Intelligence,” *World Politics,* Vol. 1, No. 6, July 1949, pp. 542-552.

[4] Ibid., p. 91.

此后，在美国情报工作的发展和实践中，传统派所倡导的严格独立性也逐渐有所松动。特别是20世纪六七十年代出现的一些重大情报失误迫使情报界重新审视他们的工作方法，不可避免地还要重新审视情报界与决策层的关系。在此期间，陆续有一些情报官员和学者提出了与肯达尔相似的观点。罗杰·希尔斯曼在《战略情报和国家决策》[1]一书中深入分析了理论变革的必要性，认为情报应当明确成为为政策制定者服务的工具，情报生产者和用户之间需要建立某种形式的反馈机制，以便消除情报分析人员的孤立感。本诺·沃瑟曼认为，如果情报与政策分离就无法获取最佳知识，情报界可能会向政策制定者提供不相关的信息，因此二者之间最大程度的互动是必要的。[2]威廉·布兰兹提出，政策过程不能与情报分析相隔离，因为这样一来情报工作将变得孤立，只能在真空中进行。同时，情报产品必须是对决策者准确和有用的信息。因此，情报界必须知道搜集的焦点以及政策制定者的反馈。[3]

经过30多年的发展，激进派的影响力在20世纪80年代达到顶点，罗伯特·盖茨成为其中的关键人物。1982年，盖茨担任中央情报局情报处长，他在就职演说中对情报机构所生产情报的相关性不足、时效性不够、关注性不强等问题提出了批评。盖茨强调情报人员与决策者之间的互动非常重要，他在任职期间进行了大刀阔斧的改革，要求情报评估不但要加强对长期趋势的预测，而且必须阐明其关键性判断对美国政策的意义。盖茨的改革顺应了形势的变化，一定程度上优化了情报与政策的关系，因此赢得了情报界许多人的支持，这也是激进派首次压倒传统派获得了统治

---

[1] Roger Hilsman, *Strategic Intelligence and National Decision* (New York: The Free Press), 1956.

[2] Benno Wasserman, "The Failure of Intelligence Prediction," *Political Studies*, Vol. 8, No. 2, June 1960, pp. 156-169.

[3] William J. Brands, "Intelligence and Foreign Policy: Dilemmas of a Democracy," *Foreign Affairs,* Vol. 47, 1969, pp. 281-295.

地位。

就在传统派和激进派各领风骚的时期，关于情报与政策关系还存在另一种声音。这类观点既不赞同传统派提出的情报完全独立于决策的做法，又质疑激进派倡导的情报与政策建立亲密关系的提议。这一流派的基本出发点是修正传统派的保守做法，提倡以一种有别于激进派的谨慎态度改善情报生产者与用户的关系。鉴于该流派与传统派存在继承与被继承的关系，本书称之为后传统派。[1]

杰克·兹洛特尼克在 1964 年出版的著作《国家情报》[2] 中较早勾勒出后传统派的观点，他认为情报不是决策过程中的唯一因素，如果情报能够较为紧密地交织在决策过程中，将可以发挥更大的作用。具有政治和情报双重工作经历的约翰·休伊曾加 [3] 对此有更明确的认识，他提出情报界与决策层在功能上必须分离，但在操作上必须保持沟通。20 世纪 80 年代初，理查德·贝茨在著作《突然袭击：防御计划的教训》[4] 中对后传统派的观点进行了较为深入的提炼。贝茨延续了肯特的理论框架和理论范式，探讨了情报与政策二者关系的具体界限应该如何划定。贝茨赞成传统派有关

[1] 该称谓引自古斯塔沃·迪亚兹的《情报与政策之间困难关系的不同路径》。对这一理论观点还存在其他不同的称谓，如张晓军主编的《美国军事情报理论研究》称之为“修正模式”；李景龙在《美国情报分析理论发展研究》中称其为“折中模式”。参见 Gustavo Díaz, “Different Approaches to the Difficult Relationship Between Intelligence and Policy, ”*UNISCI Discussion Papers*, No. 9, October 2005, p.95; 张晓军主编：《美国军事情报理论著作评介》，军事科学出版社 2011 年版，第 170—171 页；李景龙：《美国情报分析理论发展研究》，军事科学出版社 2014 年版，第 163 页。

[2] Jack Zlotnick, *National Intelligence* (Washington, DC: Industrial College of the Armed Forces, 1964).

[3] 休伊曾加在 20 世纪 60 年代初期曾是美国国务院政策规划委员会委员，后担任中央情报局国家评估办公室副主任。

[4] Richard K. Betts, *Surprise Attack: Lessons for Defense Planning* (Washington, DC: The Brooking Institution, 1982).

情报分析客观性的观点，但是对其过分强调情报独立性的理论提出了批评和反思。他认为，政治化是情报分析中不可避免的现象，关键在于合理把握其尺度，做到趋利避害。

冷战后，美国情报部门在实践中遭遇了一系列挫折，传统派和激进派理论陷入瓶颈，这也为后传统派的异军突起创造了条件。在时代的呼唤下，杰克·戴维斯对情报与政策的关系有了进一步的升华，他也由此成为后传统派的代表人物之一。戴维斯“机会分析”理论的出发点就是修正传统派主张的情报生产者与用户保持距离的保守做法，但是他所提倡的积极改善生产者与用户关系的做法，与激进派又有着明显区别。戴维斯主张的做法是：情报分析人员要“熟悉美国安全政策的流程和他们所服务的重要政策者”[1]；情报生产者与政策者必须进行适当沟通，目的是增进相互理解，了解用户的真正需求；情报工作者要“努力帮助用于澄清可资利用的机会和当前（潜在）政策可能存在的弱点，而且要把这种支持落到实处，并提供可行性评估”[2]。

综上所述，传统派、激进派和后传统派有关情报与政策理论的思想萌芽，基本都产生于冷战初期的40年代末至60年代初，在不同的历史背景和社会思潮下先后对美国情报工作的理论与实践产生过重要影响。传统派理论对情报与政策关系的论述，是基于美国情报分析工作初创时期的时代特点提出的，又因为“历史经验主义流派”的强势影响，使“两害相权取

---

[1] Jack Davis, “Tensions in Analyst-policymaker Relations: Opinions, Facts, and Evidence,” *The Sherman Kent Center for Intelligence Analyst Occasional Papers,* Vol. 2, No. 2, 2003, p. 8.

[2] Office of Training and Education, *Analytic Thinking and Presentation for Intelligence Producers: Analysis Training Handbook,*p. 61. http://www.scip.org/files/resources/analytic-thinking-cia.pdf. 参见李景龙：《美国情报分析理论发展研究》，军事科学出版社 2014 年版，第 159 页。

其轻”的保守历练成为一种普遍标准。这种存在缺陷的理念主导的时间越长，日后引发的批评与反弹力度就越大，激进派对传统派的全面否定就充分证明了这一点。经过激烈的理论争论后，后传统派有关积极改进情报与政策关系的理念成为情报界大多数人的共识。三个流派尽管对情报与政策的关系持有不同观点，但它们的最终目的是一致的，即如何更好地发挥情报服务政策的作用，如何建立情报界与决策者之间的良好关系，进而保障国家利益的最大化。

三、研究现状

国家情报评估体系对政治决策层具有重大影响力，长期以来吸引了众多学者和情报界官员的兴趣和关注；特别是近年来，随着相关文件档案的解密，学者们获得了重新认识、深入认识整个体系的宝贵资料，并在此基础上开展了卓有成效的工作。这些成果为本书的研究打下了很好的基础。按照研究的相关性梳理这些成果，与本书研究较为密切的有以下三个方面：一是对冷战初期[1]美国国家情报评估体系的研究，这类成果可以揭示这一时期美国国家情报评估工作的主要指导思想和运作方式，进而展现

[1] 1945 年，第二次世界大战结束，国际格局对比战前发生了巨大而深刻的变化，以欧洲为重心的国际关系结束，美国和苏联逐渐形成了基本处于对立的两极，冷战阴云笼罩世界。学术界对冷战何时开始存在严重的分歧，对冷战时期的划分更是有着众多不同的观点：资中筠主编的《战后美国外交史》中认为，1947 年杜鲁门主义的提出和实施，标志着冷战的正式开始和美国外交争夺一个新时期的到来；刘金质在其所著的《冷战史》一书中将 1945—1949 年称为“冷战的开始”，将 1950—1962 年称为“冷战的扩展”；雷蒙特·加特霍夫在《冷战史：遏制与共存备忘录》中称 1962 年古巴导弹危机是冷战的转折点；约翰·W. 梅森在《冷战 1945—1991》中将 1953—1964 年划分为“和平共处与核对抗”时期等。可以看出，众多研究大都认为 20 世纪 60 年代初中期是冷战的一个重要节点。国家情报评估作为一个成熟体系始于 1950 年，因此，结合本书研究的时间跨度，本书中的冷战初期指冷战开始至 1965 年。

美国对古巴国家情报评估工作的基本模式；二是对冷战初期美国对古巴国家情报评估的研究，这类成果翔实回溯了20世纪五六十年代美国对古巴几份关键的《国家情报评估》，特别是对其中出现偏离事实的部分及其成因进行了多角度分析；三从情报与政策关系的视角研究国家情报评估的决策效果和价值，这类成果从理论角度阐述了国家情报评估的特殊属性。因此，本书的国外和国内研究现状将分别按照这几个方面进行评述。

（一）国外研究现状

国外学者，特别是美国学者和情报官员在资料占有或亲身体会等方面具有得天独厚的优势，对国家情报评估的研究起步早、研究广、积累多，涉及国家情报评估的体制演变、组织结构、利弊得失等多个方面。

1. 对冷战初期美国国家情报评估体系的研究

冷战初期正值美国国家情报评估体系确立和发展的时期，学者和情报官员们本着不断改进和完善国家情报评估体系的目的，在廓清体系发展的历史脉络、总结评估实践中的经验教训等方面产生了许多研究成果。

杰弗里·里彻逊的《美国情报界》[1]第十二章“分析和评价”的“国家情报”一节中指出，最著名的国家情报成品就是《国家情报评估》系列，详细介绍了20世纪60至80年代这类国家情报的涉及对象、关注重点、生产频率等。

哈罗德·福特在其著作《评估型情报：国家情报评估行为的目的和问题》[2]中，首先回顾了美国在珍珠港事件和朝鲜战争中处于雏形状态的国家情报评估活动，然后详细地介绍了国家情报评估制度的发展历程：国家评

[1] Jeffrey Rechelson, *The U.S. Intelligence Community* (Cambridge, Massachu Setts: Ballinger Publishing Company, 1985).

[2] Harold P. Ford, *Estimative Intelligence: The Purpose and Problems of National Intelligence Estimating* (Lanham, MD: University Press of America, 1993).

估办公室阶段（1950—1973）、国家情报官阶段（1973—1980）和国家情报委员会阶段（始于1980），最后以大量篇幅描述了情报生产者与情报用户之间的种种正式与非正式的联系，并探讨其所发挥的重要作用。

雷蒙德·加特霍夫所著的《冷战史——遏制与共存备忘录》[1]中，专门有一章详细介绍国家情报评估体系在20世纪50年代末和60年代初运转的情况。他本人于1957—1961年间曾在中央情报局工作，具有参与《国家情报评估》生产的亲身经历，因此，他研究的视角是从情报人员的角度进行的。

艾伦·杜勒斯在著作《情报术：间谍大师杜勒斯论情报的搜集处理》[2]中，回忆和描述了在中央情报局局长任期内（1953—1961）对《国家情报评估》的生产和组织工作，也对1962年古巴导弹危机事件相关的《国家情报评估》进行了评价。

麦尔温·古德曼的《情报失败：中央情报局的衰亡》[3]深入分析了20世纪50至70年代中央情报局经历的改革，特别研究了改革过程中《国家情报评估》生产组织的相关变化。

这些成果为我们厘清国家情报评估体系的创立过程、运作思维和职能定位提供了翔实的历史资料，不过有关美国对古巴国家情报评估的研究都是一些散在的论述。

2. 对冷战初期美国对古巴国家情报评估的研究

这类成果的研究时期基本都集中在古巴导弹危机前后。此次危机是

[1] Raymond Garthoff, *A Journey through the Cold War* (Washington, D.C.: The Booking Institution, 2001).

[2] Allen W. Dulles, *The Craft of Intelligence: America's Legendary Spy Master on the Fundamentals of Intelligence Gathering for a Free World* (New York: Harper & Row, 1963).

[3] Melvin Goodman, *Failure of Intelligence: The Decline and Fall of CIA* (Lanham, MD: Rowman & Littlefield Publishers, Inc., 2008).

20世纪人类社会最重大的事件之一，是历史上的第一次“核对抗”，把世界带入第三次世界大战的边缘，因此，国家情报评估在这场危机前后的预测与判断成为研究和反思的焦点。

克劳斯·诺尔的《国家情报评估失误——以古巴危机为例》[1]，对斯坦尼报告就相关国家情报评估失误所分析的原因提出了质疑，从情报工作流程、情报人员素质和情报理论应用等方面评价了美国情报部门在导弹危机中的表现，提出了系统建立情报理论的迫切性。

詹姆斯·布莱特和加拿大学者大卫·韦尔奇主编的论文集《情报与古巴导弹危机》[2]，细致描述了危机期间美国、苏联、古巴三国的情报机制，深入探讨了情报在古巴导弹危机中的作用，特别是雷蒙德·加特霍夫在《古巴导弹危机中的美国情报》一文中，对美国在导弹危机爆发前作出的《国家情报评估》所出现的失误进行了分析，对国家情报评估机制进行了深刻反思。

希尔·米伦的《1962年古巴情报评估：方法论视角的研究》[3]认为，令人诟病的一份《国家情报评估》——SNIE 85-3-62的症结在于使用了一种有缺陷的方法论。作者从比较逻辑、证据验证理论、拟定研究问题、制定和审查设想四个方面论述了情报分析方法论，并对情报评估流程的改进提出了建议。

唐纳德·斯特伍瑞主编的《谢尔曼·肯特与国家评估委员会》[4]，收录

---

[1] Klaus Knorr, "Failures in National Intelligence Estimates: The Case of the Cuban Missile," *World Politics,* Volume 16, Number 3, April 1964, pp. 455-467.

[2] James Blight & David Welch, *Intelligence and the Cuban Missile Crisis* (London: Frank Cass, 1998).

[3] Gil Merom, "The 1962 Cuban Intelligence Estimate: A Methodological Perspective," *Intelligence and National Security,* Vol. 14, No. 3, Autumn 1999, pp. 48-80.

[4] Donald P. Steury, *Sherman Kent and the Board of National Estimates* (North Charleston: CreateSpace, 2008).

了肯特1952年至1967年担任国家情报委员会主席期间撰写的研究报告。全书主要由两部分组成，第一部分是情报理论，第二部分是情报实践。该书凝结了肯特有关情报评估流程的思考精华，在第二部分中，肯特从《国家情报评估》撰写者的立场对导弹危机之前美国对古巴在相关评估上出现的严重失误进行了辨析，同时也就这一事件带来的启示进行了详细阐述。

罗杰·乔治在《分析情报：起源、障碍和创新》[1]中用部分篇幅分析了中央情报局针对古巴导弹危机所做的国家情报评估，对情报分析的重要性做了渲染。

乔纳森·瑞肖恩的《镜像风险：古巴导弹评估》[2]认为，美国在1962年10月之前作出的《国家情报评估》未能预见苏联在古巴部署导弹，很大程度上是由于对苏联决策框架的错误、不完整评估造成的，即所谓的“评估移情”：美国将己方对形势的设想投射到对方，这种“镜像风险”导致他们仅专注于对美国来说重要的因素，如导弹部署成功率极低、这种部署的空前性质以及一旦任务失败会带来的高昂代价等。

艾米·泽加特在《古巴导弹危机的情报失误》[3]一文中认为，学者们对古巴导弹危机的研究大多集中在个人感知与认识的缺陷，对情报工作的组织缺陷关注甚少。有不少学者认为这场危机中美国的情报工作是成功的，而作者恰恰提出了相反的观点，并且以1962年的多份《国家情报评估》为研究对象，论证了其情报失误的主要原因之一是存在明显的组织缺陷，且这一不足至今依然困扰着美国情报界。

---

[1] Roger George, *Analyzing Intelligence: Origins, Obstacles and Innovations* (Washington, DC: Georgetown University Press, 2008).

[2] Jonathan Renshon, “Mirroring Risk: The Cuban Missile Estimation,” *Intelligence and National Security,* Vol .24, No. 3, June 2009, pp. 315-338.

[3] Amy B. Zegart, “The Cuban Missile Crisis as Intelligence Failure,” *Policy Review,* Oct./Nov. 2012, pp. 23-39.

从总体上说，这类研究成果基本都是对具体一份或几份《国家情报评估》的文本解读，注重解释这些评估产品与事实偏离的成因，并力图从中汲取经验教训，尚缺乏关于美国对古巴国家情报评估产品系统性的梳理和分析。

3. 从情报与政策关系的视角研究国家情报评估的决策价值

国家情报评估活动直接服务于美国政治决策层，如何确定情报与政策的关系以便最大化发挥国家情报评估的功效，是学者和情报官员们长期以来一直关心的问题。这方面的研究成果很多，其中以下成果较具有代表性。

克里斯托弗·安德鲁在《仅供总统阅读：秘密情报与美国总统（从华盛顿到布什）》[1]一书中，论述了19世纪至20世纪末美国总统与情报界的关系，并将这种关系分为无意识时期、转型时期和不确定时期，阐述了美国历任总统在外交决策中对待情报的迥异态度。其中，作者将肯尼迪政府时期的猪湾事件和导弹危机作为情报服务于决策一正一反的两个事例，对情报怎样才能发挥更好的作用提出了思考。

《领袖与情报》[2]是迈克尔·汉德尔主编的一部论文集，着重讨论情报与决策者的关系。所收录的8篇论文，从不同角度论述了不同时期美国政治和军事领导人如何看待和使用情报，以及情报界如何发展与决策高层的关系。

皮特·伯科威茨主编的论文集《美国情报的未来》[3]的第二章“贴近权力的真实：对情报分析的反思”，从决策与情报层互动的角度，探讨了《国

---

[1] Christopher Andrew, *For the President's Eyes Only: Secret Intelligence and the American Presidency from Washington to Bush* (New York: Harper Collins, 1995).

[2] Michael I. Handel, *Leaders and Intelligence* (London: Frank Cass, 1988).

[3] Peter Berkowitz, *The Future of American Intelligence* (Washington, D.C.: Hoover Institute Press, 2005).

家情报评估》的机构设置，并对肯特有关情报与政策的理论进行了评价。

格雷戈里·特雷弗顿和瑞士学者威廉·阿格瑞尔等主编的《国家情报系统：研究现状与展望》[1]一书，第三章“情报、政治与监督”专门讨论了情报与政策的关系，列举了肯特和盖茨在观点上的分歧，以及这些理论分歧在《国家情报评估》生产过程中所引发的种种对立。

道格拉斯·加特霍夫在《作为情报界首脑的美国中央情报局局长：1946—2005》[2]一书中，阐述了历任中央情报局局长作为情报界的首脑，在各情报部门间如何通过协调沟通和加强协作发挥情报界的作用和功能，尤其突出分析了国家领导人对情报的期望给国家情报评估带来的影响。

上述研究成果都紧密围绕国家情报评估活动分析情报与政策的关系，既有从情报界角度的反思，也有从决策层视角的思考，为我们深入理解国家情报评估的属性和功能提供了实用的分析框架。不过，这些研究基本都处于理论层次，其中涉及的案例虽多，但深入剖析的很少，偏重理论对实践的指导，忽视实践对理论的提升。

4. 相关的资料和文献

相关的资料和文献主要有两种。一种是美国官方出版的解密文件。20世纪90年代以来，美国国务院、国家安全委员会、国防部、中央情报局、参谋长联席会议等部门先后公开了大量有关古巴的官方文件。根据这些解密档案，美国情报界官员和学者先后出版了多部情报汇编，主要有玛丽·麦考利夫主编的《中央情报局有关古巴导弹危机的文件》[3]、劳伦

[1] Gregory F. Treverton & Wilhelm Agrell, *National Intelligence Systems: Current Research and Future Prospects* (New York: Cambridge University Press, 2009).

[2] Douglas F. Garthoff, *Directors of Central Intelligence as Leaders of the U.S. Intelligence Community, 1946-2005* (North Charleston, SC: CreateSpace Independent Publishing Platform, 2012).

[3] Mary McAuliffe, *CIA Documents on the Cuban Missile Crisis* (Washington, DC: CIA History Staff, 1992).

斯·张和皮特·考恩布鲁的《1962年古巴导弹危机：国家安全档案文件读物》[1]、小莱尼·弗兰克的《深渊边缘：古巴导弹危机解密文件史》[2]等。这些成果资料翔实丰富，以《中央情报局有关古巴导弹危机的文件》为例，该书由中央情报局在导弹危机30周年之际解密的档案编辑而成，收录了1962—1963年间112份与古巴导弹危机相关的重要文件资料，包括《国家情报评估》、《中央情报局备忘录》、手抄会议记录等，均为原件扫描，为研究美国在古巴导弹危机中的情报评估提供了极为可信、全面的资料。这些情报产品汇编基本都是以古巴导弹危机为核心主题，旨在描述事件发生前后围绕危机的预警和解决而开展的情报工作，并不涉及对情报评估产品的深层次分析。

另一种是美国领导人的回忆录，如罗伯特·肯尼迪的《十三天：古巴导弹危机回忆录》[3]、马克斯韦尔·泰勒上将的《剑与犁：泰勒回忆录》[4]、迪安·腊斯克的《如我所见》[5]、小阿瑟·施莱辛格的《一千天：约翰·肯尼迪在白宫》[6]等。这些回忆录的作者几乎都是清一色的国家层面决策者，他们从各自角度对亲身经历进行了较为详尽的描述，可以为考证和衡量美国对古巴的政策形成过程提供较为可信的资料。但由于回忆录作者身份和视角的限制，他们不可能对当时国家情报评估工作进行系统梳理，相关描

[1] Laurence Chang & Peter Kornbluh, *Cuban Missile Crisis, 1962: A National Security Archive Documents Reader* (New York: The New Press, 1998).

[2] Lenny Jr. Flank, *At the Edge of the Abyss: A Declassified Documentary History of the Cuban Missile Crisis* (St Petersburg: Red and Black Publishers, 2010).

[3] Robert F. Kennedy, *Thirteen Days: A Memoir of the Cuban Missile Crisis* (New York: W. W. Norton, 1999).

[4] Maxwell Taylor, *Swords and Plowshares* (New York: W. W. Norton, 1972).

[5] Dean Rusk, *As I Saw It* (New York: W. W. Norton, 1990).

[6] Arthur M. Schlesinger, *A Thousand Days: John F. Kennedy in the White House* (Boston: Houghton Mifflin, 1965).

写也多为零散、侧面的。

（二）国内研究现状

相比国外学者，我国学者对美国的国家情报评估活动关注时间较晚，不过近年来，对这一领域的研究逐渐成为国内学界的热点，历史学、政治学、情报学等学科的学者都取得了不少成果。

1. 对冷战初期美国国家情报评估体系的研究

自以《国家情报评估》为代表的一系列解密档案公布之后，国内许多学者都表现出浓厚兴趣和高度关注。从研究内容上看，上述成果可以分为两大类。

一类成果以美国国家情报评估总体为研究对象，着眼于其制度的运作方式和演变过程。其中，吴三毛的《试析美国〈国家情报评估〉》[1]分析了美国国家情报评估的组织结构演变、评估文本特点、机构运作情况等，是国内较早研究《国家情报评估》生产机制的成果。李萌的《冷战时期美国国家情报评估制度演变研究》依据情报评估机构的沿革，将冷战时期美国国家情报评估制度的演变划分为三个阶段，围绕情报评估组织的统属关系、机构设置、人员配备等要素剖析了评估流程。刘鹏喆的《美国〈国家情报评估〉研究——组织、程序、文本》在历史研究的基础上，从组织、程序和文本三个维度对国家情报评估进行了全面解析，系统地概括了其作用和影响。这些成果对于本书研究都具有较大的参考价值。

另一类成果以特定时期、特定对象的国家情报评估为研究对象，以具体案例分析美国在某一历史阶段或某一历史事件中的情报评估。这类成果涉及面广，既有对特定时期一国局势的阶段性评估，也有对特定事

[1] 吴三毛：《试析美国〈国家情报评估〉》，载《解放军国际关系学院学报》2008 年第 4 期。

件的专题类评估[1]，其数量众多，在此不再悉数列举。这些成果大都是从具体案例入手，通过关注情报评估文本，分析政府决策行为及其逻辑理性。截至目前，尚未有以美国对古巴的国家情报评估为具体案例进行专项研究的。

2. 对冷战初期美国对古巴国家情报评估的研究

国内相关的研究，主要以 1962 年古巴导弹危机前后的《国家情报评估》为研究对象。高金虎的《从珍珠港事件和古巴导弹危机看情报失误的原因》[2]，从五个方面对比分析了美国在珍珠港事件和古巴导弹危机中情报分析和评估工作出现的失误及其原因。张小明的《古巴导弹危机的再认识》[3]，使用最新解密的《国家情报评估》等档案对古巴导弹危机进行了重新解读，既推翻了过去的一些看法，又验证了以前某些结论的正确性。赵学功的《十月风云：古巴导弹危机研究》[4]，从美国、苏联、古巴三方关系角度剖析了古巴导弹危机，其中广泛利用了最新的解密档案和研究成果。韩福松的《美国中央情报局与 1962 年古巴导弹危机》[5]，全面阐述了中央情报局在古巴导弹危机爆发前后对古巴进行的情报搜集、分析和评估工作，及其在危机解决中发挥的作用。这些成果清晰地重现了古巴导弹危机前后《国家情报评估》的生产背景和主要内容。这类研究大多侧重结合史实检验和评价相关《国家情报评估》的正误。

---

[1] 主要有：孟晓宁《美国对苏联入侵捷克斯洛伐克的情报评估》（东北师范大学硕士学位论文，2013 年）；徐娟《美国对苏南冲突的情报评估及对策》（东北师范大学硕士学位论文，2013 年）等。

[2] 高金虎：《从珍珠港事件和古巴导弹危机看情报失误的原因》，载《情报杂志》1995 年第 3 期。

[3] 张小明：《古巴导弹危机的再认识》，载《世界历史》1996 年第 5 期。

[4] 赵学功：《十月风云：古巴导弹危机研究》，天津人民出版社 2009 年版。

[5] 韩福松：《美国中央情报局与 1962 年古巴导弹危机》，山东师范大学硕士学位论文，2012 年。

3. 从情报与政策关系的视角研究国家情报评估的决策价值

相关专著主要有：高金虎的《美国战略情报与决策体制研究》[1]，总结了美国战略情报与决策体制的起源和演变，系统阐述了二者之间的互动关系，深化了我们对情报与决策关系的认知；张晓军主编的《美国军事情报理论著作评介》[2]，第三章第六节中阐述了“情报与决策关系的争论”，介绍了美国情报界先后提出的“理想化”“政治化”和修正的三种模式以及这些理论之间的碰撞；周琪主编的《美国外交决策过程》[3]，围绕在美国对外决策中发挥作用的政府行政部门及其相关机构展开分析，其中第五章“美国安全部门对外交决策的影响”，以国防部、中央情报局和国土安全部等与国家安全有关的重要职能部门为对象，分析了这些部门在外交决策过程中的作用，同时说明这些部门虽然有能力影响外交决策，但会受到总统偏好、国会立法和部门竞争等多方面因素的制约。

相关论文中与本书研究主题较为贴近的主要有：鲁平的《美国的情报与决策的关系》[4]认为，美国的对外政策制定有许多因素，不仅有国际、国内因素，还有制度的、个人的甚至偶然性因素，然而对外情报这个因素始终有着不可忽视的作用，情报工作既为决策服务，又对决策具有影响力，该文认为古巴导弹危机时美国成功的情报工作对外交决策产生了深刻的影响；孙守鹏在《情报分析与决策关系研究》[5]中提出了影响情报分析与决策关系的三种类型，以后见之明对“情报分析结果与决策结果”进行分析，考察了情报分析与决策关系症结的原因，指出情报分析人员与决策者应形成良性互动，在具体论述中多次以猪湾事件和古巴导弹危机为例进行说

[1] 高金虎：《美国战略情报与决策体制研究》，陕西师范大学出版社 2004 年版。
[2] 张晓军主编：《美国军事情报理论著作评介》，军事科学出版社 2011 年版。
[3] 周琪主编：《美国外交决策过程》，中国社会科学出版社 2011 年版。
[4] 鲁平：《美国的情报与决策的关系》，载《北京社会科学》1987 年第 1 期。
[5] 孙守鹏：《情报分析与决策关系研究》，解放军外国语学院博士学位论文，2008 年。

明；周兴亮的《美国情报与外交决策研究》[1]，从理论探讨、法律规定、战略规划、组织平台等维度对美国情报与外交决策的关系进行了系统研究，提出“谨慎贴近”可能是处理二者关系的较好方式，其中在第五章“案例研究”的第二节“图像情报与古巴导弹危机”中，以此次危机为具体案例进行了分析。

上述研究有的从战略层面的宏观视野，对美国情报与外交决策的关系进行了深刻思考；有的从典型案例的具体论证，集中讨论了猪湾事件和导弹危机中情报在决策中的定位。这类研究主要关注的是如何在决策中最大化地发挥情报成品的作用。

通过梳理国内相关研究成果可以发现，关于冷战初期美国对古巴的国家情报评估的研究不够系统，涉及这一方面的研究多是侧面的、零散的，且多见于一些期刊论文。从历史的视角出发，对于美国对古巴国家情报评估的生产背景、生产过程和情报产品的研究更是空缺，而这正是本书研究的主旨。

四、研究意义

第一，厘清美国对古巴情报评估的演变轨迹，更加深刻地理解美国情报界对古巴的认知理念、思维方式、分析方法和评估模式。相关国家情报评估文本凝聚了美国对古巴认知的精华，是美国决策层认识古巴的一个重要渠道。集中搜集和认真研读这些情报产品，可以挖掘美国情报分析人员审视和判断古巴局势的视角与轨迹，深度理解美国的古巴政策在这一时期的剧烈震荡。特别是其中一些评估报告经受住了时间的考验，对今天的美古关系依然

[1] 周兴亮：《美国情报与外交决策研究》，解放军外国语学院博士学位论文，2013 年。

有着不可忽视的影响，仍在对美国情报界与决策者产生影响。因此，通过梳理美国对古巴政策的情报基础，我们可以更加理性地认识过去的美古关系，更深刻地理解现在的美古关系，更有前瞻性地预测未来的美古关系。

第二，通过对古巴国家情报评估个案的分析，深入认识和总结美国国家情报评估机制的特点规律。对于卡斯特罗领导的古巴政权，国家情报评估对其认识经历了从无到有、从模糊到清晰、从感性到理性的发展过程，既符合国家情报评估的一般规律，又兼具个案认识的特殊性。因此，通过详细解读冷战初期美国对古巴作出的《国家情报评估》，研究国家情报评估在古巴问题上评估重点的选择、评估思路的抓取和评估模式的形成，有利于借助具体案例透视美国国家情报评估机制的运作，总结美国进行国家情报评估时的基本经验和教训，为我国建立类似的战略情报评估体系提供现实参考价值。

第三，在军事情报学的学理意义上，探求战略级情报评估在科学性和政治性上的平衡点是对相关理论的进一步验证和拓展。国家情报评估属于一种有着鲜明文本特征的战略情报产品，是政治决策层作出决策的重要依据。由于这类情报评估具有科学性和政治性的双重属性，在二者中如何寻求平衡是一个重要命题。如果能在这个问题上找到有效的答案，必将极大地提高战略级情报评估的生产质量，进而有效地提升战略决策的水平和效率，同时也是对情报理论的深化和发展。

五、研究思路

（一）研究方法

本书以 1957—1965 年间美国对古巴的《国家情报评估》为研究对象，系统地观察和分析国家情报评估对古巴革命政权分析的切入点、主要思路与成败得失，主要采用以下几种研究方法。

第一，文献分析法。本书的研究离不开对相关《国家情报评估》、历史文献、政府公文等原始材料的解读，在篇章对比中挖掘规律，于字里行间寻找微义，文献分析法是一个有效途径。

第二，历史研究法。以时间为横轴，以美国对古巴的国家情报评估活动为纵轴，构建一个二维的研究空间，从历史的视角出发对比美国对古巴政策的实际坐标，查找情报与政策之间的关系。

第三，归纳分析法。从这一时期国家情报评估的文本入手，对评估报告的内容进行归纳与提炼，查找贯穿其中的主要思路，进而就美国对古巴的国家情报评估活动的规律和特点进行总结。

（二）基本思路

本书主体部分共分为五章。第一章描述冷战时期美国对古巴国家情报评估体系，以美国国家情报评估体系的总体建设为背景和基础，就冷战时期美国对古巴国家情报评估活动进行了具体论述。在此基础上，以对古巴国家情报评估的数量和质量为标准，将其划分为沉寂、活跃和稳定三个时期，并对其情报来源进行了详细的分析。第二章至第四章分别对应的是《国家情报评估》对古巴革命政权认识的活跃时期，并将其具体划分为初始、拓展和成熟三个阶段。卡斯特罗领导的古巴革命是一个划时代的重大事件，引发了《国家情报评估》对古巴特殊关注的起始。在初始阶段，国家情报评估集中对古巴革命以及革命后建立的新政权的性质进行判断，从最初的“非共产主义”到最终的“共产主义”定性，其认知轨迹基本体现了古巴革命政权性质的动态演变。在拓展阶段，国家情报评估开始将工作重心转向古巴革命政权生存能力的评估，试图从政治、经济、军事、外交等多个角度对该政权加以分析，以配合美国对卡斯特罗政府的外交政策。

在成熟阶段，经过古巴导弹危机的洗礼，《国家情报评估》将对古苏关系的认识提升到对古巴革命政权评估的首要地位，对古巴评估工作的思路和方法日趋稳定。至此，自卡斯特罗武装起义以来，美国对古巴的国家情报评估的活跃状态基本结束。本书通过梳理每个阶段评估的重点问题和主要判断，提炼了国家情报评估在古巴问题上的基本思路与核心观点。第五章总结了冷战初期美国对古巴国家情报评估的实践活动，着重从评估结论的正误、评估视角的选取、评估产品的效应、评估活动的启示几个方面对其进行评析。最后，结语部分对前文的分析进行了总结。

（三）研究的创新点和难点

本书研究的创新点主要在以下几个方面。

第一，拓展了对美国国家情报评估的体系性研究。目前，学术界对国家情报评估体系构成及其具体运作方式都已有较为丰富的研究，但对于美国对古巴实施国家情报评估的具体案例研究尚属空白。而无论是从历史还是从现实的角度，古巴对于美国都具有特殊的意义。本书尝试性地开辟这一领域，以相关《国家情报评估》为研究对象，纵深展开对美国国家情报评估的研究。

第二，廓清了美国对古巴政策的情报来源与决策依据。长期以来，由于关键资料的缺失，从情报学视角对美古政策进行的研究只能局限于浅层、外围，这与其在历史中的地位和作用极不相符。冷战末期，美国、苏联（俄罗斯）、古巴等各方陆续解密、出版了大量这一时期的文件档案，为情报学研究提供了新视角。本书回溯美国对古巴决策的情报分析和评估过程，认识和了解政策制定背后在情报这个无声战场上的较量。

第三，厘清了美国对古巴国家情报评估的路径。通过梳理美国在特定历史时期对古巴的情报评估活动，挖掘隐匿于文本背后的前因后果，首次提炼和概括出国家情报评估在不同阶段的主要任务、核心问题和评估思路，从多元视角评价和考证国家情报评估对当时古巴局势的判断，并对其中的经验教训进行了分析和思考。

本书研究的难点主要在于：一是如何还原或判断部分予以保密处理的核心内容。目前已经解密的这一时期美国对古巴的国家情报评估、重要的战略级情报评估产品等原件达 40 余份，但是上述资料中部分核心内容往往经过保密处理，存在大量删节，导致原文支离破碎，这要求在研究过程中必须对不完整的信息进行还原或判断。此外，本书以目前搜集到的、解密的相关《国家情报评估》文本为基础，存在没有完全拥有资料的可能性[1]。二是如何辨析《国家情报评估》中的情报因素和政治因素。情报界和决策层有着千丝万缕的联系，这导致情报评估中的情报因素和政治因素往往夹杂交织在一起。本书虽然寻找了一些指标作为评判标准，但是在具体界定的过程中依然存在较大难度，需要做大量细致的工作，抽丝剥茧式地将各种干扰项逐一剥离，还原事件的本来面目。

[1] 幸运的是，资料显示，关于这一时期美古关系中最重大的事件之一——古巴导弹危机的美方文件 80% 已经公开。由此推测，这一时期的文献大都已经解密，即使缺失个别《国家情报评估》，但目前搜集到的文本可以满足本书研究的需求。参见 Laurence Chang, "The View from Washington and the View from Nowhere: Cuban Missile Crisis Historiography and the Epistemology of Decision Making," in Nathan, ed., *Cuban Crisis Revisited*, p. 134。

◂ 第一章 ▸

冷战时期美国对古巴国家情报评估的基本情况

美国的国家情报评估体系成形于冷战期间，这既是美国情报工作发展的历史必然，也是冷战催生的时代产物。依靠健全的组织机构和规范化的生产程序，《国家情报评估》形成了一套较为行之有效的情报评估模式。与此同时，面对不同的评估对象与特定问题，《国家情报评估》在实践中又摸索出了一些相对具体化、个性化的做法。

第一节　国家情报评估制度的形成与发展

国家情报评估体系的建立有效地整合了情报界的各类情报资源，扩大了美国战略级情报的分析、生产和消费能力，提升了情报界的作用和地位，为保障美国战略决策提供了坚实的情报基础。自第一份《国家情报评估》问世以来，国家情报评估体系历经数次改革，程序日益严谨，但始终不变的，是为美国国家安全利益服务的目标，是努力为国家安全政策的制定提供坚实依据的宗旨。

一、背景

国家情报评估体系的建设不是一蹴而就的。第一份正式的《国家情报评估》诞生于 1950 年，但在此之前，美国情报界在情报评估领域已进行了多年的尝试和探索。

（一）起步：研究分析处

二战爆发之初，美国尚未设立一个负责搜集和分析国外情报的中央级情报机构。珍珠港事件彻底暴露了美国情报机构林立、各自为政的局面，罗斯福总统进一步认识到建立中央情报机构的必要性和紧迫性。1942 年 7 月 11 日，战略情报局（Office of Strategic Services, OSS）在这样的背景下应运而生，由情报协调局（Office of the Coordinator of Information, OCI）与军方情报力量整合而成，威廉·多诺万（William J. Donovan）任首任局长。战略情报局成为美国第一个专门从事“搜集和分析攸关国家安全的数据和信息”[1] 的国家情报机构。

在战略情报局内，研究分析处（R&A）是最有价值和成效的部门，因为“情报行业的主要工具是 3×5 的索引卡片而不是枪和刀，因为只有在组

[1] William J. Donovan to Franklin D. Roosevelt, “Memorandum of Establishment of Service of Strategic Information,” June 10, 1941, in *Donovan and the CIA: A History of the Establishment of the Central Intelligence Agency,* by Thomas F. Troy (Frederick, Md.: University Publications of American,1984), p. 420.

织和研究一份情报之后，这个单位才能了解到值得了解的情况”[1]。所以，研究分析处的建立先于战略情报局中复杂秘密情报或隐蔽行动的单位。

研究分析处主要由文职人员构成，集合了许多来自哈佛、耶鲁等名校的学者。该处的报告内容涉及十分广泛，包括外国的经济资源、社会情况、军事能力、自然条件等，为华盛顿和战地提供了许多特别动向和现实情报的报告，但都只是“把原始情报资料转变为精确的、基于事实和严格客观的分析，不提出建议、不进行推荐或以任何方式决定战争的战略战术方案”[2]。因此，多诺万试图将研究分析处建设成一个使用情报向总统提供政策建议的学术型机构的设想未能实现，研究分析处虽然基本满足了战时军事上的需求，但在二战期间美国的决策体系中“无一席之地”[3]。不过，研究分析处将学术研究的方法应用于情报分析，为情报评估活动建立了初步的规范流程，所生产的情报产品产生了一定的影响力，这都为后来的国家情报评估奠定了基础。

1945 年 9 月，诞生于战时的战略情报局随着战争的结束走到了使命的尽头，但是冷战风云又起，美国建立国家情报评估体系的迫切性更加凸显。

（二）雏形：报告与评估办公室

二战结束后，随着冷战局势的发展，组建中央情报机构、生产战略情报产品等对于美国已是当务之急。1946 年 1 月，杜鲁门总统下令设立中央情报总监（Director of Central Intelligence, DCI）、成立中央情报组

[1] 〔美〕布雷德利 · F. 史密斯：《美国战略情报局始末》（宋静存等译），国际文化出版社 1988 年版，第 413 页。

[2] Barry M. Katz, *Foreign Intelligence: Research and Analysis in the Office of Strategic Service 1942-1945* (Cambridge, MA: Harvard University Press, 1989), p. 14. 转引自刘宗和、高金虎主编：《第二次世界大战情报史》，解放军出版社 2009 年版，第 367 页。

[3] 〔美〕布雷德利 · F. 史密斯：《美国战略情报局始末》（宋静存等译），国际文化出版社 1988 年版，第 413 页。

(Central Intelligence Group, CIG)，中央情报总监诸多使命中的第一条是领导中央情报组“完成有关国家安全情报的关联和评估，并在相应的政府部门内分发所生产的战略级和国家政策级的情报”[1]。为履行这一职能，1946年2月，中央情报组建立中央报告办公室（Central Reports Staff, CRS），8月更名为研究与评估办公室（Office of Research and Evaluations, ORE），10月最终定名为报告与评估办公室（Office of Reports and Evaluations, ORE）。伴随这一系列变更和调整的，不仅是生产国家情报评估的机构数易其名，也是其组织结构从无到有、从小到大，组织功能从简单到复杂的演变。

1947至1950年间，报告与评估办公室生产的评估文件被称为OREs系列。该机构可被视为国家情报评估生产机构的雏形，其最大的突破在于“坚持了独立性，没有成为其他情报机构的附庸。在获得了独立的财权和人事权之后，在情报分析领域，它努力做到了独立自主，能发出独立于军方和国务院情报系统的声音，并通过一系列卓有成效的工作，证明了自身的价值，为组织的发展壮大奠定了良好的基础”[2]。

二、历史沿革

中央情报局1950年成立的国家评估办公室（Office of National Estimate, ONE）是第一个真正意义上专职的国家情报评估生产组织，标志着国家情报评估体系的初步确立。作为一个新生事物，该体系在冷战的实践中经历了一个不断改进和逐步完善的发展历程。

[1] Presidential Directive on Coordination of Foreign Intelligence Activities, January 22, 1946, Doc. 71, *Foreign Relations of the United States(hereinafter referred to as FRUS), l945-1950, Emergence of the Intelligence Establishment,* p. 177.

[2] 刘鹏喆：《美国〈国家情报评估〉研究——组织、程序、文本》，解放军外国语学院博士学位论文，2013年，第47—48页。

（一）国家评估办公室时期

OREs 系列的评估文件与后来的《国家情报评估》不同，前者更多的是具备陈述性质而非评估性质。同时，随着报告与评估办公室工作的开展，其弊端如职责不清、各情报机构之间协调松散等问题也逐渐暴露出来。1948 年初，国家安全委员会决定对中央情报局的机构、活动和人员进行全面、公正和客观的调查，并提出相应的建议。[1] 情报调查小组（Intelligence Survey Group）由艾伦·杜勒斯领导。1949 年初，调查小组提交了最终报告，即所谓的杜勒斯报告。

报告对中央情报局的情报评估工作提出了尖厉的批评，认为中央情报局未能完全履行生产国家情报的职责。“除去一两件偶然发生的重大事件，中央情报局根本没有有效履行这个最重要的职责。”其中，“负责撰写国家情报的报告与评估办公室同时还要考虑其他各类报告和摘要的问题，无力专注于国家情报评估这项最重要的工作，日趋成为一个与政府和部门情报机构竞争的情报生产机构。而且，它是根据自己的研究和分析结构起草评估报告的，没有让各部门情报机构充分地参与其中。在准备情报报告和评估时，对中央情报局的角色认识存在混乱。同时，从未确定一个被政府接受的、权威的国家情报评估的规范”[2]。

鉴于这种情况，杜勒斯报告建议，中央情报局应该组织起一个精英化的专家小组，以取代目前的报告与评估办公室。这个新机构可以被命名为评估科，其职责是审阅中央情报局及其他情报部门的情报产品，并起草国家情报评估，以备情报顾问委员会审查。同时，国家情报评估最终的协调

[1] National Security Council Resolution, Doc. 336, *FRUS, 1945-1950, Emergence of the Intelligence Establishment*, p. 828.

[2] Report from the Intelligence Survey Group to the National Security Council, Doc. 358, *FRUS, 1945-1950, Emergence of the Intelligence Establishment*, p. 906.

程序应该在情报顾问委员会内部进行，该委员会负责审查和讨论提交上来的情报评估文本。最终的评估文本将会是所有参与机构的共同成果，这些机构也共同担责。这样的文本将被视为决策者手中最具权威性的评估报告。[1]

杜勒斯报告的相关结论得到了国家安全委员会的认可。1949 年 7 月，该委员会发布的 NSC-50 文件明确表示，"国家安全委员会同意上述（有关国家情报评估的）结论和建议"[2]，这也正是日后上任的中央情报总监比德尔·史密斯进行机构改革的主要依据。

1950 年末，史密斯担任中央情报局局长一职，他最大的雄心之一是"改变只强调当前情报的做法，将更多重心放在长期情报工作——特别是为总统作出长期评估之上"[3]。为此，史密斯上任后大力推进情报评估工作的改革。1950 年 10 月 20 日，他向情报顾问委员会提交了一份备忘录，针对中央情报局对国家情报评估的职责进行了明确规划。他提出，国家情报评估须经情报顾问委员会的批准，但筹划及生产这些评估报告则完全是中央情报局的使命和责任。他建议以尽可能快的速度组建生产《国家情报评估》的国家评估办公室，并将该部门建设成中央情报局和国家情报机构的核心。[4]

史密斯的申请得到了情报顾问委员会的批准。[5]1950 年 11 月 13 日，

---

[1] Report from the Intelligence Survey Group to the National Security Council, Doc. 358, *FRUS, 1945-1950, Emergence of the Intelligence Establishment*, pp. 906-907.

[2] Report by Secretary of State Acheson and Secretary of Defense Johnson to the National Security Council, Doc. 358, *FRUS, 1945-1950, Emergence of the Intelligence Establishment*, p. 978.

[3] 〔美〕斯坦菲尔德·特纳：《读后销毁》（孙伊译），华中科技大学出版社 2014 年版，第 56 页。

[4] Memorandum from Attorney General Clark to President Truman, Doc. 17, *FRUS, 1945-1950, Emergence of the Intelligence Establishment*, pp.49-50.

[5] Harold P. Ford, *Estimative Intelligence: The Purpose and Problems of National Intelligence Estimating* (Lanham, Maryland: University Press of America, 1993), p. 64.

在史密斯的主持下，报告与评估办公室被拆分为三个单位：负责经济情报分析的研究与报告处，负责动态情报产品的动态情报处，专职负责《国家情报评估》产品生产的国家评估办公室。这一举措标志着美国国家情报评估体系初步建立，国家情报评估活动也逐渐走上正轨。

（二）国家情报官时期

随着时间的推移，国家评估办公室曾经的优点渐渐流失，甚至转化为短板弱点。一方面，国家评估办公室秉承的理念，如遵循严格的、学术化的研究方法、与决策层保持相对的距离等，虽在一定历史时期内指导国家情报评估取得了非凡的成就，但更多的是强化了这些理念的地位。如此，在将这些既有经验视为“金科玉律”的过程中，国家评估办公室开始表现得故步自封，在许多方面逐渐落后于形势发展。另一方面，领导层的决策风格也发生了很大的变化，加上国家评估办公室在古巴导弹危机等重大事件上的屡屡失误，更是极大地损害了总统对国家情报评估的信任。

在这种形势下，1973 年，中央情报总监詹姆斯·施莱辛格启动了对国家情报评估的改革，并由他的继任者威廉·科尔比正式实施。在改革中，科尔比针对国家情报评估生产核心组织——国家评估委员会——缺编人数较多的现状，顺势撤销了国家评估办公室和国家评估委员会，并设立了国家情报官（National Intelligence Officer）。[1] 这样一来，国家情报评估的生产成为国家情报官的职责。国家情报官岗位数目不定，时有变动，有 13 人到 17 人不等。

通过这次改革，国家情报评估活动大大拉近了评估人员与决策层之间

---

[1] Compiled and Edited by Tyrus G. Fain, in collaboration with Katharine C. Plant and Ross Milloy, *The Intelligence Community: History, Organization, and Issues* (New Providence, New Jersey: R. R. Bowker Company, 1977), p. 224.

的距离，提高了效率。但在这种机制下，国家情报评估的撰写过度依赖于国家情报官的个人能力和情报素养，部分评估产品质量难免受到一些能力平庸的国家情报官的不利影响。

（三）国家情报委员会时期

国家情报官的设立取得了一定的成绩，也暴露出一些弊端，尤其是国家情报评估工作在伊朗等问题上出现重大失误，使得新一轮的改革再次提上议事日程。

1977 年 3 月，斯坦菲尔德·特纳就任中央情报局局长之后，在时任总统卡特的支持下，开始对中央情报局进行一系列的改革。其中，为了改进国家情报评估工作，他在对“国家情报官制度”进行了为期几个月的调研之后，于 1980 年 1 月 1 日组建了国家情报委员会（National Intelligence Council）。该委员会由一名主席、两名副主席、十二名国家情报官、国家情报官助理、分析组和少量辅助人员组成。

国家情报委员会的成立，是国家情报评估制度在冷战时期的最后一次重大变化。这次变革最主要的影响有两点：一是国家情报评估的情报界属性得到了加强。国家情报委员会直接隶属于中央情报总监，这意味着该委员会代表整个情报界的立场和观点，而不单单是中央情报局。这一编制归属上的变化使国家情报委员会可以更有效地摆脱部门利益的束缚，在整个情报界的范围内进行公正的协调。二是借鉴以往的成熟经验，恢复了一些传统做法。尤其是借鉴国家评估办公室的经验，强化了国家情报官主席的权力，他可以全程掌握每名国家情报官的工作进程，确切地把握其工作质量。新设的分析组类似于国家评估办公室时期的固定写作班底，事实证明，这对于保障国家情报评估的质量至关重要。

三、战略意义

1950 年国家评估办公室的成立及其生产的《国家情报评估》，标志着美国国家情报评估体系的正式确立。该体系建立了一整套机构和体制生产国家级情报产品，以便对关乎美国国家安全的情况及其发展趋势作出评估，并为国家决策层提供情报信息和决策依据。作为整个情报界对外国或国际情况的协调判断，《国家情报评估》堪称国家安全政策的基石。情报界内部和外部许多人士都认为，《国家情报评估》是美国情报分析的冠冕。中央情报局资深情报分析家哈罗德·福特指出，《国家情报评估》是“情报界准备的、最权威的分析产品，从最敏感的外来资料到最公开的未分类信息，评估汇集了美国情报界手头问题的每个方面的证据”[1]。政治学家哈利·豪·兰塞姆认为，《国家情报评估》是“国家安全政策制定中最有影响力的文件，至少是最权威的”[2]。国家情报评估体系在多个方面都具有开创性意义。

首先，国家情报评估体系的定位确立了自身的地位和作用。《国家情报评估》充分地体现了预测评价性情报的文本特征。谢尔曼·肯特在谈论评估本质时指出：“我在这里用‘评估（Estimate）’这个词是指正式的评估文件，该文件从所知的观点出发检验一个主题，然后超越所知的世界，进入推测的世界。”同时，“国家的（National）”不但赋予了评估文件一种适用于政府最高层制定国家安全政策表述目的的主题，而且符合中央情报

[1] Harold P. Ford, *Estimative Intelligence: The Purposes and Problems of National Intelligence Estimating* (Lanham, Maryland: University Press of America, 1993), p. 31.

[2] Harry Howe Ransom, *The Intelligence Establishment* (Cambridge, MA: Harvard University Press, 1970), p. 147.

总监调动其主持下的情报界各个部门共同进行情报活动生产的任务特征。[1]总而言之，这类预测评价性情报是“情报产出中最稀有的部分”，无法通过搜集得到，只有国家中能力最强的学者通过“公正地对待新证据的出现，创造性地发展研究技巧，具有想象力地提出假设，清晰地分析自己的偏好和偏见，并技巧性地展现自己的结论”[2]，才能生产出来。

国家情报评估体系的设立满足了美国政府对于有关国际事务的高水平情报的迫切需求，国家评估办公室通过向决策层不断提供质量较高的《国家情报评估》较好地配合了其决策过程。“在许多关键性的议题上，《国家情报评估》的准确率相当之高。国家评估办公室和情报界在预测领域取得一个个前无古人的成就，受此激励，这套程序开始被广泛接受。”[3]

其次，国家情报评估体系的生产范式是从理论走向实践的探索与开拓。对于国家情报评估体系的机构设置，从佩蒂到肯特早先均进行过一系列的探讨研究，在学术圈内初步形成了关于其组织架构基本原则的共识，如精英化的选才标准、超脱于部门利益的独立地位、对全源情报素材的掌握等，这些原则在国家评估办公室的机构设置模式上得到了一定的体现。相比之前的生产模式，在国家情报评估体系下，情报分析人员可以更好地抵制部门利益和决策层带来的压力，坚持在工作中秉持客观的立场，所生产的评估产品密切配合政府决策程序的优势不断凸显出来，因而逐渐地为整个行业所接受，并因在实践中的高效率和良好表现而成为《国家情报评估》生产组织在今后数十年间的模式。

---

[1] Sherman Kent, *The Institutional Framework,* http://www.cia.gov/csi/books/shermankent/inst.html.

[2] Sherman Kent, *Strategic Intelligence for American World Policy* (Princeton NJ: Princeton University Press, 1949), p. 64.

[3] Harold P. Ford, *Estimative Intelligence: The Purpose and Problems of National Intelligence Estimating* (Lanham, Maryland: University Press of America, 1993), p. 85.

最后，国家情报评估体系的组织结构促进了不同情报部门之间的合作。成立于 20 世纪 40 年代初的情报协调局、战略情报局都是美国在战争时期创立国家级情报机构的早期探索，而这种努力的初衷就是促进各情报部门间的合作。珍珠港事件挥之不去的阴影、冷战阴霾的笼罩、亚非拉世界的动荡，这些促使美国意识到，情报工作在和平时期一样重要，是处理国家事务不可缺少的重要环节，同时情报工作需要更有效的组织和更缜密的协调，需要排除门户之见而确定统一的国家级情报产品。《国家情报评估》在生产过程中可整合情报界资源，情报来源全面同时又可以减少情报机构之间的重叠、低效、竞争，加之其审查和评价机制相对中立，在相当长的一段历史时期内运行得较为成功。用哈罗德 · 福特的话来说，为了生产《国家情报评估》，“情报界不同部门间展开合作，共同参与评估生产程序，也共同为此负责，这种模式终于被各方所接受，从而结束了情报界各部门几十年来的内耗式争斗”[1]。

第二节　美国对古巴国家情报评估的生产活动

国家情报评估工作既是一种高度复合的知识产品，又是一个周密运转的组织机构，同时也是一种具体精细的科研活动。[2] 这种知识、组织及活动的背后是美国的国家情报评估生产体系。美国对古巴国家情报评估的生产活动便是在该体系下开展的。

---

[1] Harold P. Ford, *Estimative Intelligence: The Purpose and Problems of National Intelligence Estimating* (Lanham, Maryland: University Press of America, 1993), p. 85.

[2] 李景龙等：《美国国家情报评估报告选》，军事科学出版社 2013 年版，第 2 页。

一、基本生产机制

国家情报评估的生产机构历经多次体制调整、机构改组和人员变动，不过从总体上看，国家情报评估的生产是由情报界首脑、评估主管部门和评估实施机构三级体系构成的。

（一）情报界首脑

作为情报界首脑，中央情报总监是国家情报评估的第一责任人。自设置中央情报总监的职位以来，先后有总统备忘录、国家安全委员会情报指令、总统行政命令等多份官方文件，明确规定了中央情报总监在国家情报生产上的职责。其中，1947 年的《国家安全法案》更是从立法的角度授予中央情报总监“作为总统在国家情报事务上的首席顾问，负责国家情报生产”的职责。中央情报总监虽然不直接参与国家情报评估的具体撰写，但他是国家情报评估工作的总负责人，拥有评估文本的最终审批权，其工作作风与态度对国家情报评估的生产有着举足轻重的影响。

以本书研究的时间段为例，1957—1965 年美国对古巴国家情报评估的生产活动，先后经历了艾伦·杜勒斯和约翰·麦科恩两任中央情报总监。艾伦·杜勒斯就任中央情报总监期间，是国家情报评估产量相当高的一段时期。1953、1954 年生产的《国家情报评估》数量维持在年均 28 份，在此之后有了进一步的提升，1955 至 1961 年年均产量高达 34 份，其中 1955 年达到了 45 份的高峰。根据目前解密的评估文本来看，这是整个冷战时期的最高纪录，直至 1992 年才被超越，至今仍是第二高的年产量。令人玩味的是，相比情报分析工作，杜勒斯始终对隐蔽行动怀有更加浓厚的兴趣。在杜勒斯的领导下，中央情报局计划处下辖的西半球事务科于 1960 年 1 月成立了第四支队——“古巴行动小组”，并在短短一年的时间里由最初的 40 人扩展至 588 人，成为中央情报局内最大的秘密行动部门。[1] 杜勒斯以他特有的方式履行中央情报总监在国家情报评估工作中的职责。举例来说，各情报机构对相同数据可能会作出不同解释：通常来说，在这样的情况下，大部分中央情报总监采取的方式是开展讨论，目的是尽可能从各种解释中得出最合适的结论。而杜勒斯却不愿讨论，也不愿反驳不同观点，尤其不愿与军方情报机构讨论，他倾向于简单的妥协：只要有一个机构对一个措辞提出不同意见，国家评估办公室就会沮丧地寻找妥协方案。杜勒斯对情报分析工作如此态度正好可以解释美国在猪湾事件中的鲁莽和冲动，而恰恰是此次事件直接导致了杜勒斯情报生涯的终结。

相比之下，杜勒斯之后的麦科恩对待国家情报评估的态度有很大的不同。他总是很认真地阅读呈交上来的《国家情报评估》，那逐字逐句全神贯注的态度“就好像它是一份企业抵押贷款合同”[2]。他还叫停了 20 世纪 50 年代在《国家情报评估》中盛行的连篇累牍之风。最为重要的是，麦科恩拒绝把国家情报评估看作“个人所有物”，他会批评某些报告，也会试图说服不同意见的人接受他的观点，但他从不会利用权力改写评估报告。如果有不同意见，他会选择在与总统每周会面的时候说出自己的想法，而不是操控国家情报评估的生产，因为他相信“国家情报评估体系比他本人重要”[3]。这一点在古巴导弹危机中表现得尤为突出。对于赫鲁晓夫是否会在古巴部署战略导弹这一问题，麦科恩的意见与整个情报界相左。

---

[1] Peter Kornbluh, ed., *Bay of Pigs Declassified: The Secret CIA Report on the Invasion of Cuba* (New York: The New Press, 1998), p. 27.

[2] 〔美〕斯坦菲尔德·特纳：《读后销毁》（孙伊译），华中科技大学出版社 2014 年版，第 88 页。

[3] Victoria S. Price, *The DCI's Role in Producing Strategic Intelligence Estimates* (New Port, RI: Naval War College, Center for Advanced Research, 1980), p. 63.

他告诉肯尼迪总统，苏联“正在弄一些新的、不一样的东西”；而情报界却认为，“在古巴部署战略导弹的做法不符合苏联的政策”。[1] 最终，国家情报评估采纳多数派的观点。肯特告诉麦科恩，如果他不同意报告的观点，作为中央情报总监的他有权修改，而麦科恩谢绝了这一提议，他选择淡化自己的观点，尊重中央情报局作为情报和分析机构的真正使命。不过，他始终没有认同国家情报评估这一结论，并且多次警告决策者们苏联可能会通过放置导弹来支持他们的拉丁美洲卫星国。

（二）评估主管部门

评估主管部门是国家情报评估的具体实施机构，其职责是在情报界首脑的领导下，完成国家情报评估产品的生产。冷战时期，国家情报评估的主管部门先后经历了国家评估办公室、国家情报官和国家情报委员会三个时期。依然以本书研究的时间段为例，国家情报评估的主管部门是国家评估办公室。当时，国家评估办公室由三部分组成。一是国家评估委员会。该委员会最初由 8 人组成，后增至 12 人，委员会成员大都是国际事务领域的高级专家。他们与决策者以及其他情报机构的代表磋商，负责拟订《国家情报评估》的年度撰写计划，同时也负有审稿的职责，并对评估文本的质量负最终责任。二是负责起草国家情报评估的办公室。国家评估办公室招募各类专业的情报分析人员，他们或具有战时情报工作的经验，或以知识全面见长，或是具体领域的专家，该办公室的唯一职责就是生产协调统一的评估报告[2]。三是协助开展情报评估工作的秘书班子，从事情报评估的资料查询、整理等工作。这三个机构中，评估委员会是核心，办公室

[1] Victoria S. Price, *The DCI's Role in Producing Strategic Intelligence Estimates* (New Port, RI: Naval War College, Center for Advanced Research, 1980), p. 65.

[2] 后来，随着评估活动的开展，国家评估办公室又增加了一些不可或缺的工作任务，如编写《国家情报调查》等。

是具体工作机构，秘书班子是辅助机构，各部门分工明确，相互协作，保证国家情报评估工作的顺利开展。

自 1952 年开始，谢尔曼·肯特在随后的 16 年中一直担任国家评估委员会主席和国家评估办公室主任。在肯特的主持下，国家评估办公室坚持进行细致深入的情报分析工作，国家情报评估的生产更加规范化、系统化、制度化。有学者这样总结肯特的作用和价值："谢尔曼·肯特被召至华盛顿，并将其理论付诸实践，在接下来的四分之一个世纪，他掌控着情报界评估机构的核心部门，并赋予它形式、生命和目标。"[1] 还有学者认为："国家评估办公室和生产《国家情报评估》的流程，严格遵循了肯特在《战略情报：为美国世界政策服务》一书中所提出的准则。"[2] 从这个意义上讲，肯特堪称对国家情报评估最有影响力的人物之一。导弹危机之后，情报界着手总结情报工作得失，肯特作为国家情报评估生产的负责人之一，专门发表了一篇长文《回顾一份关键的评估》[3]，对 SNIE 85-3-62 关于苏联在古巴部署进攻性导弹这一判断上出现的重大失误进行了反思。在文章中，肯特详细叙述了当时国家情报评估的生产流程，披露了 1962 年夏秋搜集到的有关古巴的主要证据，分析了相关情报评估失误的主要原因，同时，肯特也不忘从国家情报评估生产者的角度进行自我辩护。

（三）评估实施机构

情报界所属的各个情报部门是国家情报评估工作的参与机构。美国情报界是所有致力于美国国家情报工作的行政部门机构和组织的联合体。这些机构通常发挥着两方面的作用，一方面，这些情报机构的分析人员会参

---

[1] Scott D. Breckinridge, *The CIA and U.S. Intelligence Systems* (Boulder, Colorado: Westview Press, 1986), p. 176.

[2] Harold P. Ford, "A Tribute to Sherman Kent," *Studies in Intelligence,* Fall 1980, p. 6.

[3] Sherman Kent, "A Crucial Estimate Relived," *Studies in Intelligence*, Vol. 8, No. 2, Spring 1964.

与评估文本的现实生产；另一方面，各情报机构的首脑参与评估文本的最终审批。这样一种分工与合作，既是国家情报评估工作的客观需要，也是提升国家情报评估质量的重要途径。

美国情报界的概念是随着时间推移而不断变化的。举例来看，20 世纪 60 年代初期，情报界主要包括中央情报局、国家安全局、国防情报局、国家侦查局、军队的情报机构、国务院情报研究局、联邦调查局的情报部门、财政部的情报部门、能源部的情报部门等。[1] 在 1962 年夏秋，古巴局势最为紧张的时期，国家情报评估的生产可谓情报界的一次总动员：国防情报局拍摄到从苏联出发的苏联船只甲板上的货物；国家安全局截获苏联船只的通信，以及苏联人在古巴的无线电传输及其他信号情报；海军的空中侦察力量监视着进出古巴的苏联船只；中央情报局频繁调遣在古巴的特工人员以获取人力情报；国防部的情报机构为在军事领域执行政策提供情报支持，包括实施海上隔离、监控苏联导弹的撤离和进行应急军事行动准备等。1962 年 10 月 27 日，根据情报界众多机构搜集到的证据和信息，国家评估委员会对当时的古巴局势再次作出了评估，并以此向麦科恩提交了一份备忘录。该备忘录就美军如果空袭苏联在古巴的导弹基地和空军基地，苏联、古巴、拉美国家、美国盟友国家以及中立国家等各方可能的反应进行了深入的分析与预测。由于时间关系，这份备忘录没有来得及以正式《国家情报评估》的形式发布，但可被认为是导弹危机爆发的 13 天中情报界向政治决策层提交的一份“最重要的正式评估”[2],从事后验证来看，其观点结论基本都是正确的。更重要的是，这份报告充分体现了情报界各

[1] Bruce W. Watson, Susan M. Watson, Gerald W. Hopple, *United States Intelligence: An Encyclopedia* (New York & London: Garland Publishing, 1990), p. 301; James Blight & David Welch, *Intelligence and the Cuban Missile Crisis* (London: Frank Cass, 1998), p. 19.

[2] James Blight & David Welch, *Intelligence and the Cuban Missile Crisis* (London: Frank Cass, 1998), p. 32.

部门在危机时期集体攻关的合作精神。

二、常规生产程序

《国家情报评估》有一套严谨的生产程序，且一直在不断演变和完善中。在本书研究的时间段，其基本生产程序大致可分为以下几步。

第一，规划（Scheduling）。即对国家情报评估的选题、数量和完成期限进行提前规划，按序列出国家情报评估的生产计划表。

第二，确定调查范围（Terms of Reference）。具体由国家评估办公室负责，主要内容是对将要着手生产的评估的主题、范围等进行进一步规划，使情报界分析人员明白决策者们的关注点，并据此开展相应的搜集和分析工作。

第三，各单位上报材料（Contributions）。参与国家情报评估生产程序的情报界各单位据此展开搜集和分析，随后将相应的材料以书面形式上报给国家评估办公室。

第四，国家评估办公室撰写初稿（Drafting in the ONE）。国家评估办公室根据情报界各部门上报的材料撰写初稿，完成后，先由国家评估委员会进行初审。

第五，代表开会协调（Coordination of the Draft with the Reps.）。初稿经过初步审核之后，会被呈送给情报界各部门的代表审议，之后各部门代表开始进行协商。在此期间，各机构代表可以提出异议，若经协调之后，仍然坚持异议，则可将此异议留到更高级别的会议上进行协调。在接近定稿时，相关材料会被呈送给国家评估委员会进行最后的修改和拟定。最后，将相关材料呈送给情报顾问委员会，由各情报机构的高级代表进行最后的协调。

《国家情报评估》的生产程序非常正规，一般情况下，生产时间需要2至6个月。在紧急突发情况下，其生产程序可以取消掉“确定调查范围”“代表开会协调”等环节，缩减为只需要提交书面材料，而后迅速生产出相应的《国家情报评估》材料。[1] 此外，完成《国家情报评估》文本并不意味着程序的终结，为了进一步提高文本质量和总结经验，还需要对《国家情报评估》进行事后的评价。

第三节　美国对古巴国家情报评估的素材来源

艾布拉姆 · N. 舒尔斯基等在《无声的战争 ：认识情报世界》一书中将情报搜集手段分为以下三种 ：一是人力情报搜集，即利用人力手段作为主体搜集和传递情报，这是最为古老、最为传统的情报搜集手段 ；二是技术手段情报搜集，包括网络搜集及信号情报的所有元素——通信情报、电子情报和外国仪器信号情报，这种手段搜集到的情报与前一种都统称为秘密情报 ；三是公开来源资料搜集，即借助电视广播、出版物、互联网等合法来源提取有价值的信息。[2] 美国对古巴国家情报评估中所使用的情报来源，也不外乎是通过这些方法获得的。

一、人力情报来源

（一）美国派驻古巴的特工搜集的情报

位于美国弗吉尼亚州兰利的中央情报局总部是对古巴进行情报活动的

[1]　中央情报总监第 3/1 号指令（DCID3/1），参见 http://www.fas.org/irp/offdocs/dcid.htm。

[2]〔美〕艾布拉姆 · N. 舒尔斯基、加里 · J. 斯密特：《无声的战争：认识情报世界》（罗明安、肖皓元译），金城出版社 2011 年版，第 20 页。

大本营，具体工作由中央情报局在古巴的情报站负责。古巴革命胜利之前，中央情报局在古巴的两大主要工作站分布于首都哈瓦那和东部重镇圣地亚哥。1957 至 1958 年，中央情报局在古巴的工作人员密切关注着蓬勃发展的革命运动与古巴社会的动向，尤其是圣地亚哥市邻近游击队活动的马埃斯特腊山区，圣地亚哥站的特工可以获得许多有关革命的第一手信息。该站时任站长查普曼回忆说："我与支持革命运动的民间抵抗运动有着密切的联系，和他们关系不错。偶尔我甚至能接触到'七·二六运动'的地下活动者。这很重要，因为随时都有情况发生。"[1]

美古关系走下坡路之后，中央情报局在古巴的工作站除了要通过调查研究向总部提供情报外，还开始执行煽动颠覆或直接颠覆卡斯特罗政府的隐蔽行动，情报工作也都集中到哈瓦那这一个站点，同时配合行动的还有中央情报局驻其他国家的工作站，如西班牙、墨西哥和巴拿马等站。[2]

1961 年 1 月 3 日，美国与古巴断绝外交关系，在古巴从事贸易投资和外交工作的美国人大量撤离，这令中央情报局在古巴安插特工的难度增大了许多，在古巴的人力情报搜集一度陷入举步维艰的局面。其情况之艰难致使 NIE 85-62 在报告正文之前的按语中不得不指出："实际上，古巴现在被一道铁幕包围。我们所能得到的有关其内部发展的信息，无法达到我们所期望的那样完整和可靠。有关一些重要事情的信息严重不足。这一缺陷可明显见于本评估文本的部分章节，如第 19、30、106、111 段等。总体而言，现有的信息可以支撑本评估。如获得补充信息，将会不断审核本评估。"[3]

---

[1] Tom Gjelten, "Recalling Castro's Ascension and CIA Reaction," *Morning Edition,* January 1, 2009. http://www.npr.org/templates/story/story.php?storyId=98921086.

[2] 〔古〕乔斯·卢斯·莫尔拉、拉斐尔·卡尔辛斯:《CIA 在古巴》(海洋等译)，时事出版社 1990 年版，第 4 页。

[3] NIE 85-62: The Situation and Prospects in Cuba, 21 March, 1962.

这一局面直至美国在古巴首都哈瓦那设立利益代表处后才有所改善。1977 年 9 月 1 日，美国驻哈瓦那的利益代表处开始工作，中央情报局就充分地利用美国在古巴领土内这一正式的代表机构搜集情报。据古巴官方披露，仅在 1977 至 1987 年的十年间，美国驻哈瓦那利益代表处正式任命的 79 名长期官员中，38 人是中央情报局人员；正式任命的 418 名临时官员中，113 人隶属于中央情报局；上述中央情报局人员于此期间在古巴境内有过 122 次具有情报工作性质的旅行，搜集有关军事、经济、政治和作战行动的情报。[1]

为了保障与在古巴的特工通信，中央情报局使用了多种联络手段。第一种是利用单向音频，即由兰利总部代号为“月亮女神”的计算机发射加密处理的无线电讯号电报。电文一般由多组西班牙语读音的数字组成，在古巴的美国特工用普通的收音机就能轻易地收到它发出的讯号，再借助密码本解密电文。每名特工都有固定的收报时间和频道，中央情报局还设有专人核查单向音频的接收效果。第二种是利用单向无线电传系统，亦称打印机系统。这是一种尖端的通信系统，两部由计算机控制的发射机器组成该系统，在古巴的特工需要将中央情报局提供的特殊设备与普通收音机配套使用，即可接收到机密讯号并将其抄录出来。单向无线电传系统可以大幅地提高发报速度。例如，发送一份 1015 个字母的电文，通过单向音频传送需要两个小时，而使用该系统则只用 10 分钟。第三种采用是双向联络法，即通过使用密写、特殊符号和人员观察来传递指令和信息。例如，在古巴的特工以普通信件来往为掩护，在信件内加写密写情报，然后用一个假的发信地址将信件邮寄给中央情报局的联络点。又如，在中央情报局

[1] 〔古〕乔斯·卢斯·莫尔拉、拉斐尔·卡尔辛斯：《CIA 在古巴》（海洋等译），时事出版社 1990 年版，第 5—6 页。

和特工之间还会使用一些特殊的标记或信号来传递信息和指令。[1]

（二）古巴国内反政府势力提供的信息

卡斯特罗政权建立的最初几年，古巴国内一直活动着大大小小诸多抵抗组织，尤其是在中部的埃斯坎布雷山区和东部的奥连特省。美国通常通过在迈阿密的古巴流亡组织与在古巴国内的这些抵抗组织建立联系，向其提供训练、装备与资金，指导和帮助他们开展抵抗活动。20 世纪 60 年代初，多份《国家情报评估》都有对当时活跃在古巴国内抵抗组织的力量构成、活动能力、社会影响等的详细论述，NIE 85-2-62 还专门指出在古的抵抗组织与在美的流亡组织之间存在分歧："仍留在古巴的部分人不信任流亡者，并谴责他们不能为继续在古巴战斗的人们提供急需的武器和装备。"[2] 由此可见，古巴抵抗组织与美国之间的联络渠道是畅通的，前者完全具备向后者提供实时信息的能力。

导弹危机之后，古巴军事安全机构打击反政府游击队的力度进一步加大，而美国由于形势变化对古巴国内抵抗组织的援助力度有所减弱，这样的此消彼长使古巴国内的武装抵抗组织基本销声匿迹。在此情况下，美国情报部门改变思路，着力从个人性格和思想意识上进行颠覆，中央情报局古巴站的官员试图与各界的古巴人交往，尝试与他们建立密切的关系，并从中考察和招募可靠的人员为其搜集情报。例如，古巴国家银行的总业务主任米格尔·安赫尔·洛佩斯·埃斯科瓦尔便是其中一例。1983 年 1 月，他在古巴国家银行驻伦敦分行工作期间，被中央情报局征募。他回古巴工作后，"使用密写的方式同中央情报局保

---

[1] 〔古〕乔斯·卢斯·莫尔拉、拉斐尔·卡尔辛斯：《CIA 在古巴》（海洋等译），时事出版社 1990 年版，第 35—42 页。

[2] NIE 85-2-62: The Situation and Prospects in Cuba, 1 August, 1962.

持联系”[1]。为此，美国对他进行必要的训练和资助。1987年，中央情报局指令他：“最重要的中心任务就是尽可能地搜集和发出有关古巴经济形势和困难的情报。因为，分析专家根据这些情报就能使中央情报局知道，在古巴的哪些地区和对哪些目标使用何种方法便可给古巴的经济造成最严重的损失。”[2] 然而，洛佩斯·埃斯科瓦尔实际上是古巴安全部门的特工，美国招募古巴人为其搜集情报的事实因此被揭露出来。正所谓管中窥豹，洛佩斯·埃斯科瓦尔只是中央情报局招募工作显露出的冰山一角。

（三）前往美国的古巴移民提供的信息

古巴革命胜利之初，除了巴蒂斯塔旧政权高层之外，大多数古巴人对卡斯特罗给予了热烈的欢迎。随着革命政府在政治、经济、社会诸方面的改革日益激进，一些社会精英阶层和中产阶级开始动摇并离开了古巴。据统计，从1959到1962年3年间，有不少古巴人移民到美国。[3] 这些人移民的主要目的是避难，他们是古巴社会变革的亲历者，而且大多持亲美反卡的立场，正好可以为美国情报部门所用。为此，中央情报局与美国军方在佛罗里达州迈阿密市奥帕洛卡一栋名为“67号大厦”的地方，设立了一个古巴难民查询站。

“67号大厦”位于奥帕洛卡机场附近，原为中央情报局1953至1954年间策划颠覆危地马拉阿本斯政府的秘密指挥部。1959年之后，大量古巴难民蜂拥至迈阿密，奥帕洛卡“67号大厦”得天独厚的地理位置和一应俱全的办公设备正好可以为情报部门所用，专门用于系统搜集古巴难民

---

[1] 〔古〕乔斯·卢斯·莫尔拉、拉斐尔·卡尔辛斯：《CIA在古巴》（海洋等译），时事出版社1990年版，第59页。

[2] 同上，第58—59页。

[3] Sergio Diaz Briquets and Lisandro Perez, “Cuba: The Demography of Revolution,” *Population Bulletin*, Vol. 36, No. 1, April 1981, p. 26.

带来的信息。这些难民的确提供了有关卡斯特罗政府大量的实时资料，不过，因为他们缺乏情报搜集的基本常识和技能，所提供的信息中有价值的很少。据麦科恩回忆，仅在1962年夏秋，中央情报局就先后收到过3500份声称在古巴岛内发现了苏联导弹的人力情报报告，其中大多数是由古巴难民提供的。事后，根据总统外国情报顾问委员会的鉴定，这些报告中仅有35份被证明属于苏联部署导弹的信号，麦科恩本人认为这些人力情报中有用的信息更少："回想起来，只有8份报告可以被认为是在古巴部署进攻性导弹的有效指标。"[1] 其他绝大部分报告都是无稽之谈，因为它们的报告时间甚至早于苏联将导弹运抵古巴的时间。没有受过专业训练的难民根本无法辨别不同类型的导弹，对其大小尺寸的估计不够准确且存在相互矛盾，有的报告者甚至可能想故意刺激美国入侵古巴。总之，相比特工人员，难民所能提供的有价值线索要少得多。

冷战中后期的古巴移民给美国带去了有关卡斯特罗政权最新的一手信息，不过，从另一个角度来看，鉴于这些移民的社会成分和移民动机，他们不太可能知晓古巴政府多少内幕和秘密。

（四）他国驻古巴外交人员提供的信息

美国虽然在1961年初与古巴断交，但其他大多数西方国家依然与古巴保持了外交关系，其中一些与美国关系密切的国家驻古巴的使领馆就成了美国对古巴情报搜集的重要来源。1961年1月13日，就在美古断交10天后，美国国务院致电英国驻华盛顿大使馆，正式请求英国为其提供"有关古巴的政治、经济情报"。6天后，英国外交部回应："我们将竭

---

[1] *Memo for the President Form Director John A. McCone,* 28 Feb. 1963, Top Secret p. 2; Mary S. McAuliffe ed., *CIA Documents on the Cuban Missile Crisis* (Washington DC: Central Intelligence Agency History Staff, 1992), p. 374.

尽全力地在这方面协助贵国。” 2 月 2 日，英国驻古巴大使馆办事处主任艾恩·萨瑟兰向外交部发电，承诺将通过英国驻华盛顿大使馆向美方转交“除直接影响英国商业利益的信息外所有通函的复印件”[1]。长期负责处理古巴事务的美国外交官韦恩·史密斯后来承认，美国与英国之间存在长期的情报共享关系，英国驻哈瓦那大使馆的报告成为华盛顿追踪古巴国内形势动态的主要来源之一。这种情报合作关系甚至一直持续至今。

此外，加拿大在古巴的外交人员也为美国情报部门提供了相当数量的情报。资料显示，从 20 世纪 60 年代初至 70 年代初，在美国的授意下，加拿大驻哈瓦那大使馆对卡斯特罗领导下的古巴进行了广泛的情报搜集行动。加拿大使馆采用隐蔽的和公开的手段，向美国情报界提供了许多有关古巴政治和军事性质的人力情报。[2] 例如，美国是最先从加拿大驻古巴大使乔治·基德那里得知，卡斯特罗对赫鲁晓夫单方面决定从古巴撤走中远程导弹的决定怒不可遏[3]，从而对导弹危机给古巴与苏联关系带来的影响有了更加充分的认识。导弹危机之后，皮尔逊政府在加拿大驻古巴大使馆中加设了一个岗位，方便情报人员借助外交官身份为掩护专门搜集情报。1972 年，该岗位的加拿大工作人员回国后，加拿大政府没有再派人接替，这一岗位也由此取消。

除了英国和加拿大，类似的情报共享约定还广泛存在于美国与其他西

---

[1] James G. Hershberg, “Their Men in Havana: Anglo-American Intelligence Exchanges and the Cuban Crises,1961–62,” *Intelligence and National Security*, 15:2, 1993, pp.122-123.

[2] Don Munton, “Our Men in Havana: Canadian Foreign Intelligence Operations in Castro’s Cuba,” *International Journal*, Vol.70(1), 2015, pp. 23-24.

[3] Central Intelligence Agency Liaison Services, “The Cuban Situation,” 1 November 1962:LAC, RG 25, 4184 2444-40, Part 12; Don Munton, “Intelligence Cooperation Meets International Studies Theory: Explaining Canadian Operations in Castro’s Cuba,” *Intelligence and National Security*, Vol. 24(1), 2009, p. 125.

欧国家以及智利等部分拉美国家之间。[1]总的来说，这种情报合作活动带有明显的政治目的，一方面，在一定程度上有助于美国掌握古巴更广泛、可靠的情报源；另一方面，也受限于合作国家的情报搜集能力、关注重点，乃至本国利益等多重因素。

二、技术情报来源

冷战初期，技术侦察主要是以利用无线电侦听、卫星或飞机侦察等手段搜集情报信息。战后，美国在这方面取得了许多重大的突破，其技术手段一直处于世界领先水平，而 U–2 飞机高空侦察获取的古巴导弹基地情报更被视为美国情报部门在导弹危机中的一个重大闪光点。

1962 年夏季开始，美国发现驶往古巴的苏联船只数量激增，于是加强了对苏联船只行踪和苏联在古巴军事建设的监视。美国对古巴的空中侦察次数也由之前的每月 2 次增加到 4 次。8 月上旬，中央情报局通过 U–2 高空侦察飞机对古巴进行了情报搜集，发现苏联正在古巴修建地对空导弹发射阵地。8 月 29 日，美国再次对古巴实施高空侦察，这次侦察证实苏联近期向古巴运输了大量的军事物资，并发现了更多正在修建中的地对空导弹阵地，以及配备有导弹的鱼雷快艇和陆上军用设施。美国情报部门尽管觉察到苏联在古巴极为异常的军事建设，但一直无法确认战略导弹部署的有效指标。在这种情况下，国家情报评估依然持保守态度，认为苏联不会在古巴部署中远程战略导弹。此时，U–2 飞机发挥了巨大的作用，最终于 10 月 14 日获取了苏联在古巴建设导弹基地的确凿证据，避免国家情报评估在错误的道路上越走越远，起到了“亡羊补牢”的作用。

---

[1] James G. Hershberg, “Their Men in Havana: Anglo-American Intelligence Exchanges and the Cuban Crises, 1961–62,” *Intelligence and National Security*, 15:2, 1993, p. 164.

可以说，在古巴导弹危机中，美国情报界借助图像情报的获取和研判，将各种渠道汇集而来的信息碎片拼接成确实可信的情报，部分程度上洗刷了猪湾事件给情报部门带来的耻辱。肯尼迪专门给麦科恩写信予以褒奖："危机时刻知道我们拥有如此敬业奉献和技能高超的情报人员，对我而言当然是巨大的力量源泉。尽管我无法亲自逐一表扬情报界每一分支机构，却希望你能通过美国情报委员会成员转达我个人对他们的赞扬，对他们所取得成绩的敬佩，以及对一个伟大国家的由衷赞美。"[1]事后，麦科恩称赞航拍是"确定可靠情报的最好手段"[2]，而美国情报界也充分认识到情报图像的巨大价值，更加广泛地开发和利用空中侦察能力和卫星图片。

在导弹危机的后期，技术手段在侦测苏联从古巴撤离导弹、在古巴军事存在的残留等方面也都发挥了重要作用。国家情报评估在汲取技术情报带来的便利同时，也不忘对侦察手段的改进和完善提出警示："苏联对于美国在古巴的情报来源和方法的认识已有极大提升，这使其有可能在运输和部署的过程中采取隐瞒和欺骗的改进措施，有可能避免提供美国情报部门依赖的许多指标。"[3]

三、公开情报来源

情报机构可利用所有合法情报来源，例如，出版物、无线电和电视广播，以及有关被研究国家的有声电影等。艰苦而系统地研究所有合法来源的情报，对公开来源的情报进行有条不紊的处理，并且与通过秘密来源获

[1] Presidential Reflections on U.S. Intelligence: John F. Kennedy, http://www.cia.gov/news-information/ featured-story-archive/ 2010-featured-story-archive/john-f-kennedy.html.

[2] Mary S. McAuliffe ed. *CIA Documents on the Cuban Missile Crisis* (Washington DC: Central Intelligence Agency History Staff, 1992), p. 375.

[3] NIE 85-63: Situation and Prospects in Cuba, 14 June, 1963.

得的资料加以对比，就能为情报机构提供有关和平时期所有战备问题的十分重要而详细的情报。[1]

首先，古巴政府的官方出版物是一个重要来源。人民社会党的机关报《今日报》，“七・二六运动”的机关报《革命报》，以及两报后来合并而成的古巴共产党的机关报《格拉玛报》直接代表着卡斯特罗政府的公开立场，是美国最关注的一类刊物。其次，广播、电视也是美国情报部门了解古巴的一面镜子。古巴革命胜利后，革命政权逐步地深度介入各类宣传媒介之中，所有的报刊媒体、广播电台和电视台，或是具有官方财政支持的背景，或是在政府的监管下运作。这些媒体广泛地宣传革命政府治理古巴的新理念、新方针和新举措，可被认为是古巴政府的代言人。最后，一些技术类文件也可为中央情报局提供信息。例如，通过搜集《古巴蔗糖年鉴》，《国家情报评估》可以对古巴的支柱产业——蔗糖形成详细的了解。

综上所述，美国在对古巴进行国家情报评估中，其情报来源的渠道是多重的，各个渠道互为印证，彼此交错，从而形成了一张多层次的情报来源网。

第四节　美国对古巴国家情报评估的产品总述

冷战时期，国家情报评估系列中有大量产品都涉及古巴。例如，在拉丁美洲或非洲等第三世界国家革命形势的预测中，通常都会提及古巴的作

[1] 〔美〕杰弗里・里彻逊：《剑与盾——苏联情报与安全机构》（马其、惠兰、达明译），时事出版社 1989 年版，第 111—112 页。

用和影响。又如，在苏联等社会主义国家外交政策的评估中，必然会论述这些国家与古巴的关系及其发展趋势。不过，这些产品都不是以古巴为直接的或核心的评估对象。因此，为了清晰地梳理美国对古巴国家情报评估工作的历史脉络，以及准确地评判国家情报评估在古巴问题上的水准和价值，本书将分析对象限定于以古巴为直接评估对象的《国家情报评估》，即以国家情报评估编号规则中代表古巴的区域代码 85 的系列产品为主，以评估拉美地区的 80 系列中少部分以古巴为重点对象的产品为辅。根据目前已经解密的《国家情报评估》，与古巴相关的产品数量如图 1.1 所示。

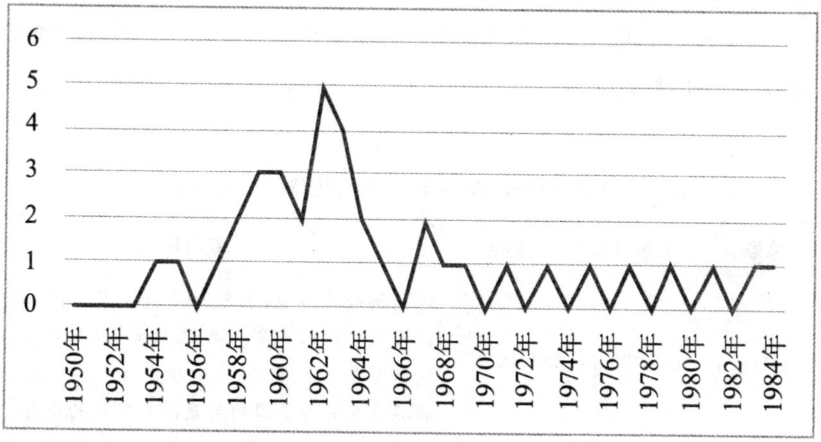

图1.1 1950—1984年国家情报评估对古巴的评估产品数量统计（作者自制）[1]

资料来源：Freedom of Information Act Electronic Reading Room （http://www.cia.gov/library/readingroom）

从图 1.1 可以看出，1957—1965 年之间，《国家情报评估》对古巴的评估产品在数量上出现了一个明显的大幅度波动，既与之前低位平缓的走势完全不同，也与之后小幅规律的震荡有所区别。根据这个特点，本书将

[1] 目前尚未搜集到 1984 年之后有关古巴的国家情报评估产品，因此统计数据到 1984 年为止。

美国对古巴的国家情报评估活动划分为以下三个时期。

一、对古巴国家情报评估的沉寂时期(1950—1956)

沉寂时期指的是，国家情报评估制度建立后至卡斯特罗领导的武装起义爆发前的这段时间。当时，古巴一直牢固地处于亲美的巴蒂斯塔政府掌控之中，局势可谓波澜不惊，与加勒比地区其他国家的情况无大的差别。因此，在这一时期，《国家情报评估》并没有对古巴予以特别的关注，仅是在以加勒比地区为整体评估对象的 NIE 80-54、NIE 80/90-55 两份报告中，分国别地谈到古巴（参见表 1.1），着墨不多，但基本勾勒出当时古巴内政外交的大致情况。

表1.1　1950—1956年间国家情报评估对古巴的评估产品

编号	发布时间	标题	主要内容
NIE 80-54	1954.08.24	加勒比地区	评估加勒比地区(古巴、海地、多米尼加、危地马拉、萨尔瓦多、洪都拉斯、尼加拉瓜、哥斯达黎加和巴拿马)政治稳定性，它们彼此间的关系及其与美国的关系以及可能的发展。
NIE 80/90-55	1955.12.06	拉丁美洲的形势与趋势	鉴别影响拉美政治、经济稳定的因素，评估拉美与美国在政治、经济和军事领域合作的可能性。

资料来源：Freedom of Information Act Electronic Reading Room（http://www.cia.gov/library/readingroom）

二、对古巴国家情报评估的活跃时期(1957—1965)

活跃时期对应的是，美国对新兴的卡斯特罗政权的外交政策酝酿、实践和成熟时期。1956年底，卡斯特罗领导的武装力量以马埃斯特腊山区为根据地，开展了广泛的游击活动，并逐渐引发古巴国内形势发生了剧烈变化。鉴于此，国家情报评估工作开始重视对古巴形势的分析，尤其是从1958年起，开始将古巴列为独立的评估对象，以“85”作为其区域代码。这标志着国家情报评估工作对古巴问题的研究进入了一个新的高度。1959年，菲德尔·卡斯特罗领导的新政府接管古巴，美国的对古政策走到了一个历史拐点。如何认识和对待这一新兴政权成为困扰美国政策制定者们的难题，在这种情况下，情报界进一步加大了对古巴进行国家情报评估活动的力度。

这一时期，《国家情报评估》对古巴的产品数量大幅增长的同时，对古巴的重视程度也经历了一个逐步加深的过程。卡斯特罗上台前，中央情报局情报处连一个古巴问题的专家也没有，1959年初才匆忙新添了两名专家。在猪湾事件之前，中央情报局仍照搬“危地马拉胜利”的经验筹划行动方案，《国家情报评估》甚至没有认真地分析过古巴的军事安全力量。在其时盛行的“重行动、轻分析”的指导思想下，中央情报局似乎自上而下形成了一个共识，卡斯特罗领导的革命武装力量根本不堪一击。1960年12月，美大西洋舰队司令丹尼森将军曾向中央情报局提供一张单子，列举有关古巴军队的90个具体问题和关于其国内反对力量的29个具体问题，而最终得到的答复还不满一打。[1] 中央情报局对古巴情报评估工作的片面性可见一斑。猪湾事件之后，中央情报局才开始意识到古巴问题的复杂性和严重性，对古巴的国家情报评估工作逐渐趋于细化和深化（参见表1.2）。

---

[1] 钱峰：《猪湾事件前后中央情报局情报失误评析》，载《情报杂志》1997年第5期，第77—78页。

表1.2　1957—1961年间国家情报评估对古巴的评估产品

编号	发布时间	标题	主要内容
NIE 80-57	1957.04.23	1958年中美洲和加勒比地区的政治稳定性	评估中美洲和加勒比地区国家1958年的发展趋势，特别是整个地区政治稳定的前景。
SNIE 85-58	1958.11.24	古巴局势	分析古巴现状，评估未来数月内可能的发展。
SNIE 85/1-58	1958.12.16	11月中旬以来古巴的事态发展	分析1958年11月中旬以来古巴国内的政治局势。
SNIE 100-3-59	1959.03.10	加勒比地区和巴西对美国军事设施稳定性的威胁	评估未来几年内美国在加勒比地区和巴西继续使用军事设施的可能性。
SNIE 80-59	1959.06.30	1959年期间加勒比地区形势	评估1959年期间加勒比地区国家政治稳定性的前景，特别是共产党在古巴的实力和影响。
SNIE 80/1-59	1959.12.29	1960年期间加勒比地区形势	评估1960年期间加勒比地区国家政治稳定性的前景，特别关注古巴、巴拿马和危地马拉。
SNIE 85-60	1960.03.22	共产党在古巴的影响力	评估共产党目前和未来在古巴卡斯特罗政权的领导和政策中的控制力或影响力。
NIE 85-2-60	1960.06.14	古巴的形势	评估未来6个月内古巴局势可能的发展，特别关注共产党对卡斯特罗政权执政的统治或控制前景。
SNIE 85-3-60	1960.12.08	卡斯特罗政权的前景	评估菲德尔·卡斯特罗政权在未来6个月左右时期内的前景，假设美国以目前同样严厉的标准对古巴实施敌视的政治和经济行动，且卡斯特罗还在掌权。
NIE 80/90-61	1961.07.18	拉美国家对古巴局势发展的反应	分析拉美其他国家对古巴局势发展的反应，评估未来数年内古巴持续性革命对这些国家局势的影响。
SNIE 85-61	1961.11.28	古巴的形势与前景	评估古巴的国内形势以及目前影响政权稳定的因素。

（续表）

编号	发布时间	标题	主要内容
SNIE 80-62	1962.01.17	加勒比地区存在的美国安全利益的威胁	评估未来20年内在加勒比地区存在的美国安全利益的威胁。
NIE 85-62	1962.03.21	古巴的形势与前景	分析古巴形势，分析卡斯特罗政权与苏联阵营以及拉丁美洲共和国的关系，评估未来一年内的前景。
NIE 85-2-62	1962.08.01	古巴的形势与前景	分析古巴局势，评估其未来一年内的前景，尤其是卡斯特罗与共产党的关系以及反卡斯特罗政权的潜在力量。
SNIE 85-3-62	1962.09.19	古巴的军事建设	评估古巴近期军事建设以及该地区附加军事能力未来可能动向的战略和政治意义。
SNIE 85-4-62	1962.11.09	卡斯特罗在拉丁美洲的颠覆能力	描述和评估卡斯特罗在苏联的帮助下在拉丁美洲进行颠覆和破坏活动的能力，前提是满足美国关于从古巴撤出战略武器系统的所有要求，同时美国相应承诺不入侵古巴。
SNIE 85-2-63	1963.02.21	对美国低空飞越古巴的反应	评估苏联和古巴对于美国恢复对古巴为期两周、每周3至4次低空侦察的反应，并以此为基础评估两国对美未来更加密集侦察的反应。
NIE 85-63	1963.06.14	古巴的形势与前景	评估导弹危机之后古巴的国内局势以及古巴与苏联的关系。
SNIE 85-3-63	1963.11.15	弗洛拉飓风对古巴的影响	评估古巴有史以来最猛烈的风灾——弗洛拉飓风给古巴带来的社会、经济和政治影响。
NIE 85-4-63	1963.12.18	苏联移交给古巴的地空导弹系统	评估苏联将地空导弹系统交由古巴控制的可能性，评估这种移交产生的影响，特别是对U–2侦察机的影响。
SNIE 85-2-64	1964.05.02	意图击落U–2侦察机的可能性	评估古巴和苏联对于美国飞机穿越古巴的打算。

（续表）

编号	发布时间	标题	主要内容
NIE 85-64	1964.08.05	古巴的形势与前景	评估古巴形势以及未来两年的前景。
NIE 85-65	1965.08.19	古巴	评估古巴形势以及未来两年的前景。

资料来源：Freedom of Information Act Electronic Reading Room （http://www.cia.gov/library/readingroom）

在古巴导弹危机期间，不仅是情报界，美国几乎所有重要的国家机构和职能部门都参与了情报分析工作，针对古巴局势的发展，提交出台了包括《国家情报评估》在内的一系列情况报告、情报评估、备忘录等。美国针对古巴局势开展的国家情报评估工作，不仅对其处理导弹危机本身产生了直接影响，而且对美国的外交政策也产生了深远的影响。在导弹危机之后，美国情报界着手认真总结国家情报评估的成败得失，尤其是围绕危机爆发前的几份国家情报评估产品的误判展开了一系列的调查、辩论和反思，为后来国家情报评估制度的改革作出了铺垫。

三、对古巴国家情报评估的稳定时期（1966—1991）

1966 年之后，美国对古巴的国家情报评估工作再次进入了一个新的阶段。首先，评估对象的情况逐步趋于平定，古巴的内政外交形势相比导弹危机前后的大起大落，自 20 世纪 60 年代中期之后没有再出现剧烈的变化。其次，美国对古巴的政策已经成熟，遏制政策经过了时间的检验已经相对稳定，决策需求因而不再那么迫切。最后，在之前的活跃时期对古巴评估工作中所积累的经验、提炼的要点和形成的思路，对这一时期的评估工作起到了较大的帮助和带动作用。综上所述，对古巴的国家情报评估无论是从生产的数量还是频率来看，都进入了一个相对稳定的时期（参见表 1.3）。

表1.3　1966—1991年间国家情报评估对古巴的评估产品

编号	发布时间	标题	主要内容
NIE 85-67	1967.03.02	卡斯特罗古巴的关键问题与前景	评估未来两年的前景。
SNIE 85-1-67	1967.08.31	意图击落U–2侦察机的可能性	古巴意图击落U–2侦察机的可能性。
SNIE 85-68	1968.06.27	古巴：卡斯特罗的问题以及未来两年的前景	评估卡斯特罗政权未来两年的前景。
NIE 85-69	1969.09.02	古巴、卡斯特罗和革命历程	对卡斯特罗执政十年的总结和对该政权未来的展望。
NIE 85-71	1971.04.29	卡斯特罗古巴的延续与改变	评估未来两三年内古巴政治经济发展形势。
NIE 85-73	1973.11.01	古巴与拉丁美洲的关系	评估未来几年内古巴与拉美国家关系的发展趋势。
NIE 85-1-75	1975.10.16	古巴正在变化中的国际角色	评估古巴对第三世界国家、拉美国家、苏联和美国的外交政策。
SNIE 85-1-77	1977.03.28	古巴在美古关系正常化问题上的态度	评估古巴对于美古两国关系正常化可能采取的立场。
NIE 85/80/90-81	1981.06.23	古巴对拉丁美洲的政策	评估古巴对拉丁美洲政策的发展动向。
NIE 11/85-79	1981.12.20	苏联与古巴的军事关系	评估苏联对古巴军事援助的发展趋势。
NIE 85-831	不详	古巴：军事建设的影响	不详。
NIE 85/4-84/L	1984.10.02	古巴的军事建设：卡斯特罗的选择	评估古巴军事力量的势力以及古巴在北约与华约国家对抗中的立场与意图。

资料来源：Freedom of Information Act Electronic Reading Room（http://www.cia.gov/library/readingroom）

目前搜集到的冷战时期国家情报评估对古巴的最后一份产品发布于1984年，而20世纪80年代中后期仍是一个未知的空间。其可能性不外乎两种：一是在此期间国家情报评估没有相关的产品；二是确实存在相关产品，但处于尚未解密状态。从此前国家情报评估工作分析古巴的规律来看，后一种可能远高于前一种。历数这一时期对古巴的国家情报评估产品，主题集中在卡斯特罗政府的执政前景、古美关系、古拉关系和古苏关系几个主要方面。前三个方面的评估都离不开古苏同盟关系的视阈，最后一方面更是直接息息相关。而80年代中后期，苏联处于戈尔巴乔夫时代，在政治经济改革的浪潮下苏联的国内国际形势都在发生快速的变化。在这种情况下，作为西半球唯一一个与苏联休戚与共的社会主义国家的古巴会受到何种影响，美国对古巴的遏制政策是否需要作出重大调整，这些应该都是国家情报评估工作关注的问题。所以，20世纪80年代中后期，《国家情报评估》对古巴作出评估的可能性是极大的，只是目前外界无从得知。

第二章

跌宕起伏的政权性质评估

——美国情报部门对古巴革命政权认识的初始

1956年底，菲德尔·卡斯特罗率部发动武装起义，与执政的巴蒂斯塔政权对抗。1959年1月1日，通过两年多的武装斗争，起义军推翻了巴蒂斯塔政权，以卡斯特罗为首的新政府随后开始了一系列的社会变革。由于古巴对美国而言具有密切的政治关联、巨大的经济利益和明显的反共效益，因此美国情报界对古巴革命及其随后建立的革命政权表现出了高度关注，国家情报评估工作开始将古巴列为重要的评估对象，旨在探明古巴的革命是什么、革命的古巴走向何方。

第一节　革命爆发之前对古巴的基本认识

古巴与美国两个国家之间纠缠着复杂的历史关系。哥伦布在1492年发现新大陆的旅程中最先到达的地方之一就是古巴。从那时起，古巴就成了西班牙的殖民地。然而，长久以来，美国对古巴保持着蓄谋已久的欲望，只是困于国家实力有限无法付诸行动。19 世纪上半叶，美国基于对古巴的重要性以及自身实力的客观估计，对古巴推行“熟果政策”。可见，美国对古巴认识的源起相当之早。

一、美国“统而不并”的保护国

长久以来，美国对古巴有着“蓄谋已久的欲望”，几位建国先驱都有将古巴纳入美国版图的言论，但是囿于实力无法付诸行动。[1] 1823 年 4 月 28 日，国务卿亚当斯在给美国驻西班牙公使休·纳尔逊的信中说：“就像物理上存在万有引力定律一样，政治上也存在同样的法则。由于暴风雨的吹打，树上掉下的果子只能落到地面，同理，古巴一旦脱离西班牙，隔断与西班牙的人为关系，它就无法维持自身生存，这时它只能而且也是必然地倒向北美合众国。同时，由于同一法则的作用，北美合众国也无法拒绝古巴的加入。”[2] 这就是著名的“熟果政策”。根据这一理论，美国应当在合适时机吞并古巴且不与欧洲列强发生冲突，该政策为 19 世纪历届美国政府所遵从。

1898 年，美国为夺取西班牙殖民地古巴、波多黎各和菲律宾而发动了美西战争，西班牙战败，美国短期接管了古巴。虽然美国最终迫于种种压力承认了古巴名义上的独立，但实际控制着古巴的政治和经济命脉。1901 年，美国总统威廉·麦金莱签署了决定美古关系走向的《普拉特修

[1] 杨生茂：《美国外交政策史（1775—1989）》，人民出版社 1991 年版，第 90 页。

[2] W. C. Ford, ed., *The Writings of John Quincy Adams* (New York: Macmillan Company, 1913), pp. 372-373.

正案》，之后该法案作为附录被写入了古巴宪法。《普拉特修正案》使美国干涉古巴内政成为理所当然和职权所在，通过扶植一个符合美国利益的古巴政府，剥夺了古巴的独立和主权，保证了美国从政治、经济等各方面对古巴进行全面控制。

1934 年，罗斯福总统出于改善与拉丁美洲国家关系的目的推行睦邻政策，放弃了一些不得人心的做法，其中就包括废除《普拉特修正案》。不过，古巴对美国的依附并没有因此而出现丝毫减弱。二战后，在政治上，古巴是美国在加勒比地区的一个重要仆从国；在经济上，古巴则几乎完全依赖于美国。古巴出口额的 60% 以上是供应美国市场的，进口额的 80% 来自美国。糖业、电力工业、通信设施、交通运输、矿产资源以及可耕土地等重要资源和基础设施的大部分都掌握在美国资本家的手中。美国对古巴的控制程度，用当时美国驻古巴大使厄尔·史密斯的话来说就是："美国大使在古巴成了第二号最重要的人物，有时甚至比总统还重要。"[1] 换言之，通过这样一种政治和经济的脐带，美国将古巴变成了一个"统而不并"的保护国。

二、不受欢迎的巴蒂斯塔政府

1952 年，逢古巴大选之年。军人出身的富尔亨西奥·巴蒂斯塔眼看在选举中获胜无望，于 3 月 10 日发动政变，以武力夺取了政权。他在控制军队的同时，也获得了重要工商集团和工会的支持，上台后立刻废除了 1940 年制定的带有资产阶级进步性质的宪法，基本中断了战后劳格和普里奥两任政府的有限改革政策，古巴实质上处于他的独裁统治之下。

---

[1] Walter LaFeber, *American, Russia, and the Cold War 1945-1975* (Hoboken, New Jersey: John Wiley & Sons, Inc., 1976), p. 212.

巴蒂斯塔1952年通过政变上台后，在处理与美国关系方面，表现出完全投靠美国的姿态。政变后不到两周，古巴新任外长安赫尔在与美国驻古巴大使博拉克的谈话中向其保证，美国在古巴的利益将受到尊重，巴蒂斯塔政府会忠实履行不久前两国签署的《军事互助公约》，执行民族工业服从于外国竞争的政策，并且会尽其所能限制古巴共产党的自由和权力。[1]这些信息很快反馈回美国国内。3月24日，国务卿贝尔纳斯向杜鲁门总统提交了一份题为“延续对古巴外交政策”的备忘录，他认为美国政府完全有理由相信巴蒂斯塔会坚定地反对共产主义，建议总统考虑承认巴蒂斯塔政府，并延续之前的对古政策。[2]扶植和维护亲美政权的社会与政治稳定，是美国加强对拉美地区控制的一种方法。鉴于巴蒂斯塔“具有保证稳定与秩序的能力，与美国长期合作的记录，以及奉行一种强烈的反共产主义政策的诺言”[3]，3月27日，杜鲁门政府正式承认了巴蒂斯塔政权。

巴蒂斯塔独裁政权的合作态度博得了美国称赞。1953年，泛美事务助理国务卿约翰·卡伯特访问古巴之后，在众议院的一个委员会上说：“我们在古巴毫无后顾之忧。”[4]在巴蒂斯塔执政期间，美国先后给古巴提供了约1200万美元的军事援助，此外还派遣军事使团前往古巴帮助训练部队，名义上是巩固西半球的防御，实际上是加强古巴政府防止内部剧烈变革的能力。

尽管巴蒂斯塔与美国政府保持了良好的关系，但国家情报评估还是

[1] Memorandum of Conversation, by the Ambassador in Cuba(Beaulac), Doc. 326, *FRUS, 1952-1954,The American Republics, Volume IV,* p. 870.

[2] Memorandum by the Secretary of State to the President, Doc. 327, *FRUS, 1952-1954, The American Republics, Volume IV,* pp. 871-872.

[3] J. Lloyd Mecham, *A Survey of United States-Latin American Relations* (New York: Houghton Mifflin, 1965), p. 306.

[4] 洪国起、王晓德：《冲突与合作——美国与拉丁美洲关系的历史考察》，山西高校联合出版社1994年版，第227—228页。

客观地认为“该政权基本不受欢迎”[1]，这主要是因为巴蒂斯塔倒行逆施，废除了宪法，国内的政治声望不高。NIE 80-54 进一步指出，巴蒂斯塔是“军事强人”，其政权的基础主要建立在军方的支持上；该政权的反对派主要来自劳格和普里奥这两位前任总统的政治势力，不过他们“组织混乱，缺乏效率”。评估预测，近一段时间内，巴蒂斯塔政府的地位还是稳固的，虽然不断有即将发生动乱的传闻，但谋反的尝试“基本不可能成功”。[2]

在这些不可能成功的行动中，就包括卡斯特罗领导过的一次武装行动。1953 年 7 月 26 日，卡斯特罗率领 150 余人攻打 5000 名士兵驻守的古巴第二大兵营蒙卡达兵营，这场力量悬殊的战斗以进攻者的失败而告终，卡斯特罗本人被俘。蒙卡达事件在古巴国内引起的政治涟漪不久便恢复平静，无论是巴蒂斯塔政府还是美国情报部门都认为，卡斯特罗领导的蒙卡达事件不过是资产阶级反对派试图推翻巴蒂斯塔政府的一次军事努力，与古巴共产党并无瓜葛。

首先，卡斯特罗及参与行动的大部分人都属于古巴人民党（正统党），该党是参议员爱德华多·奇瓦斯 1947 年因反对执政的古巴革命党（真正党）贪污腐败而建立的政党，中央情报局在 1948 年已认定正统党为非共产主义政党[3]。卡斯特罗在正统党成立之初就加入该党，攻打蒙卡达兵营的

[1] NIE 80-54: The Caribbean Republics, 24 August, 1954.

[2] Ibid.

[3] 1948 年古巴总统选举之前，中央情报局在对古巴政治局势走向的一份评估中指出，古巴现有的 6 个政党中，仅有人民社会党是共产主义政党，而其他 5 个政党——执政的古巴革命党（真正党）以及在野的自由党、共和党、民主党、古巴人民党（正统党）均属于非共产主义性质党派；除了人民社会党，古巴的共产主义力量还广泛存在于与人民社会党关系密切的古巴工人联合会之中。该报告进一步分析，人民社会党是古巴 6 大政党中力量最薄弱的一个，目前没有实力赢得总统选举，该党主要依靠与其他党派联合在国会中争取议席。参见 ORE 9-48: Cuban Politic Trends, 26 March, 1948。

人员“90%属于正统党青年团”[1]，因此，并不存在共产党操纵的背景。

其次，关于武装斗争，卡斯特罗一向与古巴共产党即人民社会党的政治主张相左。人民社会党一直主张通过和平、民主的手段获取政权，蒙卡达事件发生后，该党甚至直接发出了谴责：“我们不同意在圣地亚哥和巴亚莫搞的那种资产阶级阴谋集团所特有的政变方法的行动，那种攻夺两个军区司令部的冒险主义的企图。那些参加这次行动的人所表现的英雄主义是由错误的资产阶级思想所指导的……举国皆知是谁组织、鼓动和指挥攻打兵营的，也都知道这是与（古巴）共产党毫无关联的。（古巴）共产党和群众的路线一直是在同巴蒂斯塔暴政进行认真的斗争，并揭露阴谋政变者和冒险主义者是违背人民利益的。”[2]

最后，卡斯特罗当时革命斗争的目的和意识尚未成熟。他发动攻打蒙卡达兵营的行动旨在“出其不意地控制兵营和夺取武器，号召人民，然后再召集军人们，呼吁他们抛弃可恶的独裁旗帜，而投向自由的旗帜”[3]。可以说，这时的卡斯特罗并没有一种深思熟虑的意识形态，而只有一个简单的愿望，即推翻巴蒂斯塔这个暴君，在1940年宪法的框架内建立一个独立完整的古巴。

总之，美古当局都将蒙卡达这一不成功的军事行动归结为一次要求进行社会变革的压力释放，卡斯特罗与其他试图以军事手段推翻巴蒂斯塔的资产阶级反对派亦无明显区别。从历史角度来看，这一判断结果是合情合理的。尽管根据卡斯特罗事后发布的“五项革命法律”来看，虽含有工人

---

[1] 〔古〕菲德尔·卡斯特罗、佩德罗·阿尔瓦雷斯·塔维奥、D. 施诺卡尔：《古巴雄狮卡斯特罗的青少年时代》（宋晓平等译），社会科学文献出版社2000年版，第91页。

[2] 《工人日报》（纽约），1953年8月5日和10日。参见〔英〕休·托马斯：《卡斯特罗和古巴》（斯禾译），上海人民出版社1975年版，第56页。

[3] 〔古〕玛尔塔·罗哈斯：《历史将宣判我无罪》（徐世澄译），华文出版社2014年版，第282页。

分享利润、没收贪官资产等较激进的内容，但总体上仍属于资产阶级的民主纲领。也就是说，从属性上看，卡斯特罗领导的攻打蒙卡达兵营是资产阶级民主革命派以武装斗争的形式向巴蒂斯塔政权发起的一次挑战。正是因为与古巴共产党没有任何干系，卡斯特罗在蒙卡达事件后得以免受灭顶之灾，经法庭审判被处以15年徒刑。

三、加勒比最大的“红色隐患”

古巴是共产主义运动起步较早的拉美国家之一。受俄国十月革命胜利的影响，从1922年起，一批具有无产阶级思想的古巴革命者先后在哈瓦那等城市建立了共产主义小组，在工人和学生中传播革命思想。1925年8月，这些小组召开第一次代表大会，古巴共产党正式成立。当时正值独裁者马查多统治时期，古巴共产党自诞生时起就被宣布为非法，直到1938年才取得合法地位。1939年，古巴共产党与革命联盟党两党合并，取名为共产主义革命联盟党。5年后，共产主义革命联盟党改名为人民社会党。在当时拉美共产党主流思想的影响之下，人民社会党一直主张以议会道路的和平、合法方式获取政权。1953年，巴蒂斯塔通过政变上台后不久，人民社会党就被宣布为非法政党。此后，该党依然坚持通过和平的方式进行斗争。

亲美的巴蒂斯塔在反共这一问题上对美国的要求亦步亦趋，执行反共措施可谓不遗余力。出于对人民社会党庞大势力和广泛影响的担忧，巴蒂斯塔上台不久就宣布古巴共产党为非法组织，限制该党的主要出版物，宣布该党党员不得担任公职和工会职务，极大地削弱了人民社会党的影响。同时，时任中央情报局局长艾伦·杜勒斯授意巴蒂斯塔大力加强对古巴共产党的镇压。在中央情报局总监察长莱曼·柯克帕特里克的直接指导之下，古巴按照美国情报机构的运作模式成立了“镇压共产党活动局”(Buró para Represión de las Actividades Comunistas, BRAC)，该机构的主要功能是搜集古巴共产党在古巴活动的情报以及遏制共产主义运动在古巴的发展。[1]

巴蒂斯塔统治下的古巴笼罩着浓厚的反共氛围，但古巴依然是加勒比地区最大的“红色隐患”。NIE 80-54 明确指出：“古巴人民社会党是加勒比地区最大的共产党，也是最有影响力的。人民社会党拥有学生、青年和妇女团体以及知识分子的支持，不过该党最主要的支持还是工会，特别是在交通、糖厂和烟草业的工会之中。”该评估估计，人民社会党的党员人数约为 25000 人，占加勒比地区共产党员人数的 70% 之多。[2]

第二节　武装革命时期对古巴形势的预判

1956 年 12 月 2 日，卡斯特罗率领 80 余人从墨西哥乘“格拉玛”号游艇在古巴奥连特省的一处海滩登陆，经过与政府军几昼夜的交战后，卡斯特罗率部向马埃斯特腊山区转移。随后，卡斯特罗宣布成立起义军，开启了古巴革命的序幕。随着古巴革命的声势不断壮大，卡斯特罗很快进入了美国情报界的视野。

[1] Lyman B. Kirkpatrick, Jr. *The Real CIA* (New York: The Macmillan Company, 1968), p. 157.

[2] NIE 80-54: The Caribbean Republics, 24 August, 1954.

一、卡斯特罗起义与“非共产主义活动”的判定

1955年5月15日，卡斯特罗在大赦中获释。出狱后，他与正统党在政治斗争的方法策略上的分歧进一步加深。正统党及多数中产阶级的古巴人中普遍存在这样一种情绪，认为与巴蒂斯塔进行和平谈判不但是可能的，而且是真正唯一有前途的。卡斯特罗则坚持以武力推翻巴蒂斯塔，他重新集结力量，正式宣布脱离正统党，成立了以1953年起义日命名的革命组织“七·二六运动”。卡斯特罗提出，“‘七·二六运动’不是一个政党，而是一项革命运动。它的队伍欢迎一切真心想在古巴重建政治民主和树立社会正义的古巴人参加”。[1] 鉴于古巴国内的政治气氛，卡斯特罗于1955年7月初前往墨西哥，在那里组织和训练军事力量，直至1956年底率部返回古巴举行起义。

游击战初期，起义军一度仅剩十余名缺乏补给的游击队员，面对的却是数万装备精良的政府军。卡斯特罗深知，推翻巴蒂斯塔的关键在于瓦解其外国支持，特别是来自美国的支持，为此他借助了北美报界的影响。1957年2月，卡斯特罗在马埃斯特腊山区接受了美国《纽约时报》资深记者赫伯特·马修斯的采访，马修斯的新闻报道使卡斯特罗成为一个国际性人物，许多人将他视作反抗巴蒂斯塔的一面旗帜，马埃斯特腊山区成为古巴国内外反对派重新集结的一个据点。

卡斯特罗及其领导的“七·二六运动”终于引起了美国情报界的注意。中央情报局派特工打入游击队内部打探卡斯特罗的政治目的。[2] 美国

---

[1] 〔英〕休·托马斯:《卡斯特罗和古巴》(斯禾译)，上海人民出版社1975年版，第127页。

[2] 打入的美国特工报告说，卡斯特罗是“一个自负狂和情绪不稳定的人，而不是一个共产党人”。参见〔英〕休·托马斯:《卡斯特罗和古巴》(斯禾译)，上海人民出版社1975年版，第195页。

驻古巴大使阿瑟·加德纳甚至向巴蒂斯塔建议，让美国情报部门派人到马埃斯特腊山区除掉卡斯特罗，不过这一建议最终未被采纳。[1] 1957 年 4 月的 NIE 80-57 中第一次出现了“菲德尔·卡斯特罗”的名字：“自称是反巴蒂斯塔革命团体的改革派年轻领袖菲德尔·卡斯特罗，现在已经成为古巴当局的头号反对派。”[2] 更重要的是，这份评估首次对卡斯特罗领导的起义性质进行了判定。

NIE 80-57 中明确提出，在加勒比和中美洲地区普遍存在两种形式的颠覆活动：非共产主义的和共产主义的。前者的主要特征是，被推翻的统治者流亡“到对其持同情态度的邻国避难，在那里暗地密谋反叛活动……（他们）主要对重新执政感兴趣，会试图与国内地下反对派紧密合作……墨西哥和美国已经成为密谋反对加勒比地区顽固制度日益重要的中心。这些流亡团体的主要目标是古巴、危地马拉和多米尼加共和国。但这些流亡团体只对古巴的现政权构成了严重威胁”[3]。后者的主要策略是，“试图建立一个统一的反对阵线，利用该阵线使执政当局名誉扫地。只要有可能，他们（共产党）就会把自己与进步的民族主义运动联系在一起，并试图将对社会、经济和政治改革的非共产主义需求转化为共产主义目的。他们试图抹黑反共政府，将普遍存在的不满转化为对美国的敌意。除了危地马拉，加勒比地区的共产党通常都避免深入参与非共产主义流亡者的颠覆活动”[4]。NIE 80-57 还认为，共产主义当前在中美洲和加勒比地区趋于式微，其影响和威望已普遍下降，所有的政府都采取了公开的反对共产主义立场，共产党对该地区任何政权都无法构成严重威胁。

[1] 〔英〕休·托马斯：《卡斯特罗和古巴》（斯禾译），上海人民出版社 1975 年版，第 207—208 页。

[2] NIE 80-57: Political Stability in Central America and the Caribbean through 1958, 23 April, 1957.

[3] Ibid.

[4] Ibid.

参照上述标准，美国情报界对卡斯特罗领导的起义性质作出了明确判断。首先，卡斯特罗起义前的军事准备地正是墨西哥。流亡于美国试图东山再起的古巴前总统普里奥是他经济援助的主要来源之一，“他拥有大量的资金和物资，招募古巴流亡者从事革命活动”[1]。其次，卡斯特罗与古巴共产党的分歧是公开化的。就在卡斯特罗与马修斯会面消息发布后不久，古巴共产党立即清楚表明了他们同卡斯特罗在“战术上和计划上存在根本的分歧”[2]，尽管卡斯特罗具有勇气和诚意，古巴共产党却认为武装行动是错误的，他们反对武装斗争的政策，支持选举，并以罢工、民众示威和公民抗议这类标准方法促其实现。再次，1957 年的古巴暗流涌动，国内外的各种势力蠢蠢欲动，但能对巴蒂斯塔统治地位构成头号威胁的，还数活跃在东部地区的卡斯特罗领导的起义军游击队。综合这三条标准，卡斯特罗领导的武装起义无疑被国家情报评估划归到“非共产主义颠覆活动”的范畴。

20 世纪 50 年代后期，艾森豪威尔政府的拉美政策遭受到内外攻击的挑战，“拉丁美洲日益不满美国对其经济问题的反应以及美国显而易见只对与之合作的独裁者的偏爱”[3]。拉美国家由此爆发了声势浩大的反美运动。在 1956 年的总统大选中，艾森豪威尔的拉美政策同样成为竞选对手攻击的目标之一。虽然艾森豪威尔连任了总统，但是面对压力不得不对拉美政策作出调整。恰逢此时，古巴正逐步陷入内战的泥沼之中，是否继续扶植巴蒂斯塔独裁统治政权是美国对古政策的一个当务之急。对古巴这样一个亲美国家，美国最关心的是如何保持现有社会秩序，以防止政治混乱造成

[1] NIE 80-57: Political Stability in Central America and the Caribbean through 1958, 23 April, 1957.

[2] 《人民社会党全国委员会给“七·二六运动”的信》，参见〔英〕休·托马斯：《卡斯特罗和古巴》（斯禾译），上海人民出版社 1975 年版，第 170 页。

[3] Gordon Connell-Smith, *The United States and Latin America: An Historical Analysis of Inter-American Relations* (Hoboken, New Jersey: John Wiley & Sons, 1974), p. 223.

共产主义“乘虚而入”。据此，我们不妨大胆假设，如果内战的双方是巴蒂斯塔政府和古巴共产党，那么美国政府必然不会顾及外界对其与独裁政权过分友好的指责而畏首畏尾，而是会竭尽全力地帮助执政当局消灭起义军。

然而，事实是，1957 年的国家情报评估对卡斯特罗领导的武装起义性质的判定明显沿袭了在蒙卡达事件中对卡斯特罗的认识和判断，认为卡斯特罗领导的武装起义是一场民主运动，并非属于共产主义性质的。更进一步讲，美国情报界对于非共产主义武装运动的理解，是激进的改革派力量与守旧的保守派之间的冲突。虽然这种冲突常常被描述为“民主”和“独裁”之间的斗争，然而在许多情况下，这其实仅是“台上”和“台下”之间的斗争而已。这无疑极大地降低了美国干涉古巴的动力和意愿。

这一结论使美古关系陷入了一种微妙的形势：两国政治、经济交往依然如故，美国按照军事互助公约对古巴的军事援助也保持源源不断，但在政府军和起义军的内战中美国政府却试图保持中立，避免造成要使巴蒂斯塔独裁政权永久化的印象。5 月 15 日，艾森豪威尔召回了过分亲巴蒂斯塔的驻古巴大使阿瑟·加德纳，另派厄尔·史密斯取而代之，国务院训令新任大使“改变古巴方面普遍存在的一种看法，即认为美国大使是在为巴蒂斯塔的独裁统治永久持续下去而进行干涉”[1]。

二、始料未及的巴蒂斯塔倒台与卡斯特罗执政

巴蒂斯塔政变后执政的最初几年统治地位相对稳固，NIE 80-54 对此亦有明确判断。然而，时至 1957 年，国家情报评估对巴蒂斯塔政权的稳定性评估发生了明显变化。NIE 80-57 分析称，在过去的 18 个月中，受

---

[1] Earl E. Smith, *The Fourth Floor: An Account of the Castro Communist Revolution* (New York: Random House, 1962), p. 20.

日益增长的政治和军事动乱影响，巴蒂斯塔的地位已大大减弱。一方面，零星的反政府活动遍及全国各地，古巴政府不太可能完全恢复公共秩序或抑制反对派势力的崛起；另一方面，军队和政界的绝大部分领导人依然效忠于巴蒂斯塔，并没有出现具有广泛民意支持的可以替代巴蒂斯塔的政治领袖。因此，该评估报告认为，“本评估期内巴蒂斯塔政权继续执政或被迫下台的机会各占一半。如果他倒台，军方主导的军政府将是最有可能的继任者”。[1]

古巴政治局势的变化程度之剧烈以及不明朗性如此之大，促使中央情报局加紧了对古巴的情报评估工作。当年，中央情报局在 SNIE 85-58 中对卡斯特罗以及“七·二六运动”的评价主要有三点。第一，除了推翻巴蒂斯塔政权以外，卡斯特罗缺乏其他明确的政治意图。他曾表示，如果革命成功，将先建立一个多党联合的临时文官政府，但他很少发表声明，反映出他的计划尚不够完善。第二，“七·二六运动”不是反美性质的。该组织虽然利用拉美人民对独裁和干涉的普遍反感对美国支持的巴蒂斯塔政权进行猛烈攻击，但是对美国政府并未直接发出指责，相反，他们多次宣称希望得到美国的理解和支持。第三，古巴共产党受到“七·二六运动”的刻意排挤。所有的反对派中，唯独古巴共产党不在革命爱国阵线之列，但不容否认的是，古巴共产党人已经渗透进“七·二六运动”的各级组织。[2]

可以看出，这一时期的国家情报评估基本延续了早先对卡斯特罗政治属性的判定，但开始对古巴共产党在革命中的地位和作用表现出了关注。与情报界这一结论形成鲜明对比的是，美国政界对卡斯特罗与古巴共产党之间关系的普遍疑虑。1957 年 7 月，厄尔·史密斯在就任大使后举行

---

[1] NIE 80-57: Political Stability in Central America and the Caribbean through 1958, 23 April, 1957.

[2] SNIE 85-58: The Situation in Cuba, 24 November, 1958.

的第一次记者招待会上说：“我们两国在反对共产主义的共同斗争上，将永远是最亲密的朋友和盟邦……没有什么实质性的东西可以令我们相信卡斯特罗的运动是（古巴）共产党指使的。”[1] 然而3个月后，史密斯给中央情报局局长杜勒斯发电文，建议在马埃斯特腊山区安插特工，“查明古巴共产党对‘七·二六运动’控制到何种程度”[2]。前任驻古巴大使普鲁伊尔·布雷登在1957年底称，卡斯特罗“即使不是一个共产党员，也是古巴共产党的同路人，并且由来已久了”[3]。1958年1月，美国国务院加勒比和中美洲地区事务科主任威廉·威兰说：“我知道很多人把巴蒂斯塔看作是狗崽子……但首先从美国的利益来说，他至少是我们的一个狗崽子，他不与（古巴）共产党苟且……另一方面，菲德尔·卡斯特罗却是被共产党围住了。我不知道他本人是不是共产党，但我相信他是受共产党影响的。”[4]

因此，美国政府并不希望看到卡斯特罗这样一个与古巴共产党纠葛不清的民族主义者成为巴蒂斯塔的继任者。美国希望，既反对巴蒂斯塔又反对卡斯特罗的军官们成立一个军政府，《国家情报评估》也相信，“如果这样一个改良过的军政府能成功地使公众相信它有意恢复民主进程，形势将变得更加有利，这一成功将可能导致卡斯特罗运动失去动力”[5]。美国愿意立刻承认这个看守政府，并给予军事援助，以便阻止卡斯特罗上台。[6]

[1] Earl E. Smith, *The Fourth Floor: An Account of the Castro Communist Revolution* (New York: Random House, 1962), p.8.

[2] Ibid., p. 35.

[3] *Communist Threat to the United States through the Caribbean* (Washington D. C.: U.S.GPO, 1960-1963), p. 248.

[4] 〔英〕休·托马斯：《卡斯特罗和古巴》（斯禾译），上海人民出版社1975年版，第252页。

[5] SNIE 85-58: The Situation in Cuba, 24 November, 1958.

[6] 资中筠主编：《战后美国外交史——从杜鲁门到里根》（上册），世界知识出版社1994年版，第338页。

就在《国家情报评估》对古巴成立军政府的可能性与可行性进行深入论证的时候，一个重大失误出现了：对巴蒂斯塔政权失控的局面预计不足。1957 年下半年，革命活动开始呈现出向首都和城市蔓延的态势，胜利的天平逐渐倒向卡斯特罗一方。1958 年 2 月，古巴共产党终于决定支持在城市和乡村进行武装斗争。在古巴共产党开始转向革命事业的同时，教会决定在古巴的政治危机中插上一手，发表公开声明严厉谴责现政府。3 月，美国国会宣布对古巴实行武器禁运，以迫使巴蒂斯塔下野。武器禁运是美国在促使巴蒂斯塔倒台上采取的最有效措施，它对人们产生了巨大的心理影响，巴蒂斯塔本人后来也承认，这一政策“削弱了我方的信仰与战斗意志”[1]。7 月，“七·二六运动”与大多数反对派的代表们在加拉加斯成立了革命爱国阵线，实现了反独裁各派政治力量的联合。巴蒂斯塔虽然还掌握着军队的控制权，但是军中士气低落，战力低下。

在此局面下，美国中央情报局过高地估计了巴蒂斯塔控制局势的能力。1958 年 11 月 24 日发布的 SNIE 85-58 认为，卡斯特罗一直未能获得足以推翻巴蒂斯塔政权的民众支持，而且无法在地势开阔地区与政府军队持续作战，但执政当局也无力阻止卡斯特罗游击活动的扩张，因此得出的结论是“卡斯特罗无法在未来数个月内推翻政府……古巴的军队也无法剿灭游击运动”。评估将重建古巴未来政府的希望寄托在军方势力身上，认为“古巴军队依然是打破政治僵局的最重要力量，他们可以罢免现政府，建立一个军政府”[2]。

然而，仅仅 20 余天之后，国家情报评估部门又发布了一份新的报告 SNIE 85/1-58，不得不承认：“巴蒂斯塔执政地位的恶化速度比之前所预

[1] Louis A. Perez, *Cuba and the United States: Ties of Singular Intimacy* (Georgia: Georgia University Press, 1988), p. 263.

[2] SNIE 85-58: The Situation in Cuba, 24 November, 1958.

计的还要快得多。”[1]在这种情况下，中央情报局修正了对古巴政治走向的预测："巴蒂斯塔政权加速走向灭亡，新政府有两种可能性。一是军政府，这将是打破现有政治僵局的最有效手段，但军政府难以恢复和平与稳定，因为它还是必须应对卡斯特罗领导的‘七·二六运动’组织。二是卡斯特罗，如果他最终赢得内战，几乎可以肯定会出现一段长期的不稳定和混乱。”[2]美国不愿放弃组建军政府的最后希望，几乎就在 SNIE 85/1-58 发布的同时，中央情报局和国务院开始为古巴军政府事宜进行具体运作，派遣与巴蒂斯塔有私交的前外交官威廉·D. 波利到哈瓦那，建议巴蒂斯塔让位给一个对他不友好但为美国所满意的看守政府，美国可以立即承认这个看守政府，并给予军事援助。但巴蒂斯塔拒绝了这个建议。[3] 1958 年 12 月 10 日，史密斯大使向古巴外交部长宣布，美国将不再支持古巴的现任政府。美国对巴蒂斯塔态度的转变加速了其政权的崩溃。1959 年 1 月 1 日，巴蒂斯塔出逃，起义军攻克哈瓦那，卡斯特罗领导的革命力量掌握了政权。

第三节　新政权成立初期模棱两可的政权性质评估

卡斯特罗在同巴蒂斯塔的斗争中，树立起一种代表民主政府和社会经济公正的形象，在古巴人民中深孚众望。这种公众的支持令他的游击队在同数量占优势的政府军作战中取得了胜利。《国家情报评估》承认，菲德

[1] SNIE 85/1-58: Developments in Cuba Since Mid-November, 16 December, 1958.

[2] Ibid.

[3] William A. Williams, *The U.S., Cuba and Castro* (New York: Monthly Review Press, 1962), pp. 33-34.

尔·卡斯特罗的胜利“将古巴从巴蒂斯塔腐败的独裁统治中解放了出来，这也为古巴的社会、经济和政治改革开辟了道路”[1]。巴蒂斯塔自1933年以来长期间接或直接把持政权的时代已经彻底结束，如何认识革命后以卡斯特罗为首的新政权，成为国家情报评估的当务之急。

一、美国的未决态度决定了情报评估的重心

当看到巴蒂斯塔政权陷入摇摇欲坠的危局时，美国大多数政治决策者认为巴蒂斯塔已成为美国在古巴利益的负担，对该政权的友好态度急转直下。当然，美国减少乃至取消对巴蒂斯塔的支持，并不是在为古巴国内爆发的反巴蒂斯塔运动的蓬勃发展创造条件，而是想通过更换巴蒂斯塔对古巴统治阶层进行洗牌，从而继续保持对古巴的政治经济遥控。因此，美国虽然放弃了对巴蒂斯塔政权的支持，但并不意味着对古巴外交决策的重大转变。在美国政府看来，无论古巴政局如何变幻，形势依然在其掌控之中：抛弃声名狼藉的巴蒂斯塔，支持他人执政，通过“换马”继续对古巴的操控。这种做法甚至可以使美国的拉美政策处于更加有力和主动的地位。当然，可以明确的一点是，鉴于卡斯特罗在反巴蒂斯塔的运动中与古巴共产党不断加强合作，卡斯特罗从来都不是美国心仪的人选，美国始终对其有所提防。只是由于对古巴政治局面演变速度的预计出现较大偏差，在美国选定合适的接替者之前，卡斯特罗掌权就已成为既成事实。

尽管美国早就对卡斯特罗领导的武装起义抱有成见，但在古巴革命成功后，它并没有立即对这个新政权采取公开敌视的态度，而是试图引导古巴按照美国设计好的方向发展。在古巴新政权建立初期，美国对古巴政府

[1] SNIE 80-59: The Situation in the Caribbean through 1959, 30 June, 1959.

内部的温和派抱有很大的期望。温和派的影响举足轻重，按照美国的设想，如果卡斯特罗不想失去这股政治势力的支持，就不可能过分地偏向激进的左派。而一旦以中产阶级为代表的温和派在新政府中占据主导地位，他们就能训导和控制卡斯特罗，使其激进措施趋于缓和。威兰在一份备忘录中写道："如果我们加强古巴的温和派，卡斯特罗就会看到他自己的政治寿命取决于温和派，从而摆脱同极端派的关系。"[1] 在这种思想的指导下，美国 1959 年 1 月 7 日在外交上承认了古巴新政府，随后召回了对卡斯特罗深怀敌视的驻古大使史密斯，另任在拉美国家外事方面具有丰富经验的菲利普·邦斯尔出使古巴。

与此同时，美国政府和实业界都在密切注视着近在咫尺的古巴所发生的剧变，他们最关心的问题，"一是古巴革命是否由共产党领导，二是古巴革命政府对美国持何种态度"[2]。对于第一个问题，古巴领导人在多个场合重申，革命的意识形态是人道主义，强调民主和社会公正的原则，会走向混合经济的社会：搞一些基本的国有化，但大多数生产资料还是私有制。[3]1959 年 1 月，古巴革命主要领导人之一格瓦拉在接受外国记者采访时称："我们的运动是民主主义的，我们都是民主主义者，心胸宽阔，对全美洲的合作很感兴趣。独裁者们习惯把拒不服从他们的人叫作共产党人，这是他们的老把戏了。"[4] 古巴外长劳尔·罗亚明确表示："古巴革命

---

[1] *Communist Threat to the United States through the Caribbean* (Washington D. C.: U.S.GPO, 1960-1963), p. 649.

[2] 洪育沂主编：《拉美国际关系史纲》，外语教学与研究出版社 1996 年版，第 235 页。

[3] 卡斯特罗 1959 年 4 月 24 日在纽约的演说，参见 F. Parkinson, *Latin America, the Cold War, and the World Powers, 1945-1973* (Beverly Hills, Calif.: Sage Publications, 1974), p. 69。

[4] 引自 1959 年 1 月 5 日《革命报》，参见〔英〕休·托马斯：《卡斯特罗和古巴》（斯禾译），上海人民出版社 1975 年版，第 399 页。

不是红色的，而是橄榄绿色的。”[1] 对于第二个问题，古巴方面也有明确的回应。卡斯特罗在革命胜利后宣布，古巴不再从属于美国，不过他并没有表现出对美国的疏远和反感，反而一再宣称古巴将在美苏之间保持相等距离；一旦发生世界大战，古巴将保持中立，在全世界的冷战中，他的心是“同西方在一起的”[2]。4 月，应美国报纸编辑协会的邀请，卡斯特罗赴美国进行私人访问，其间会见了美国副总统尼克松。卡斯特罗在美国再次否认他本人和周围的人是共产主义者，表明与共产主义运动毫无关系。他重申古巴对《里约条约》的义务，不会触动美国在关塔那摩的海军基地，并宣称他是和西方站在一起的。与卡斯特罗同行的古巴官员会晤了美国国务院、财政部、国际货币基金组织、世界银行、进出口银行的官员，希望寻求美国的经济援助，美方则持观望态度，希望搞清楚古巴革命政府的性质和目标之后再做决定。

综上所述，在古巴革命政权建立之初的几个月，古巴和美国彼此之间虽然互存戒心，但尚未出现对抗。可以这样认为，美国在古巴问题上的立场是确定的，即必须维护美国在古巴的政治经济利益；而对卡斯特罗政权的态度则是待定的，这是因为短时间内难以界定这个新政权的属性。也就是说，在当时的情况下，美国对古巴外交政策的走向很大程度上取决于古巴政府的走向，在卡斯特罗政权的意向明确之前，美国政治决策层本身难以作出任何决定。面对前文所提到的美国最关心的两个问题，美国政府显然不会简单地相信古巴新政权单方面与共产主义划清界限，所以需要作出自己的判断，这自然成为国家情报评估的迫切任务。

---

[1] 劳尔·罗亚 1959 年 5 月在联合国大会的演说，参见 F. Parkinson, *Latin America, the Cold War, and the World Powers, 1945-1973* (Beverly Hills, Calif.: Sage Publications, 1974), p. 71。

[2] 卡斯特罗 1959 年 1 月 13 日、3 月 22 日的演说，参见 F. Parkinson, *Latin America, the Cold War, and the World Powers, 1945-1973* (Beverly Hills, Calif.: Sage Publications, 1974), pp. 69-70。

二、对执政主体的认识：共产党所处地位如何

执政主体的确立对判定政权性质具有本质性的意义。谁是执政的一方，就意味着国家权力归谁所有，进而实现和维护谁的利益。卡斯特罗领导的“七·二六运动”是武装革命的主体力量，因此在革命胜利之后，当之无愧地占据了执掌国家权力的主体地位。通过武装革命时期对卡斯特罗及“七·二六运动”的考察，美国情报部门在卡斯特罗政权建立后不久，对古巴革命政权形成了一个初步的判断。1959 年 1 月 15 日，美国驻古巴使馆的情报人员向美国国务院提交了一份报告，报告称古巴革命政府“基本上对美国是友好的，并倾向于反共”。2 月，中央情报局局长杜勒斯向艾森豪威尔总统汇报，“古巴政府并不是共产党控制的”，但他非常担心新政权意识形态的走向。[1] 这种担忧的根源在于，与“七·二六运动”有着千丝万缕联系的古巴共产党正在全面渗入各级行政部门。

1957 年下半年，古巴共产党，即人民社会党逐渐接受了“七·二六运动”武装斗争的主张。在推翻独裁政权的后期，该党以积极的行动支持卡斯特罗领导的革命运动。新政权建立后，人民社会党立刻获得了合法地位，积极参与到古巴的政治生活中，其党员不断进入新政府的各级机构及工会、军队等其他组织。想要明确界定卡斯特罗政权执政主体的性质，必须要鉴定古巴共产党，即人民社会党在该政权中的地位和作用。对此，《国家情报评估》在分析后得出以下两点主要结论。

首先，《国家情报评估》认为，“七·二六运动”和古巴共产党不能混为一谈。新政权的执政主体仍是“七·二六运动”，古巴共产党处于从属

---

[1] Morris H. Morley, *Imperial State and Revolution: The United States and Cuba, 1952-1986* (Cambridge: Cambridge University Press, 1988), pp. 74-75.

地位。卡斯特罗领导的“七·二六运动”以武装斗争方式反对巴蒂斯塔独裁统治时，古巴共产党虽然支持并参加了起义军的斗争，却没有发挥领导作用，起义的最后胜利不是在古巴共产党领导下而是在“七·二六运动”领导下取得的，因此，新政权初建时“七·二六运动”自然而然地占据了权力中心。新政权开始运作后，“七·二六运动”仍然具有强大的操控力，例如，工会是古巴共产党的传统势力范围，但是在1959年3月举行的工会选举中，绝大多数工人支持的是“七·二六运动”的成员而非古巴共产党的候选人，古巴共产党在3800多个席位的选举中遭到惨败。[1] 5月，卡斯特罗及其一些追随者发表声明，担心古巴共产党是对“七·二六运动”领导地位的潜在威胁。[2] 从这些事件可以看出，古巴共产党与“七·二六运动”是两个彼此独立的党派，二者之间存在合作与竞争，决不能将二者混为一谈。

其次，《国家情报评估》相信卡斯特罗与古巴共产党暂时处于制衡状态。毋庸置疑，菲德尔·卡斯特罗是革命政权的权力核心，也是“七·二六运动”的领袖人物，但他并不是古巴共产党的领导人。卡斯特罗虽然不插手古巴共产党的内部事务，但也不受古巴共产党的控制，二者之间的关系可谓各取所需，相互支持。SNIE 80-59 指出，自新政权建立以来，该党对卡斯特罗清除巴蒂斯塔分子和实施社会经济改革的计划给予了坚实的支持。不过，古巴共产党“目前无法将其政策强加于卡斯特罗，而且会尽量避免给卡斯特罗造成任何他们想要篡夺其领导地位的印象”。[3] 对这样一股重要且顺从的政治力量，SNIE 80-59 断定卡斯特罗不太可能针对古巴共产党采取严厉措施。

综上所述，1959年的《国家情报评估》倾向于认为古巴革命政权是

[1] Edwin Lieuwen, *Arms and Politics in Latin America* (New York: Praeger, 1960), p. 276.
[2] SNIE 80-59: The Situation in the Caribbean through 1959, 30 June, 1959.
[3] Ibid.

非共产主义性质的，卡斯特罗是“一名民族主义者”[1]，他领导的革命是借鉴拉美改良主义思想，目标是“进行一场社会革命，限制古巴和外国富人的势力，改善大批贫困阶层的生活”[2]。《国家情报评估》还相信，卡斯特罗会尽量避免与美国发生严重分歧，因为古巴在商业、政治和历史上与美国紧密相连，特别是其蔗糖产业。已有迹象显示，这些因素都在影响卡斯特罗对美国的态度。[3]

尽管《国家情报评估》暂时排除了革命政权执政主体属于共产主义性质的可能性，但依然对古巴共产党的动向持高度警惕态度，其关注点主要集中在以下两方面。一是情报显示，自巴蒂斯塔倒台后，古巴共产党的力量在不断增强。古巴共产党是“拉美最强大的共产党，也是古巴国内组织最有序的政党”，当时党员人数可能高达17000人。该党正在积极寻求发展新党员和扩大影响，正在向古巴重要的机构和组织进行渗透，其中包括“七·二六运动”、内阁及其他政府机构、土地改革全国委员会、军队、工会等。与之形成鲜明对比的是，“其他老牌政党则悄无声息，士气低落”[4]。二是在古巴的高层领导人中，卡斯特罗的弟弟劳尔·卡斯特罗和切·格瓦拉都强烈同情古巴共产党。特别是“七·二六运动”的二号人物劳尔·卡斯特罗的“亲共”言行尤其突出。1959年5月，中央情报局在给美国副总统的题为“劳尔·卡斯特罗·鲁斯”的备忘录中称：“无论他现在是不是古巴共产党人，他的行为和态度已为共产党在古巴活动提供了鼓舞和便利。”[5]

---

[1] SNIE 100-3-59: Threats to the Stability of the U.S. Military Facilities Position in the Caribbean Area and in Brazil, 10 March, 1959.

[2] SNIE 80-59: The Situation in the Caribbean through 1959, 30 June, 1959.

[3] SNIE 100-3-59: Threats to the Stability of the U.S. Military Facilities Position in the Caribbean Area and in Brazil, 10 March, 1959.

[4] SNIE 80/1-59: The Situation in the Caribbean through 1960, 29 December, 1959.

[5] Memorandum from the Office of the Director for the Vice President, https://www.cia.gov/library/readingroom/doc/CIA-RDP80B01676R002700060014-4.pdf.

SNIE 80-59 也认为："卡斯特罗的弟弟劳尔强烈同情古巴共产党，他目前在指挥军队。作为革命关键人物的切·格瓦拉·塞尔纳少校指挥着哈瓦那最重要的部队，他一贯支持古巴共产党的利益。其他一些高阶官员可能也是古巴共产党或共产党的同情者。"[1] 这些情况无不引起美国政府的警醒。

可以看出，这一时期的《国家情报评估》相比之前对古巴革命性质旗帜鲜明的结论，开始变得闪烁其词，不置可否，甚至有的地方相互矛盾。总的来看，这一时期美国情报部门暂时排除了卡斯特罗走共产主义道路的可能性，特别是在卡斯特罗政权的最初 6 个月内，革命联盟内部看不出多少共产主义的迹象。但同时，有关古巴共产党不断渗透古巴政府和"七·二六运动"的种种迹象，又使上述结论显得脆弱无力。与情报界这一扑朔迷离的结论形成呼应的是，决策层在对古巴政策方面举棋不定。美国副总统尼克松和一些军方将领建议"必须恰如其分地看待和对付卡斯特罗"[2]，应该把古巴流亡分子的力量武装起来，推翻卡斯特罗。威兰、邦斯尔等则认为应该慢慢地对付卡斯特罗，"他是会明白过来的，回到拉丁美洲国家的大家庭的……卡斯特罗有共产主义的伙伴，但做决定的仍是卡斯特罗"[3]。两种观点各持已见，但又缺乏能够明确说服对方的证据。

三、对执政方式的认识：社会改革走哪条路线

执政方式是执政党执掌、控制和运用国家政权的途径、形式、手段和

[1] SNIE 80-59: The Situation in the Caribbean through 1959, 30 June, 1959.

[2] Richard M. Nixon, *Six Crises* (New York: Doubleday & Company, Inc., 1962), pp. 351-352.

[3] *Communist Threat to the United States through the Caribbean* (Washington D. C.: U.S.GPO, 1960-1963), p. 803.

方法的总称，在一定程度上可以体现社会制度的属性。《国家情报评估》对卡斯特罗政权主体的认识显得混沌不清，相比之下，对其执政方式的认识则有着更多的事实根据。

美国国内权威人士普遍认为，“在相当长一段时间内，古巴革命总的精神是倾向于民主、反对独裁和反共的，因此在它取得胜利的当时是应予鼓励和援助的”[1]。然而，美国对于古巴革命从来都怀有明显的敌意，除了忧虑古巴共产党会控制政权，另一个重要的根源就是担心革命将会对美国投资和利益造成“不利气候”。1959 年之前，美国在古巴投资的总值在拉美国家中位列第二，仅次于委内瑞拉，而按人均值计算，美国在古巴的企业价值则是拉美其他国家的三倍之多。早在古巴革命胜利之前，中央情报局就曾作出预测，如果卡斯特罗最终赢得内战，“很可能会出现一段长期的不稳定和混乱，在古巴的美国人的生命和财产可能会遭受随之而来的危险”[2]。

古巴革命带来的社会改革确实极大地影响了美国的经济利益。1959 年 2 月，卡斯特罗出任总理，着力摧毁旧的国家机器和加快建设新的政权，将行政权与立法权集中于内阁。卡斯特罗执政的最初一段时期，他对待美国的态度不是敌视，而只是批评。他指责美国支持巴蒂斯塔和拉美其他独裁政权，指责美国垄断公司的剥削和干预。他认为，古巴实行的社会改革会迫使外国投资者按照古巴主权发展的要求行事，但古巴绝不会采取敌视美国政府和人民的政策。[3] 可是，古巴与美国在政治上、经济上联系太紧密了，这场旨在建立古巴独立社会体制的革命注定会与

[1] 〔美〕戴维·霍罗威茨：《美国冷战时期的外交政策——从雅尔塔到越南》（上海市“五·七”干校六连翻译组译），上海人民出版社 1974 年版，第 176—177 页。

[2] SINE 85/1-58: Developments in Cuba since Mid-November, 16 December, 1958.

[3] 〔委〕D. 博埃斯内尔：《拉丁美洲国际关系简史》（殷恒民译），商务印书馆 1990 年版，第 228 页。

美国相冲突。

1959年5月17日，古巴政府颁布《土地改革法》，规定废除大庄园制和禁止外国人占有古巴土地。这意味着外国资本主义土地所有制在古巴将不复存在，在古巴的美国公司受到严重打击，仅三个规模较大的公司就总共丧失了四十多万公顷的土地。[1]同时，卡斯特罗大规模地将巴蒂斯塔政权支持者的资产收归国有。由于古巴资本与美国资本关系密切，美国财团经常用古巴人挂名，因此没收巴蒂斯塔集团的财产直接影响许多美国投资商。更为重要的是，土地改革分裂了古巴的革命联盟。它使温和派和左派关系破裂，至少部分地使这场革命转变成一场阶级斗争，即无产阶级同拥有财产者之间的斗争。1959年6月和7月间，包括马努埃尔·乌鲁蒂亚总统在内的多名温和派分子被逐出政府，而代之以激进的左翼分子，革命向左转了。

在这种形势下，SNIE 80-59预测，卡斯特罗在推进社会改革和处理对美关系两个问题上，前者是处于优先地位的。该评估认为，尽管卡斯特罗意识到作为古巴主要的贸易伙伴和投资资金来源，美国具有重要地位，尽管他非常担心古巴激进的改革措施可能会导致古巴蔗糖在美国市场失去优惠待遇，但“如果他认为美国政府或私人利益集团施加压力要求修改（土地改革）这一政策，他可能会作出强烈反应”[2]。

1959年下半年，事态发展基本如国家情报评估预测的一样，卡斯特罗不惜一切代价进一步推进改革，相继颁布石油法和矿业法，废除一切租让地，对外资采矿企业一律课以重税。可以看出，卡斯特罗政权的政治蓝图是希望对土地、能源、电力、蔗糖等战略性行业实行国有化，压缩私人

---

[1] 〔美〕戴维·霍罗威茨：《美国冷战时期的外交政策——从雅尔塔到越南》（上海市“五·七”干校六连翻译组译），上海人民出版社1974年版，第182页。

[2] SNIE 80-59: The Situation in the Caribbean through 1959, 30 June, 1959.

财阀和外国资本的利润空间，缩小贫富差距，促进社会公平。这种执政方式本身就明显带有左派作风，更关键的是，每一项改革措施几乎都触及美国在古巴的利益。因此，伴随着改革过程的是古巴与美国冲突的升级。美国先后两次向古巴发出照会，抗议土地改革法中没收土地等条款，要求古巴政府须以现款预付赔偿，且数额应该公平合理。照会中还称，如果美国地产所有者得不到适当的赔偿，美国将对古巴进行报复。[1] 6月，卡斯特罗会晤美国邦斯尔大使，公开谴责美国对古巴内政的干涉，宣称古巴政府有权采取自己认为最为恰当的措施来促进古巴经济的发展和社会进步，绝不接受任何有损国家主权和荣誉的建议。8月，美洲国家外长会议上，美国与古巴代表针锋相对。10月，美国宣布继续对古巴实行武器禁运，并向英国施加压力不准向古巴出售武器。就在卡斯特罗大刀阔斧地改造古巴的时候，美古之间的矛盾和冲突开始暴露无遗，美国对卡斯特罗的“忍耐”也一步步走到了极限，在近一年的犹豫不决之后，终于有了结论。

第四节　政权性质认定的逐步升级与美古关系的持续恶化

1959年底，《国家情报评估》在古巴革命政权性质的判定上不再闪烁其词，立场日趋明确，而且明显与之前的结论相去甚远。

[1] 洪育沂主编：《拉美国际关系史纲》，外语教学与研究出版社1996年版，第236页。

一、"反美亲共"性质的认定与美国的外交政策走向

1959 年下半年，随着古巴国内改革的持续推进，美古关系不断恶化。美国不仅担心自己在古巴权益的命运，而且害怕古巴革命政权的举措会在整个拉丁美洲造成连锁性反应。11 月 5 日，国务卿赫脱在向艾森豪威尔总统提交的一份政策备忘录中建议，推翻卡斯特罗政权。他谴责了古巴政府的各项改革措施，认为尤其在经济方面，"卡斯特罗的政策已变得极端，日益朝向国家控制经济生活的方向发展。我们在古巴的商业利益不仅受到严重影响，而且如果拉丁美洲国家认可卡斯特罗的计划，美国将无望在其他拉美国家支持和孤立可行的经济政策，无望在拉美地区促进必要的私人投资"[1]。赫脱的观点反映了当时美国政府决策层对古巴社会改革的态度。11 月 9 日，艾森豪威尔批准了这份备忘录，目的是"改变或替换卡斯特罗政权"[2]。这时，美国政府已经基本上确定了对卡斯特罗政权奉行的政策方针，结束了自卡斯特罗执政以来观望未决的态度，继而转入敌对立场。

12 月 29 日，中央情报局发布了 SNIE 80/1-59，这份评估是国家情报评估对古巴革命和卡斯特罗政权态度的分水岭，情报界一改之前雾里看花式的措辞，得出了明确的结论："卡斯特罗政权已经放弃了古巴以往的亲西方、反共立场。它将遵循中立政策，将与亚洲和非洲的欠发达国家结盟，并采取日益强烈的反美立场。与此同时，古巴对共产主义阵营几乎毫无批评，与该阵营的关系日渐亲密。"[3]

---

[1]　Memorandum from the Secretary of State to the President, Doc. 387, *FRUS, 1958-1960, Cuba, Volume VI*, p. 657.

[2]　Stephen G. Rabe, *Eisenhower and Latin America* (Chapel Hill, North Carolina: The University of North Carolina Press, 1988), p. 125.

[3]　SNIE 80/1-59: The Situation in the Caribbean through 1960, 29 December, 1959.

首先，该评估首次明确地将古巴革命政权判定为“反美”性质。该评估认为，虽然卡斯特罗宣布采取中立政策，但他几乎肯定会保持强烈的反美立场。自卡斯特罗访美之后，他在公开场合对美国政府的批评日渐增多。而古巴革命使古巴人民把长期受压制的民族主义和大部分社会不满都指向了“美国佬帝国主义”，卡斯特罗为提高其政权的声望，一直在有意对这种反美民族主义情绪推波助澜。评估还称，卡斯特罗政权会继续煽动和利用古巴国内的反美情绪，甚至会在其他拉美国家中鼓吹其反美路线。古巴的反美行动未来可能会有增无减，特别是如果美国国会减少古巴食糖在美国市场的配额或者美国支持反卡斯特罗组织向该政权发动进攻，将激化反美行动。因此，评估预测，“未来一年美国与古巴关系的前景黯淡”[1]。

其次，除了“反美”，SNIE 80/1-59 的另一个关键词是“亲共”。评估列举了 1959 年 1 月以来，卡斯特罗政府一系列“亲共”的外交表现：脱离了西半球反共产主义的工会，并计划成立一个纯拉美国家的工人和学生联合会；威胁脱离美洲国家组织；古巴和苏联阵营之间文化和贸易团体交流的人数增多；等等。该评估预测，“几乎可以肯定，1960 年古巴共产党的影响会继续增加”，特别是通过劳尔·卡斯特罗和切·格瓦拉施加影响。这两人即便还不是真正的古巴共产党，至少是坚定的“亲共”分子。而卡斯特罗的态度和政策将促进古巴共产党目标的达成，事实上，“他很可能会变得越来越依赖于古巴共产党”。基于这些判断，SNIE 80/1-59 预测，“卡斯特罗政权可能会继续偏离古巴在联合国与西方国家的传统结盟，将可能恢复与苏联的外交关系”。[2]

赫脱备忘录的提交早于 SNIE 80/1-59 的发布，也就是说，美国对古巴敌对立场的产生并不直接源于国家情报评估对古巴革命政权的性质判定。

[1] SNIE 80/1-59: The Situation in the Caribbean through 1960, 29 December, 1959.

[2] Ibid.

美古两国关系跌入冰点的主要原因，并不是美国对卡斯特罗政权性质的猜疑和焦虑，而是古巴新政权实施的一系列社会改革对美国在古巴既得利益的负面影响，更是美国关于卡斯特罗政权对自己在整个拉丁美洲的影响造成极大威胁的忧虑。这意味着，即便卡斯特罗没有转变成一个共产主义者，古巴也没有从民族民主革命向社会主义过渡，美国也很难允许在其视为至关重要的战略地区存在一个不服从美国指挥的政权。因此，从这个意义上讲，1959 年底之前，尽管美国尚未把卡斯特罗政府完全视为古巴共产党政权，但对卡斯特罗政权采取敌对态度是必然的。

二、共产主义性质的认定与美古关系的彻底破裂

虽然艾森豪威尔政府确定了推翻卡斯特罗政权的政策方针，但是美国尚未有实际的大动作，美古关系似乎尚存一丝转机。制造这丝转机的是美国大选年敏感的政治气氛，而使转机荡然无存的则是美、苏、古三方的政治博弈。

1960 年是美国的总统选举年，古巴问题是选民们关注的焦点之一，而苏联可能介入古巴问题使局势变得更加棘手。因此，艾森豪威尔政府宁可冒着被指责为绥靖政策的风险，也不敢在大选之年承担将古巴推向共产主义阵营的责任。此外，中央情报局和国务院的情报分析都认为，美国反对卡斯特罗的任何行为只会加剧古巴的反美活动，提高卡斯特罗的威望，削弱古巴反对派东山再起的能力，并且引发其他拉美国家对美国干涉拉美内政的反感。[1]

---

[1] SNIE 80/1-59: The Situation in the Caribbean through 1960, 29 December, 1959; Carmelo Mesa-Lago, ed., *Revolutionary Change in Cuba* (Pittsburgh, PA: University of Pittsburgh Press, 1971), pp. 258-259.

1960 年新年伊始，美国政府决策者就举行会议讨论美国对古巴的政策。1 月 21 日的国家安全委员会会议上，中央情报总监杜勒斯称情报显示，苏联部长会议第一副主席米高扬将出席近期在古巴开幕的苏联展览会；此外，苏联和古巴两国的驻墨西哥大使已经进行了密切接触，两国有可能会恢复外交关系。[1] 23 日和 25 日，在总统召集的两次会议上，主张对古巴采取谨慎行为的观点占了上风。作为阻止古巴与苏联结盟的最后努力，1 月 26 日，艾森豪威尔就古巴问题作了一次相当有善意的发言，宣布美国将不会对古巴进行报复，而会重新研究削减美国按优厚价格购买古巴食糖产量的规定，并尊重古巴进行一场社会革命的权力。

对美国政府的低姿态，古巴方面作出了响应。多尔蒂科斯总统宣称，古巴同美国的分歧可以通过外交途径解决，古巴愿意同美国加强外交和经济联系。然而，这些口惠无实的外交辞令在阻止加勒比岛国向苏联靠近方面并没有起到什么实际效果。2 月 4 日，米高扬应邀抵达哈瓦那，为苏联科学、技术和文化成就展览会揭幕，并转达了苏联政府对古巴革命的支持。这是苏联高层领导人首次与卡斯特罗政权进行接触，此行使苏联认识到古巴是可以进行政治和经济合作的极好伙伴，苏联对古巴的政策开始出现重大变化。

这种变化的直接表现就是古巴与苏联关系飞速发展，而体现在国家情报评估中则是对古巴革命政权性质的评定逐步“赤化”。1960 年，国家情报评估针对古巴先后发布了 SNIE 85-60、NIE 85-2-60 和 SNIE 85-3-60 三份评估报告，连续对卡斯特罗政权的性质进行分析判断，其措辞日渐犀利和尖锐，其结论由疑似共产主义性质发展至最终确认。

3 月 22 日，SNIE 85-60 分析认为，卡斯特罗进一步加紧了反美活动，并借助古巴共产党的常规手段继续执行日益激进的改革计划。情报显示，

[1] Memorandum of Discussion at the 433d Meeting of the National Security Council, Washington, January 21, 1960, 9:07-10:55a.m., Doc. 425, *FRUS, 1958-1960, Cuba, Volume VI*, p. 749.

反共分子已被从政府中清除了，军警机构已接受共产主义倾向的政治教育。《国家情报评估》指出，所有非共产主义政党都已被解散或受胁迫，除了卡斯特罗自己领导的“七·二六运动”以外，古巴共产党是古巴目前唯一有效的政治实体。“古巴共产党已经做好准备受到政权的认可参与改造古巴的过程。”[1]

6月14日，NIE 85-2-60分析认为，“古巴政府已经从美国传统伙伴变成了反美中心，同时也是共产主义在拉美的主要支持者”[2]。评估指出，古巴共产党已深入参与古巴的改造之中，其程度比1954年的危地马拉更深，古巴已成为共产主义在拉丁美洲的基地。评估相信，“卡斯特罗显然认为古巴共产党是实现自己目标的有益和可靠的盟友，古巴共产党及其支持者在整个革命政府中占据重要地位”[3]。因此，鉴于卡斯特罗政权和古巴共产党之间的互利，很难从学术角度区分哪些政策和行动是卡斯特罗政权的，哪些实际上是由古巴共产党指使的。只要菲德尔·卡斯特罗及其党派继续掌权，这种情况几乎肯定会持续下去。评估预测，“卡斯特罗未来对共产党的依赖性将会更强”，他越来越相信，除了他原来的战友，古巴共产党及其支持者是唯一可靠且不会反对他的团体。如果这种趋势继续下去，古巴共产党就会获得卡斯特罗政权的实际控制权，目前已经非常接近这一点。[4]

12月8日，SNIE 85-3-60认为，古巴共产党在卡斯特罗政权中的作用日益重要，该党的成员担任了行政、管理和军事领域的要职。人民社会党的发言人公开表示，该政权最终将演变成一个共产主义国家。事实上，古巴各个机构正在按照典型的共产主义社会进行重塑。“总的来看，目前古

[1] SNIE 85-60: Communist Influence in Cuba, 22 March, 1960.

[2] NIE 85-2-60: The Situation in Cuba, 14 June, 1960.

[3] Ibid.

[4] Ibid.

巴政府实际上可以看作是共产主义性质的。”[1]

可以说，在《国家情报评估》对古巴革命政权性质形成最终结论的过程中，古苏关系这一因素发挥了相当大的影响作用。《国家情报评估》认为，古巴与苏联关系的亲密，不仅仅是接受了苏联大宗的经济援助和蔗糖订单，而且是接受了共产主义意识形态的灌输，还是古巴共产党话语权大幅提升的动力来源，更是卡斯特罗政权全面倒向社会主义阵营的主要原因。早在古巴革命取得胜利两年前，1956 年 9 月，经总统批准的国家安全委员会 NSC5613/1 文件就已决定 :“如果一个拉丁美洲国家同苏联建立起紧密关系，并具有了一种对我们的重大利益持有严重偏见的性质时，（我们）就要准备减少与这个国家政府的经济与财务合作，并采取任何其他适当的政治、经济或军事行动。”[2] 古美关系和古苏关系相互影响，互为因果，美国和古巴最终走向了不可挽回的对抗。[3] 1961 年 1 月 3 日，美国宣布与古巴断绝外交关系。至此，美国与古巴的关系再无转圜余地。

小结：评估轨迹与评估对象的动态演变过程基本一致

古巴革命是 20 世纪拉丁美洲历史上一个划时代的事件，卡斯特罗领

[1] SNIE 85-3-60: Prospects for the Castro Regime, 8 December, 1960.

[2] Stephen G. Rabe, *Eisenhower and Latin America* (Chapel Hill, North Carolina: The University of North Carolina Press, 1988), p. 91, Note 26.(NSC 5613/1, September 25, 1956; NSC 5613/2, Folfer, Box 18, White House Office of the Special Assistant for National Security Affairs Records, Eisenhower Library.)

[3] 武崇申:《美国与猪湾事件——二十世纪五十年代末、六十年代初美古关系的变化》，首都师范大学硕士学位论文，2004 年，第 16 页。

导的“七·二六运动”以反对独裁政权的国内革命战争方式取得政权，随后完成了由人民民主斗争向社会主义的过渡，对拉美当代历史发展进程产生了深远的影响。中央情报局的国家评估办公室先后发布了多份国家情报评估系列的文件，对古巴革命及革命后建立的新政权的性质进行分析和判断，从初步认定到形成最终结论，前后延续数年，其认知轨迹基本体现了古巴革命政权性质的动态演变。

《国家情报评估》对古巴革命政权性质的认知轨迹是曲折演进的，其认知结果从“非共产主义”到“反美亲共”再到后来的“共产主义”，前后发生了根本性的转变。应当看到，这种转变的主要原因不是出于情报评估人员的主观修正，而是源于古巴革命局势的客观变化。古巴革命是古巴人民为达成其历史目的和实现其彻底统一而进行的革命斗争。这种统一包括政治主权、经济独立和文化融合等诸多因素的完全统一。这场革命不是一场战争或一次孤立的事件，而是一个具有不同时刻或阶段的、连续的历史过程。

应该看到，《国家情报评估》对古巴革命政权性质的认知结论是基本符合事实的。推翻巴蒂斯塔独裁统治的武装运动和建立政权初期实施的社会改造，属于古巴革命的初始阶段。这一阶段的主要目标是，在恢复1940年宪法，恢复公民自由权和政治民主的同时，立即采取步骤解决土地问题、工业化问题，以及住房、教育等重要民生问题。[1]本着这一指导思想，卡斯特罗领导的“七·二六运动”在摧毁旧的国家机器后，着手建立新的革命政权，改造旧的经济制度，建立新的生产关系。在这一时期，美国国内对古巴正在或将要走上社会主义道路的怀疑甚嚣尘上，不过事后来看，这些论断大多是出于偏见，将古巴的民族主义与社会主义混为一

[1] 〔美〕戴维·霍罗威茨：《美国冷战时期的外交政策——从雅尔塔到越南》（上海市“五·七”干校六连翻译组译），上海人民出版社1974年版，第180页。

谈，属于缺乏事实根据的猜测。虽然后来古巴革命真的演变为社会主义革命，但这是历史与现实、主观与客观的多重因素综合作用的结果，并不意味着那些早期的臆想是具有前瞻性的预测。古巴革命在当时尚处于民族民主革命阶段，相比之下，《国家情报评估》的判定更符合实际情况："菲德尔·卡斯特罗的胜利将古巴从巴蒂斯塔腐败的独裁统治中解放了出来，同时也为社会、经济和政治改革开辟了道路。"[1]

随着社会改造的深入，古巴革命政权开始为古巴生活的全面改造、为财产制度的彻底改变以及为各种制度的变革而进行斗争。因而，革命的发展必然触及美国在古巴的帝国主义利益，这使革命具备了一定的反帝性质。古巴社会改革引发了美国的仇视态度和敌对行动，美国对古巴的敌视政策又加速了古巴革命形势的急剧发展，这是一个双向作用的过程。在这样一种背景下，《国家情报评估》对古巴革命政权的判定发生了变化，于1959年12月首次明确将其界定为"反美亲共"。

在此之后，由于古巴面临的国内国际形势极其微妙复杂，卡斯特罗政权不断探索和调整其政治目标和施政纲领，导致革命政权性质并没有固化，而是一直处于活动之中。因而，《国家情报评估》对这一问题的认识也在不断修正之中。1960年6月，《国家情报评估》将卡斯特罗政权定性为"深受古巴共产党影响且该影响日渐深刻的激进民族主义政权"[2]，6个月后，将其进一步升级为"实际上可被认为是共产主义性质"[3]。1961年4月，卡斯特罗公开宣布古巴革命是"一场贫苦人的、由贫苦人进行的、为了贫苦人的社会主义民主革命"。[4]这表明，古巴正式

[1] SNIE 80-59: The Situation in the Caribbean through 1959, 30 June, 1959.
[2] NIE 85-2-60: The Situation in Cuba, 14 June, 1960.
[3] SNIE 85-3-60: Prospects for the Castro Regime, 8 December, 1960.
[4] 徐世澄：《卡斯特罗评传》，人民出版社2008年版，第103页。

作出了选择社会主义道路的决定，实现了从民族民主革命向社会主义革命的过渡。这也意味着，《国家情报评估》对古巴革命政权性质的认知随着该问题的答案揭晓而告一段落。总的来说，古巴革命政权性质的演变具有阶段性、过渡性和特殊性，《国家情报评估》基本正确地捕捉到这一演变的过程。

◂ 第三章 ▸

百密一疏的生存能力评估

——美国情报部门对古巴革命政权认识的拓展

古巴革命政权极大地触动了美国在古巴的政治、经济利益，并且冲击了美国在拉美地区的霸权地位。因此，美国对古巴采取针锋相对的措施，试图颠覆卡斯特罗执政当局。具体而言，利用古巴经济的依赖性和脆弱性进行经济制裁以及借助美洲国家组织孤立卡斯特罗政府，是美国公开压制古巴的主要手段，而通过情报部门策划和实施隐蔽行动则是美国颠覆古巴的秘密途径。在此过程中，国家情报评估将关注的重心从聚焦古巴革命政权的性质评估转移到该政权的生存能力评估，以后者为主要认识对象的情报评估工作一直延续至古巴导弹危机的爆发。

第一节　对古巴革命政权评估的发展趋势

1960年，国家情报评估对古巴革命政权的性质判定基本告一段落，转向了政权生存能力的评估，这既是国家情报评估对古巴革命政权认知过程的必然发展，也是美国对古巴政治决策的情报需求驱使的结果。

一、认知过程的必然发展带动评估主题的变化

从哲学的角度看，认知过程是指对研究对象基本规律及因素间相关性认识的复杂过程。而在具体考察情报的认知过程时，可以发现，情报分析人员、情报研究对象以及相关的情报信息共同构成了情报认知系统，这是一个相互作用、不断变化的过程。在此过程中，情报分析人员的思维形式以及对特定研究对象的相关知识都在不断地发展，直至达到解决某一特定问题的目的而结束。因此，情报对某一特定问题的认知，显然具有“从一种不充分的、比较贫乏的认识向深度上、广度上都较为丰富的认识过渡”的动态特征。[1]

在古巴革命之前，美国情报界对古巴历届政府的认识不可谓不深入。自美西战争以来，美国就一直控制着古巴的政治经济，可以说，没有哪一个国家比美国更熟悉古巴。然而，关于卡斯特罗和他领导的“七·二六运动”，美国人的了解就少得多了。当卡斯特罗率众于1956年底发动武装起义的时候，他们只不过是众多反对巴蒂斯塔独裁统治中的一支名不见经

[1]　傅清波：《关于情报研究过程认知机理的探讨》，载《四川图书馆学报》1994年第1期，第15页。

传的力量。1957年下半年，起义军依然是蛰伏在山区、人数不过数百的小股游击队。直至1958年底，《国家情报评估》猝然发现，“七·二六运动”的实力已能够与巴蒂斯塔当局平分秋色，成为一股不容小觑的重要力量。1959年元旦，卡斯特罗领导的革命政权建立，而之前短时间内匆忙对卡斯特罗及“七·二六运动”形成的认识显然是不够的。因此，国家情报评估首先要解决新政权“姓什么”的问题，即对其政权性质形成充分的认识。通过近两年的考察与分析，国家情报评估对这个问题的结论逐步明确，得出了最终判定，阶段性目标就此完成，因而进入了对革命政权认知的一个新阶段。

二、政治决策的情报需求决定评估重心的转移

1959年底，虽然美国政治决策层在对古巴卡斯特罗政权采取敌对立场这个问题上达成了一致，但在具体行动上有着不同的意见。美国政府中一些头脑清醒的政治家多次建议对古巴应当谨慎行事，强调应对古巴“威胁”的主要手段是加快推行“争取进步联盟”计划，建议通过美洲国家组织集体的努力来促使古巴发生变革，不赞成对古巴采取直接行动。参议院外交委员会主席富布赖特曾明确地说：“卡斯特罗政权是一根肉中刺，但还不是心上的一把刀。”[1]然而，古苏关系的快速发展加速了美国和古巴关系的恶化，在艾森豪威尔执政的最后一年，美国已然开始了颠覆卡斯特罗政权的行动。

美国对古巴的颠覆行动有明暗两条主线。在美国对古巴公开的压制政策中，挥动经济大棒进行制裁和利用泛美主义组织孤立古巴是最主要的两

[1]〔美〕小阿瑟·施莱辛格：《一千天》（仲宜译），生活·读书·新知三联书店1981年版，第178页；〔美〕理查德·里夫斯：《肯尼迪——权力日记》（贾文浩等译），商务印书馆2015年版，第72页。

种手段，而且两者往往是相互配合或结合在一起，并对古巴的国际关系产生了重要的影响。在对古巴进行公开制裁的同时，以中央情报局为首的美国情报部门一直在秘密开展隐蔽行动，以协助实现推翻卡斯特罗政权的目标。由于古巴革命当时在拉美和美国影响都很大，美国没有立即采取传统的派海军陆战队在古巴登陆的办法推翻卡斯特罗政府。其具体做法是，鼓动古巴国内外的反对势力活动，同时又要避免给人以美国直接参与干预古巴的印象。这些政策的制定和执行都必须结合古巴革命政权的实际情况，也就是说，美国的政治决策者们现在迫切地需要知道该政权“怎么样”的问题。因此，对卡斯特罗政权能力的评估就成为牵引情报界进一步拓展认识的重心。结合美国政府迫切希望推翻卡斯特罗政权的政策目标，国家情报评估将问题直指革命政权的生存能力。

第二节　古巴革命政权生存能力评估的内部指标

为了配合美国政府的决策需求，《国家情报评估》从多角度对古巴革命政权的生存能力进行了评估。评估主要依据四个指标：政权的社会支持基础、领导核心的稳定程度、经济治理的效率成本和古巴军队的军事实力。其中，第一与第二项指标涉及政治领域，其他指标依次涉及经济和军事领域。

一、政权的社会支持基础

政权能够生存延续，拥有坚实的社会支持基础很重要。声名狼藉的巴蒂斯塔政权就是一个典型例证。巴蒂斯塔的倒台看似是因为在与游击队的交战中败北，实则因为早已失去广泛的民众支持，才会形成短时间内“墙倒众人推”的局面。相比之下，革命政权之所以得以建立，也是因为获得了社会各阶层的支持。

在革命政权建立之初，国家情报评估对其社会支持基础是较为认可的，称卡斯特罗是古巴的“民族英雄”，认为革命政权具有“巨大的人气”。[1] 不过，随着革命政权推行激进的社会改革，国家情报评估开始用“独裁”的字眼指责卡斯特罗，并看衰其民意支持度。SNIE 80/1-59 认为，源于“极端政策的影响”，古巴“下层社会仍普遍支持卡斯特罗，不过许多重要领域反对卡斯特罗的力量将会继续增长……反对派包括几乎所有上流社会、许多中产阶级、天主教教会的重要成员、许多知识分子和专业人士、一些军人以及政府和‘七·二六运动’内部越来越多的幻想破灭的温和派”。[2] 实事求是地看，古巴社会改革的确触及了中上层社会的既得利益，国家情报评估的这个结论是有根据的。

1960 年 3 月 17 日，艾森豪威尔总统签署了一项国家安全委员会命令，这项命令批准了中央情报局提交的《反对卡斯特罗政权的秘密行动纲领》，主要包括四个方面：在古巴境外建立有效的、统一的反卡斯特罗流亡政府；提供资金对卡斯特罗展开一场强大的宣传攻势；在古巴国内建立一个听从流亡政府指挥的行动和秘密情报网络；在古巴境外发展准军事力量，以备未来入侵古巴进行游击活动。[3] 这一代号“冥王星”的计划实质就是把游击渗入和心理战术结合起来，是 1954 年中央情报局推翻危地马

[1] SNIE 80-59: The Situation in the Caribbean through 1959, 30 June, 1959.

[2] SNIE 80/1-59: The Situation in the Caribbean through 1960, 29 December, 1959.

[3] Paper Prepared by the 5412 Committee, Doc. 481, *FRUS, 1958-1960, Cuba, Volume VI* , pp. 850-851.

拉阿本斯政府所用手段的再运用。不过，这个计划在艾森豪威尔任期内没来得及实施，成为留给肯尼迪政府的政治遗产。按照“冥王星计划”的设想，为了达到既要推翻古巴革命政权又要美国不直接参与的目的，在卡斯特罗政权民意衰减时煽动和利用古巴本国反对派势力的抵抗运动，是至关重要的一个手段。国家情报评估就此进行了很多评估工作。

1960 年 6 月发布的 NIE 85-2-60 认为，由于对古巴共产党影响扩大、政府的独裁倾向与手段以及民众对经济状况的不满，古巴国内对卡斯特罗的反对声音越来越多，但是，“反对派并未对政府有任何实质上的威胁”。其主要原因是，除了大公司和资产阶级的利益，大部分团体都能从政府的经济政策中得到实际利益或者避免最坏的影响。“新古巴”的理念依然对工人、农民、专业技术人员以及知识分子有着巨大的吸引力。该评估对当时活跃在古巴国内的两个主要反对派组织——革命复辟运动（Movimiento de Recuperación Revolucionaria）和基督教民主运动（Movimiento Demócrata Cristiano）的组织结构和势力分布进行了分析，指出其最大的缺陷是“缺少一名有能力的领导者，能够整合各方力量以强劲的方式挑战卡斯特罗的民意支持”。因此，NIE 85-2-60 得出结论认为，“即使菲德尔·卡斯特罗的民众支持基础受到侵蚀，其政府依然比任何反对派占据优势，因为政府掌握着经济和军事大权，电台、报纸、工会等机构组织也受其控制。但是，如果出现大范围的严重骚乱，军队及民兵的可靠性将打上问号”[1]。

那么，如何才能制造出这种“大范围的严重骚乱”呢？按照中央情报局最初的设想，受训的流亡分子分批潜入古巴，建立一些活跃的抵抗中心，武器和给养将通过空运输送，以便这些队伍能够通过游击活动不断削

[1] NIE 85-2-60: The Situation in Cuba, 14 June, 1960.

弱和瓦解古巴政府。然而，随着时间的推移，中央情报局发现卡斯特罗牢牢地控制着古巴局势，古巴境内根本就没有可以依靠的抵抗力量。另外，“卡斯特罗将会从苏联阵营得到先进的喷气式战斗机，在苏联接受过充分训练的古巴飞行员也将回国。而且，由于得到苏联新式武器的援助，古巴的陆军实力将会得到显著的提高”[1]。SNIE 85-3-60 对此作出预测：“卡斯特罗政权控制手段的效率日益提高，这或可抵消任何对其民意支持基础的深入侵蚀。该政权应对国内骚乱和外国势力主导的入侵的能力几乎肯定会提高。”[2] 因此，为了尽快推翻卡斯特罗政权，中央情报局决定改变先前的游击策略，代之以大规模的两栖登陆作战，以此诱发“全面起义”，给古巴带来冲击，从而使卡斯特罗政府在武力进攻中陷于崩溃。[3] 这便是猪湾事件的策划开端。

1961 年 1 月 20 日，肯尼迪就任总统。他上台后，随即对“冥王星计划”进行考察。1 月 28 日，肯尼迪在白宫召开国家安全会议，首次听取有关古巴军事行动的汇报。政府各部门在行动的目标上达成了一致意见，都认为必须推翻卡斯特罗政权。但是，在行动方式上却存在较大分歧：中央情报局从冷战和军事的角度考虑，主张实施军事行动计划；国防部认为美国政府现行的行动方针难以有效实现推翻卡斯特罗的目标；国务院的意见是，任何没有得到美洲国家组织批准和支持的公开军事行动，都会对美国在西半球的政治地位造成严重损害，因而对军事行动持保留意见。[4] 最终，肯尼迪要求对计划进行修改，以减少美国参与的痕

[1] Peter Kornbluh, ed., *Bay of Pigs Declassified: The Secret CIA Report on the Invasion of Cuba* (New York: The New Press, 1998), p. 120.

[2] SNIE 85-3-60: Prospects for the Castro Regime, 8 December, 1960.

[3] 赵学功：《十月风云：古巴导弹危机研究》，天津人民出版社 2009 年版，第 26 页。

[4] Memorandum of Discussion, Doc. 30, *FRUS, 1961-1963, Volume X, Cuba, January 1961-September 1962,* pp. 63-64.

迹。3 月 15 日，中央情报局修订了计划，将登陆地点选在猪湾，并最终获得了批准。4 月 17 日，经过中央情报局训练的 1400 多名古巴流亡者组成了“古巴旅”，在美国飞机和军舰的掩护下于猪湾地区登陆。由于卡斯特罗有效的情报网，古巴陆军和空军很快获悉了情况，做出了有力的反击。在紧要关头，肯尼迪出于对国际影响的顾虑，拒绝动用美国军队进行空中和海上支援。失去后援的流亡者陷入古巴政府军的重重包围，此次登陆不到 72 小时便以“古巴旅”的彻底失败而告终。卡斯特罗政府在猪湾事件后随即展开了一系列打击反抗势力的活动，这极大地削弱了古巴国内的反对派组织，其能力和士气受到重创，再难对卡斯特罗政权构成严重威胁。

分析而言，国家情报评估有关卡斯特罗社会支持基础的结论虽然带有一定的偏见，但结论总体是符合实际情况的。然而，同样不能否认存在这样一种情况，即情报是真实可靠的，政策却并不一定完全建立在对情报客观解读的基础上，这一点在“冥王星计划”的决策上体现得尤为明显。不少学术观点认为，对古巴国内反对派势力的期望值过高，是猪湾事件失败的主要原因之一。不过，通过梳理这一时期的《国家情报评估》，我们可以发现国家评估办公室对这个问题的核心观点并非盲目乐观：古巴国内反对派势力在缺少外部有力支持的情况下难以同卡斯特罗抗衡。“外部有力支持”应该是什么样的一种形式？国家情报评估没有具体陈述。美国已经明确了不能直接派遣美国军队入侵古巴的底线，在这样的前提下，中央情报局将其设定为美国支持下古巴流亡分子的武装登陆。显而易见，猪湾两栖登陆计划的制订是基于两个假设：第一，登陆作战是会成功的；第二，登陆之后可以在古巴人民中产生一呼百应的效果。国家情报评估从未就第一个问题作出过任何评估，倒是情报部门对此充满信心。中央情报局在行动之前向肯尼迪保证：“猪湾登陆比 1954 年危地马拉政变成功的机会还要大。”[1] 同时，中央情报局还给“古巴旅”的官兵吃定心丸：“如果你们失败了，我们就打进去。”[2] 对于第二个问题，就在1961年3月，猪湾事件的前一个月，谢尔曼·肯特还向杜勒斯提交了一份备忘录，对古巴遭受军事入侵后国内会产生自发起义的可能性提出了相当的怀疑。[3] 作为国家评估办公室主任、国家评估委员会主席，肯特的看法在很大程度上可被认为代表了国家情报评估的主要看法，而他的观点是否为中央情报局的高层所认可呢？肯尼迪的传记《肯尼迪——权力日记》中，有一段耐人寻味的描述。

1961年4月4日，国务院召开了一次有关古巴问题的高层会议，与会者包括总统、国务卿、军方和中央情报局负责人。在就登陆方案的可行性进行讨论时，总统助手理查德·古德温质疑说：“我们怎么知道古巴人民会支持反对派呢？为什么我们认为他们想推翻卡斯特罗呢？”中央情报局负责登陆计划的中央情报局秘密行动处处长比斯尔“带着一丝不耐烦”回答说：“我们对此做过国家情报评估了，不是吗？”他举起一份《国家情报评估》报告，该报告显示古巴即将爆发反抗或混乱：“大多数古巴人都认为做决定的时刻迫在眉睫……他们希望入侵能在1961年4月中旬前发生，同时对此也很有信心。卡斯特罗政府已经逐渐失去了民心……家庭主妇和仆人们必须排几小时的队，才能得到像肥皂和猪油这类的生活必需品……去教堂的人数空前高涨，这也体现了对政府的反抗情绪……大家都相信，古巴军队已经被反对派成功渗透，在一决胜负的时刻是不会出力的。”[4]

---

[1] Editorial Note, Doc. 84, *FRUS, 1961-1963, Volume X, Cuba, January 1961-September 1962,* p. 192.

[2] 〔美〕小阿瑟·施莱辛格：《一千天》（仲宜译），生活·读书·新知三联书店1981年版，第176页。

[3] Tomas Powers, *The Man Who Kept the Secrete* (New York: Pocket Books, 1981), p. 135.

[4] 〔美〕理查德·里夫斯：《肯尼迪——权力日记》（贾文浩等译），商务印书馆2015年版，第73—74页。

令人意外的是，在目前解密的《国家情报评估》中并没有找到相关内容的评估报告，原因不外乎两种，一是尚未解密，二是并没有这样一份《国家情报评估》。本书认为，后一种原因的可能性极大。根据此次会议的日期及报告的内容，该报告必然是在 1961 年 4 月 4 日之前完成的，而且距离此时相隔时间不会太久远。1960 年美国情报界对古巴所作的《国家情报评估》目前解密的共有 3 份：3 月 22 日的 SNIE 85-60、6 月 14 日的 NIE 85-2-60 和 12 月 8 日的 SNIE 85-3-60。根据《国家情报评估》的编号规律，可以判断这 3 份评估是具有连续性的，不存在其中夹杂其他评估的可能性。再者，第三份评估的发布时间已经到了 12 月，在古巴局势并无特殊激烈变化的情况下，一个月之内针对该国连续发布多份《国家情报评估》的可能性很小。[1] 因此，基本可以断定 1960 年解密的《国家情报评估》应该是完整的。1961 年解密的相关评估有两份：6 月 18 日的 NIE 80/90-61 和 11 月 28 日的 SNIE 85-61，从编号上也可看出这两份评估都是当年各自序列的第一份评估产品，也就是说，在 1961 年 1 月至 4 月间并没有关于古巴的《国家情报评估》。那么，最大的可能就是，比斯尔所说的这份《国家情报评估》只是情报部门的一份普通评估，并非真正意义上的“National Intelligence Estimate”。但“国家情报评估”的名头已足以产生令人信服的效果，“古德温由于担心出丑没再说话。其他人也没说话”[2]。会议最后原则上同意了比斯尔代表中央情报局提出的行动计划。

也就是说，在“冥王星计划”的失败中，中央情报局高层只是断章取义地看待国家情报评估中有利于实施登陆计划的判断，甚至愿意张冠李戴

[1] 实际上，就古巴的情况而言，一个月之内多次发布《国家情报评估》的情况仅在 1962 年 10 月，即古巴导弹危机爆发期间出现过一次：10 月 19 日发布 SNIE 11-18-62，次日发布 SNIE 11-19-62。

[2] 〔美〕理查德·里夫斯：《肯尼迪——权力日记》（贾文浩等译），商务印书馆 2015 年版，第 74 页。

地借用国家情报评估的权威性来促成行动的实施。要知道，古巴革命是二战以来对美国在西半球乃至全球霸权的强力挑战，美国国内甚至开始怀疑古巴问题是不是“今日美国外交政策的突出失败”。一时间，古巴问题成为 1960 年美国总统大选所争论的重要话题，谁对武力解决古巴的决心大，谁就能获得更多的选票。在这种情况下，总统候选人尼克松和肯尼迪为了当选，都顺应民意力主武力解决古巴问题。肯尼迪任职后，指令中央情报局继续执行前任政府的计划。虽然在猪湾登陆行动之前已有不同的声音[1]，但美国国内的狂热情绪，以及肯尼迪竞选时许下的诺言，迫使他必须做出强硬的姿态。在美国，民意、利益集团是决策者必须考虑的要素，是绝不可小觑的影响因素。当情报界、军方的认知与民意等国内政治要素不一致甚至大相径庭地失衡，决策者通常选择与后者站在一起。[2] 更何况，在这一问题上，情报部门也是持积极态度的。情报在适合其需要的时候被奉为嘉宾，而不合胃口就被置之脑后。纵观情报史中的风云事件，情报与政策之间这种微妙的互动从来都不少见。

二、领导核心的稳定程度

古巴革命时期先后涌现了多位重要领导人。在武装斗争阶段，劳尔·卡斯特罗、切·格瓦拉、卡米洛·西恩富戈斯都是菲德尔·卡斯特罗游击队麾下杰出的将领，安东尼奥·埃切维里亚、弗兰克·派斯是在城市地区配合起义军的学生和工运主要领导；革命政权建立后，马努埃尔·乌鲁蒂亚、奥斯瓦尔多·多尔蒂科斯两人先后担任总统的职务，人民社会党

[1] 例如，1961 年初，参谋长联席会议派视察团前往危地马拉训练营进行视察，得出的结论是，如果美国不亲自插手，雇佣军不可能战胜古巴的军队和民兵。

[2] 张长军：《美国情报失误研究》，军事科学出版社 2006 年版，第 160 页。

领袖布拉斯・罗卡、卡洛斯・拉斐尔・罗德里格斯等也都在政府中担任要职。他们之中有的人在革命斗争中英勇献身，有的后来与革命政权分道扬镳，有的一直坚定地追随革命。始终不变的，是卡斯特罗长期处于革命政权的核心领袖地位。

《时代周刊》将卡斯特罗称为古巴革命的心脏和灵魂。艾森豪威尔则说："有一点我们是知道的：菲德尔・卡斯特罗在许多国家的群众心目中是一个英雄。他们把他看作是被践踏的人们的先锋，看作在一半多拉丁美洲国家掌握着财富和政府的特权者的敌人。"[1] 国家情报评估曾称巴蒂斯塔是一位"军事强人"[2]，按照这个思路，菲德尔・卡斯特罗无疑是一位"政治强人"。这既是对卡斯特罗能力的极大肯定，因为他的领袖地位强到国家权力非他莫属，但同时也暗示了一个危机，政权稳定系于一个强人是极其危险的。

因此，中央情报局认为，古巴革命政权的领导核心具有高度不稳定性，卡斯特罗独一无二的领导地位是一个致命弱点，可加以利用，如果除掉了卡斯特罗，革命政权会随之覆灭。1959 年夏，中央情报局便开始商讨如何从肉体上消灭卡斯特罗，因为中央情报局坚信"卡斯特罗的消失将大大加速现政府的垮台"[3]。

SNIE 80/1-59 是第一份对革命政权领导层稳定程度进行评估的国家情报评估文件："除非菲德尔・卡斯特罗被暗杀（be assassinated），否则在整个 1960 年他至少有一半的机会继续掌权……如果卡斯特罗被除

[1] 资中筠主编：《战后美国外交史——从杜鲁门到里根》（上册），世界知识出版社 1994 年版，第 339 页。

[2] NIE 80-54: The Caribbean Republics, 24 August, 1954.

[3] Trumbull Higgins, *The Perfect Failure: Kennedy, Eisenhower, and the CIA at the Bay of Pigs* (New York: Norton, 1987), p. 46; Aleksandr Fursenko & Timothy Naftali, *Khrushchev's Cold War: The Inside Story of an American Adversary* (New York: Norton, 2006), p.300.

掉（be eliminated)，劳尔·卡斯特罗和切·格瓦拉都有可能掌权，这两人即便还不是真正的古巴共产党，至少是坚定的‘亲共’分子。不过，他们不太可能保持长期统治，古巴将几乎肯定会经历一段时期剧烈的政治动荡和恐怖主义。”[1] 几乎就在同时，秘密行动处处长比斯尔给艾伦·杜勒斯提交了一份备忘录，建议“彻底考虑除掉卡斯特罗”。杜勒斯画掉了“除掉”这个带有杀气的字眼，将其改为“撤除”，并下达执行令。[2]

这一指导思想在之后的《国家情报评估》中也得到了充分的体现，评估尽量避免使用“暗杀”“除掉”之类敏感的字词，而是用一些相对中性的表达取而代之。SNIE 85-60 认为，一旦菲德尔·卡斯特罗“死亡(die)”，劳尔·卡斯特罗和切·格瓦拉将获得更多的机会来完善他们的组织，影响政府的政策。但是，“相比菲德尔·卡斯特罗现在所拥有的群众支持,他们二人难以望其项背”[3]。NIE 85-2-60 再次就此问题进行了分析，其观点和结论与 SNIE 80/1-59 基本相似。该评估认为，如果菲德尔·卡斯特罗“离场（depart the scene)”，古巴在短时间内就可能会出现危机。评估称，自马埃斯特腊山区的游击时期以来，劳尔·卡斯特罗一直被菲德尔·卡斯特罗指定为继任人，他和切·格瓦拉已成为菲德尔·卡斯特罗的左膀右臂。如果菲德尔·卡斯特罗出现意外，他们二人一定会努力继续其未竟的事业，但反对派势力很可能会利用这样的局势谋求权力。因此，古巴“多半”将可能会陷入大规模骚乱与流血冲突中。[4]

与国家情报评估相关结论形成映照的，是中央情报局多次试图对菲

[1] SNIE 80/1-59: The Situation in the Caribbean through 1960, 29 December, 1959.

[2]〔美〕蒂姆·韦纳：《中央情报局罪与罚》（杜默译），海天出版社 2009 年版，第 165 页。

[3] SNIE 85-60: Communist Influence in Cuba, 22 March, 1960.

[4] SNIE 85-2-60: The Situation in Cuba, 14 June, 1960.

德尔·卡斯特罗实施的暗杀阴谋。美国参议院研究政府情报活动委员会[1] 1975 年公布的一份报告披露："我们发现，有明确证据可以证明，从 1960 年到 1965 年中央情报局至少牵涉 8 起针对菲德尔·卡斯特罗的暗杀活动。尽管其中有几次暗杀阴谋只是处于筹划和准备阶段，但有一次吸收了黑帮分子参与，有两次已把毒药运到了古巴，并派出了执行任务的行动小组。还有一次是向古巴的一个持不同政见者提供武器和其他暗杀工具，其中有远程步枪、毒药、有毒圆珠笔、能致命的细菌药粉和其他一些难以想象的工具。"[2]

不过，国家情报评估对革命政权领导核心评估的结论并不是一成不变的，这种变化在 SNIE 85-61 中就有明显体现。该评估认为，在卡斯特罗政权发展的早期阶段，菲德尔·卡斯特罗的个人威望和知名度是不可替代的，在这一点上，军方领导人劳尔·卡斯特罗、指挥工业发展的切·格瓦拉和负责土地改革的努涅斯·希梅尼斯，即使作为他的最得力副手也无法望其项背。不过，时至 1961 年，革命已经"制度化"，该政权已牢牢地控制着古巴。因此，如果卡斯特罗"死亡（die)"，无论是死于暗杀还是自然死亡，将会引发古巴混乱不定的局面，但对该政权而言"基本不会是致命的"，其他在世的主要领导人会团结在一起共同应对危局。[3]

SNIE 85-61 观点的变化是双重因素作用的结果：一方面，卡斯特罗政权在古巴立足已稳，正如该评估所说，暗杀行动不会给革命政权带来致命

[1] 参议院研究政府情报活动委员会成立于 1975 年，其宗旨是对中央情报局、国家安全局、联邦调查局等美国政府和军方的情报机构的行为进行监督。参议员弗兰克·丘奇是该组织的发起者和主席，因此该委员会亦称"丘奇委员会"。丘奇委员会在 1975 至 1976 年运转，先后共公布了 14 份报告，将美国情报机构的许多内幕曝光在公众视野中。

[2] Alleged Assassination Plots Involving Foreign Leaders, November 20, 1975, http://www.aarclibrary.org/publib/church/reports/ir/pdf/ChurchIR_3B_Cuba.pdf.

[3] SNIE 85-61: The Situation and Prospects in Cuba, 28 November, 1961.

打击，这一结论在可预见的未来不会发生变化；另一方面，猪湾事件后中央情报局对暗杀卡斯特罗的行动更加谨慎和低调。1962 年，中央情报局的一份内部文件中有这样的记载："将（暗杀问题）这类评论以书面形式记录在文件中是不允许的，也是愚蠢的。……建议中央情报局对于这个话题不做任何书面记录，也不在任何公开会议上讨论这个话题。"[1]

有关清除卡斯特罗的讨论自此从公开会议的记录中删除了，但是从来都没有从会议桌上消失。中央情报局依然不遗余力地尝试各种暗杀计划。由于卡斯特罗是享有国际声望的领导人，中央情报局担心一旦暗杀成功，美国政府特别是中央情报局就会受到强烈谴责。出于这种原因，中央情报局希望做得巧妙一些。如果想在古巴国内除掉卡斯特罗，就得让人觉得卡斯特罗不是死于暴力，而是死于疾病或其他原因。不过，中央情报局的这些阴谋或是事先被古巴情报部门获悉，或是因为种种阴差阳错的原因，统统失败了。国家情报评估虽然发现了古巴革命政权的"死穴"，行动部门却没能够抓住机会，随着时间的推移，企图通过暗杀卡斯特罗来达到颠覆革命政权的手段也日渐失去了意义。

三、经济治理的效率成本

经济治理是政府、社会组织和公民个人等社会主体，通过一定形式的组织和制度安排，共同处理公共经济事务的过程。[2] 作为治国理政的重要内容，卡斯特罗政权经济治理的效率与水平高低，对于古巴的社会安定、

[1] 〔美〕理查德·里夫斯：《肯尼迪——权力日记》（贾文浩等译），商务印书馆 2015 年版，第 351 页。

[2] 朱尔茜：《经济治理的理论内涵及实施路径》，载《海南大学学报》（人文社会科学版）2016 年第 2 期，第 68 页。

经济发展具有重大意义。国家情报评估主要从经济管理能力、经济改革效应和经济应变能力三个方面考察革命政权经济治理的效率与成本。

（一）经济管理能力的评估

革命政权不是建立在一穷二白的基础上的，恰恰相反，1959 年初的古巴在拉丁美洲算得上是相当富裕的国家，人均收入高居第二位，仅次于以石油收益为主要收入的委内瑞拉。从其他的一系列社会经济指标来看，如城市化、识字率、婴儿死亡率、平均寿命等，古巴是当时的拉丁美洲五强之一。[1] 巴蒂斯塔政权倒台后，卡斯特罗宣布成立以马努埃尔·乌鲁蒂亚为总统、米罗·卡多纳为总理的新政府，首届内阁成员中既有“七·二六运动”的成员，也有温和派人士。

然而，外界普遍不看好新政府治理国家经济生活的能力，其原因有两点。首先，革命政权缺乏治理经济最基本的经验，这是最直接的原因。为彻底肃清巴蒂斯塔势力的残余影响，新政府首先对原来的国家职能部门进行了大规模的清理，开除了政府中的巴蒂斯塔分子，并授权司法机构对这些人进行审判，有 400 多人被处决。[2] 由于前任政府机构彻底崩溃，接管政府的一方需要数量众多、训练有素的管理人才补充进来，这无论是对卡斯特罗本人还是对其追随者都是一项严峻的考验。其次，古巴人民对革命政权许诺的社会经济改革期望值很高，而古巴的经济结构畸形单一，受外国资本控制程度深，其难度可想而知。长期以来，古巴是一个依赖美国垄断组织和保留了浓厚封建残余的农业国。古巴的经济基础是糖业、烟草工业、畜牧业和咖啡业等产业组成的农业生产，其中糖产量居第一位，占古

[1] Marifeli Perez- Stable, *The Cuban Revolution: Origins, Course, and Legacy* (Oxford: Oxford University Press, 1993), p. 5.

[2] 〔意〕安格鲁·特兰托：《卡斯特罗与古巴》（杨晓霞译），生活·读书·新知三联书店 2006 年版，第 30 页。

巴出口总额的 80% 以上，绝大多数销往美国。在这种情况下，如何实现起义时期所承诺的公平分配土地、教育、医疗、住房等生产生活资源，新政府任重道远。

卡斯特罗政府在经济管理方面的“先天不足”，在国家情报评估的多份报告中都有所体现。例如，SNIE 80-59 分析认为，卡斯特罗政府在经济管理方面最大的缺陷是政府部门缺乏管理经验，有些经济改革措施虽然从长期来看具有积极效应，但由于新政府的管理方式欠妥，“给已经饱受长期内战之苦的经济造成了新的压力”。[1] 又如，SNIE 80/1-59 认为“卡斯特罗本人冲动任性，对批评意见非常敏感，经常失职，行事极难预测，甚至有时是非理性的”，这导致政府决策容易走向极端，会“经常不定地、随意地甚至无情地”对经济进行干预。

此外，新政府为了改善下层阶级的生活，实施了严厉措施削弱富裕和中产阶级的地位，逐渐导致以企业家和技术专家为代表的古巴传统精英阶层对卡斯特罗政府的经济改革产生了反感，很多人选择离开古巴。[2] 这一事实更加重了国家情报评估对古巴革命政权经济管理能力的质疑：“因为经验丰富的温和派官员离职，年轻气盛且缺乏经验的激进分子接替了他们的工作，（古巴政府）执行机构的总体工作能力正在急速下降。”[3]

实事求是地看，国家情报评估所说的问题的确存在，古巴的工业化计划就是一个典型的例证。为了改变古巴的经济结构，在格瓦拉的倡导下，

---

[1] SNIE 80-59: The Situation in the Caribbean through 1959, 30 June, 1959.

[2] 据估计，在 1959 至 1962 年导弹危机之前，大约有 248070 名古巴人移民到美国，占古巴全国总人口的 4.17% 左右。这些移民大部分属于古巴社会的中上层人士，95% 以上都是接受过良好教育的白人。特别是其中的前政府官员、企业家、商人还给美国带来了巨额财富，因此他们被美国社会誉为“黄金移民”。参见钱皓：《美国西裔移民研究——古巴、墨西哥移民历程及双重认同》，中国社会科学出版社 2002 年版，第 49 页。

[3] SNIE 80/1-59: The Situation in the Caribbean through 1960, 29 December, 1959.

古巴曾制定了一个雄心勃勃的工业化规划，力图在短时间内建立起门类齐全的工业化体系。而事实上，在管理者和技术专家持续离开的情况下，将古巴这样一个经济结构单一的传统农业国家转变为一个先进的工业经济体，“就算不是以世纪来算的话，那也至少需要几十年的时间”[1]。工业化的计划被付诸实践，但最终因为与古巴国情严重不符而归于失败，并使古巴经济付出了代价。[2]

尽管存在上述诸多不足之处，但国家情报评估总的观点是，古巴革命政权的经济管理能力还算是差强人意。SNIE 80/1-59 称："卡斯特罗政权并未如期所料地在国际收支和预算方面发生危机……国民收入不会有大幅降低。鉴于政府的收入再分配政策，绝大多数居民的生活水平可能不会下降，甚至可能会提高。”因此，该评估的结论是："本评估期内古巴的经济状况应该不会危急到产生严重政治后果的地步。尽管卡斯特罗政府极力增加对经济的国家管控已导致国内经济摩擦，但至少在本评估期内该政府应该能够维持经济运转。”[3]

（二）经济改革效应的评估

经济领域的变革是古巴革命政府实现各项目标的决定性一环。1959年的最初几个月里，政府通过推行税制改革，兴建廉价住房、学校和医疗所，来改善人民的生活条件。5月13日，古巴政府宣布对美国国际电报电话公司的子公司古巴电报公司实行国有化，这一举措正式拉开了古巴政

[1] Dudley Seers, ed. *Cuba: The Economic and Social Revolution* (Chapel Hill, N.C.: University of North Carolina Press, 1964), p. 49.

[2] 20世纪60年代初，古巴曾大规模减少蔗糖产业，将甘蔗田用于炼油、炼钢、发电、水泥等重工业建设，并从苏联和东欧进口了大量生产设备。而随着工业化计划的夭折，大部分投入最终都付诸流水。

[3] SNIE 80/1-59: The Situation in the Caribbean through 1960, 29 December, 1959.

府经济改革的序幕。5 月 17 日，古巴又颁布了《土地改革法》。古巴经济以农业为主，土地改革实施得力与否将直接对经济稳定和发展产生重要影响与长远效应。因此，土地改革成为古巴经济改革的重头戏。

土地改革自然受到了国家情报评估的特别重视。6 月发布的 SNIE 80-59 指出："卡斯特罗最重视的就是土地改革……（土地改革）旨在分割土地所有权，最终结束外国人占有古巴土地的局面。这项法令被公认为出自支持卡斯特罗的激进和极端分子之手。"[1] 同样是在 6 月，美国国务卿照会古巴政府，称如果美国地产所有者得不到适当的赔偿，美国将进行报复，包括削减从古巴购糖的定额，禁止美国人对古巴的私人投资等。[2] 而古巴政府对此的态度是，有权采取自己认为最恰当的措施来促进古巴经济的发展和社会进步，绝不接受任何有损国家主权和荣誉的建议。[3] 如此一来，美古两国就赔偿问题难以达成一致。8 月 10 日，美国政府宣布减少古巴蔗糖对美的出口份额。当时，美国是古巴蔗糖的主要出口国，这无疑是对卡斯特罗政权的一个极大威胁。土地改革成为美国与古巴严重分歧的起源，引发了自卡斯特罗执政后美国对古巴新政权的所有不满和猜疑，美国开始有意识地使用经济手段对古巴的经济改革施加压力，进行报复。

在这样的背景下，国家情报评估着重从两方面对古巴土地改革进行了跟踪。一方面，评估对负责土地改革的核心部门——土地改革全国委员会（Instituto Nacional de Reforma Agrícola）的人事任免和职能活动进行了持续性介绍和分析。SNIE 80/1-59 认为，土地改革全国委员会具有"宽泛的权力对经济实施干预"；SNIE 85-60 将该委员会比作古巴的"国中国"，因

[1] SNIE 80-59: The Situation in the Caribbean through 1959, 30 June, 1959.

[2] Morris Morley, *Imperial State and Revolution: The United States and Cuba, 1952-1986* (Cambridge: Cambridge University Press, 1988), p. 83.

[3] 〔英〕巴勒克拉夫：《国际事务概览（1959—1960）》（曾稣黎译），上海译文出版社 1986 年版，第 475 页。

为其权力遍及农业、工业和商业等多个领域；NIE 85-2-60 则更为详细地指出，土地改革全国委员会是新政府的重要机构，其中心职能不仅是征收和再分配土地，能够影响古巴 600 万不同层次的农民，而且扩大到控制大部分农业以及相当一部分工业、贸易及投资；SNIE 85-3-60 认为，土地改革国家委员会已成为卡斯特罗政府中央集权的重要手段，控制着大部分农业用地、国有农场、人民商店和许多企业；NIE 85-62 指出，古巴已听取苏联的建议，建立了工业部、对外贸易部和国内贸易部三个新部门，这些新成立的部门接管了土地改革全国委员会的部分职能，旨在使国家的经济活动趋向合理化，并对已收归国有的城市工商企业进行有序管理。可以说，国家情报评估对土地改革全国委员会的定位和总结基本是客观和及时的。

另一方面，国家情报评估对古巴土地改革产生的社会效应进行了详细论述。NIE 85-2-60 认为，为了改善受到土地改革冲击的那部分农民的生活质量，土地改革全国委员会把大量资金投入到房屋、学校、道路以及合作社的其他公共设施的建设中。虽然政府并未完全兑现当初对农民许下的承诺，但“合作社中农民的精神状况总体上是很好的”，对政府经济规划的不满主要集中在庄园主阶层。然而，时隔仅半年，国家情报评估在这一点上的观点有所变化。SNIE 85-3-60 称，部分农民因为执政当局未能如曾经承诺的那样重新分配土地所有权而产生了不满情绪。这样的倾向在 NIE 85-62 中体现得更为明显。1962 年 3 月发布的《国家情报评估》认为，“被夸大了的土地改革对于改善农民生活收效甚微”。该评估指出，古巴以蔗糖种植业为生的 20 万个体农户曾被划入政权的积极支持者的行列，而现在对新政府的敌视却不断加深。主要原因在于，他们过去赖以生存的大型蔗糖公司被土地改革全国委员会国有化收购，失去了信贷、供给和市场的渠道，导致其陷入成本升高和收入下降的困境中。评估还认为，合作社的 15 万成员也对其收入有所降低表示不满。根据土地改革曾作出的承诺，他们本可以成为个体农户，如今这一愿望却未能实现。根据该评估，农村人口中对卡斯特罗政权心存感激的仅是 10.5 万在国有农场工作的工人。他们过去只是季节性地在甘蔗田里劳动，其他的大多数时间里处于失业状态。尽管承诺给他们的好处并没有变成现实，但他们如今感到地位有所提高，有了全年的工作，食宿都有了改善的希望。[1]

从历史的角度来看，国家情报评估对古巴土地改革的评估正误参半：基本如实地反映了土地改革的实施过程，但对土地改革的负面影响有所放大。土地改革前，占古巴全国农业单位 89.01% 的个体农户仅占有全国 24.07% 的土地，而土地改革后，个体农户共占有的土地达到 52.78%，土地占有基本呈现均衡合理的状况。无地和少地的农民都分到了土地，土地改革中受益的中小农户占大部分，得到了土地的农民生产积极性大大提高，加上政府的帮助，农业产量连续几年呈上升趋势。[2] 国家情报评估在这一点上偏离事实的主要原因在于，意识形态的差异使其始终戴着“有色眼镜”看待土地改革。

同样的偏见在对古巴城市经济改造的评价中也有反映。例如，SNIE 85-3-60 认为，随着工资降低和消费品短缺，城镇劳动力的不满情绪正在增加，古巴国内普遍对卡斯特罗经济管理不善、改革过于激进而心生不满情绪。又如，NIE 85-62 称，古巴国内出现了大规模的工人离岗和怠工浪潮，人们已经厌倦了生活中“无处不在的贫困、勒索和统一管理”。

事后来看，无论是农村土地改革还是城市经济改造，基本都如期完成了既定目标，古巴国内并没有出现大规模的抵制活动。

---

[1] NIE 85-62: The Situation and Prospects in Cuba, 21 March, 1962.

[2] 冯秀文：《古巴的土地改革及其历史意义》，载《世界历史》2000 年第 5 期，第 42—45 页。

（三）经济应变能力的评估

在古巴革命政权建立之前，美国 NIE 85-57、SNIE 85-58 和 SNIE 85/1-58 三份国家情报评估系列的报告，均先后指出“古巴目前经济繁荣”。不过，必须看到这种繁荣其实是畸形的：长期对外国资本与市场的依赖必然导致国内民族经济的萎缩和其他方面不得不做出牺牲本国利益的让步。古巴岛的重要经济集团为了维持其繁荣，更加依赖与美国市场的密切联系，更加依赖美国国务院与国会所给的优厚待遇。[1]

卡斯特罗政权成立之初，美国政府如同往常一样，希望继续利用古巴对美国的经济依附，挥动经济杠杆控制百废待兴的革命政权。美国国务院在 1959 年春天曾暗示有意给予古巴经济援助，并期望对卡斯特罗的一揽子援助计划会影响古巴政府的政治方向和卡斯特罗对外国投资的态度。[2] 4 月，卡斯特罗访美前夕向华盛顿递送了一份备忘录，开列了在经济领域准备谈判的一些项目。不过，出乎美国意料的是，卡斯特罗访美期间并没有向美国做出“乞讨”的姿态，甚至谢绝了助理国务卿鲁博特姆提出的帮助古巴进行经济建设的计划。卡斯特罗的想法是既要得到美国的援助，又不想损害他奉行的独立外交政策，而这完全有悖于美国对古巴经济援助的初衷和目的。也就是说，只要卡斯特罗坚持独立自主的原则，美国就不会对古巴提供经济援助。因此，这次访问没有给古巴带来经济发展所急需的大量贷款，没有为古美关系的改善提供转机，反而成为两国关系开始走下坡路的历史拐点。

---

[1]　Jules R. Benjamin, *The United States and Origins of the Cuban Revolution* (New Jersey: Princeton University Press, 1992), p. 109.

[2]　Richard. E. Welch, *Response to Revolution: The United States and the Cuban Revolution, 1959-1961* (Chapel Hill, North Carolina: University of North Carolina Press, 1985), p. 35.

在卡斯特罗访美前后，总理卡多纳、总统乌鲁蒂亚和多名温和派内阁成员先后辞职或被解职，左翼人士取而代之，权力更加集中在卡斯特罗手中。10 月，切·格瓦拉被任命为国家银行行长，主管古巴的经济建设，他的激进立场造成了公众对政府财政政策普遍缺乏信心，商界以限制信贷和减少投资的方式作为回应。中央情报局估计，储户从古巴全国的银行中至少提取了 5000 万美元的存款。[1]

尽管如此，国家情报评估的观点是，卡斯特罗政府虽然欠缺管理经验，但中短期内古巴的经济是不太可能从内部出现崩溃的。如此一来，美国决策者们更加坚信，在古巴国内反对派势力薄弱的情况下，"要异化内部支持，唯一可以预见的手段就是通过经济困难制造不满情绪"[2]。经济封锁正是煽动这种不满情绪，从而诱发卡斯特罗政权倒台的有效途径。1960 年 5 月，鲁博特姆在给代理国务卿赫脱的一份备忘录中指出，美国应当恰如其分地施加经济压力，使卡斯特罗的国内和国际政策干扰古巴的经济发展，这样可在古巴制造更多的不满情绪，并向古巴人民揭露卡斯特罗治理国家的失职表现。[3] 就像《纽约时报》记者赫伯特·马修斯所说的那样："美国估计古巴在被封锁的情况下损失惨重，以致卡斯特罗政权会受到致命削弱。"[4]

蔗糖是古巴主要的经济支柱，而美国是古巴最大的蔗糖消费者。古巴

---

[1] SNIE 80/1-59: The Situation in the Caribbean through 1960, 29 December, 1959.

[2] Memorandum from the Deputy Assistant Secretary of State For Inter-American Affairs (Malloy) to the Assistant Secretary of State for Inter-American Affairs (Rubottom), Doc. 499, *FRUS, 1958-1960, Cuba, Volume VI*, p. 885.

[3] Memorandum from the Assistant Secretary of State for Inter-American Affairs(Rubottom) to the Acting Secretary of State, Doc. 517, *FRUS, 1958-1960, Cuba, Volume VI*, p. 912.

[4] Donna Rich Kaplowitz, *Anatomy of a Failed Embargo: U.S. Sanctions Against Cuba* (Boulder, Colorado: Lynne Rienner Publishers, 1998), p. 5.

革命前，古巴最大的蔗糖生产厂和加工厂都归美国所有。因此，美国对古巴进口蔗糖的配额成为美古经济关系的一个晴雨表。作为对古巴土地改革的报复，美国于 1959 年 8 月宣布削减从古巴进口蔗糖的配额。次年 6 月，众议院通过议案，授权总统根据国家利益需要来决定进口古巴蔗糖的配额。7 月初，艾森豪威尔发布行政命令，宣布取消当年要从古巴进口蔗糖 70 万吨的剩余定额，并正式宣布对古巴进行经济制裁。另外，古巴 90% 以上的工厂、运输系统使用的都是美国提供的机器设备和零部件，几乎 100% 的石油工业都被美国公司垄断，鉴于这些事实，美国同时还在工业制造的原料和设备等问题上向古巴施压。1960 年 10 月，美国宣布对古巴实行海上封锁的禁运政策，全面禁止对古巴出口技术资料和商品、药品、医疗器械除外的一切商品。

当年 12 月，国家情报评估对受到美国制裁的古巴经济作出了评价，认为“古巴经济整体形势继续恶化，但还不至于到达危害卡斯特罗政权稳定性的地步”[1]。1961 年，美国对古巴禁运的严厉态度不但没有缓和，反而还阻止其盟友国家向古巴提供贷款，以此削减贸易。随着时间的推移，经济制裁对古巴经济的影响更加突出地显露出来，发布于 1962 年 3 月的 NIE 85-62 指出，“古巴现在面临着经济危机”，评估认为这场危机很大程度上是因为禁运重创了古巴经济，卡斯特罗政府严重缺乏进口所需的现汇，而且古巴工业和运输系统 90% 都依靠从美国进口机器、设备和零件来运转，禁运后美国制造的机械设备零件也难以更换。

不过，国家情报评估对经济制裁所能达到的最终效果并不持乐观态度，这主要是因为美国情报界对于苏联对古巴经济援助决心的预测。SNIE 85-3-60 预计，古巴可能会出现经济混乱，但“共产主义阵营几乎

---

[1] SNIE 85-3-60: Prospects for the Castro Regime, 8 December, 1960.

肯定会采取一切必要步骤以维持古巴经济”，不会导致卡斯特罗政权的崩溃或显著减弱。SNIE 85-61 认为，“鉴于苏联阵营援助的力度，经济不会恶化至卡斯特罗倒台或他被迫对政策做出根本性变化的地步”。NIE 85-62 指出，苏联阵营为古巴的糖和矿产提供了一个“可靠的市场”，并以提供食品、其他消费品和工业原料作为交换，还延长了古巴工业发展的信贷。

另外，国家情报评估还意识到美国对古巴经济制裁的负面效果：禁运政策部分程度上掩盖了卡斯特罗政府经济管理方面的能力不足，使其有充分的理由“将当前所有的不足归咎于美帝国主义的险恶用心”。[1] NIE 85-62 预计，在随之而来的贫困生活中，古巴人民可能会变得更加难以控制。“这在很大程度上将取决于民怨是被古巴当局成功地转嫁给美国，还是聚集在古巴当局自己身上。”[2]

虽然国家情报评估已经恰如其分地预见美国可以阻止古巴与西方国家的贸易，却无法阻止苏联的经济援助填补美国制裁对古巴造成的损失，不过，美国对古的经济封锁已没有回头路：一是从战略角度看，美国必须对古巴施以“颜色”，这也可对其他拉美国家起到以儆效尤的作用；二是即便美国缓和对古的经济政策，也难修复两国关系，更无力制止古苏关系的发展。从 1960 年中期开始，美国对古巴的经济政策越发严厉，而古巴也以将美国在古公司收为国有作为回应。在这场螺旋式对抗中，美国成功地执行了既定政策，但这并不意味着成功地实现了政策目标。经济制裁没有拖垮古巴的发展，反而成为古巴对美国经济入侵指控的有力证据，促使古巴与苏联等社会主义国家的经济合作更加密切。

---

[1] NIE 85-62: The Situation and Prospects in Cuba, 21 March, 1962.

[2] Ibid.

四、古巴军队的军事实力

美国对古巴在经济和外交方面的制裁非但没有达到预期目的，反而促使古巴加强了与苏联的合作，并采取激烈措施连根铲除了美国在古巴的经济利益，这使得情报部门和军方更加积极地筹备借助武力手段推翻卡斯特罗的计划。然而，猪湾事件之后，美国意识到，古巴不是第二个危地马拉，除了危地马拉革命政权在人民中的威望始终没有达到卡斯特罗这种程度之外，古巴军队的装备、训练和忠诚度也远非阿本斯政府的军队所能及。在这次事件中，被认为基本没有战斗能力的古巴空军利用改装过的T–33 训练机击落了两架来袭的 B–26 轰炸机，美国这才发现，对古巴军事安全力量的了解实在是太少了，而且还存在一定的认识偏差。

1961 年之前，国家情报评估涉及古巴军事实力的部分是较为简略的。SNIE 80-59 称，卡斯特罗政权解散了前政府的军队，处决或关押许多职业军官，目前的军队大规模吸收“七・二六运动”成员。因此，“新的陆军应该是忠于卡斯特罗的，不过这一军事机构缺乏有效的组织。空军正在进行清洗，海军失去了许多有经验的高水平军官。这两个军种对政权的忠诚度值得怀疑，而且他们的战斗力已经大大减少”[1]。SNIE 80/1-59 和 NIE 85-2-60 基本延续了相似的观点。就在猪湾事件之前 4 个月发布的 SNIE 85-3-60 也认为，古巴军队连续受到清洗，大量陆海军部队奉命从事建筑和其他公共工程，“常规武装力量破坏严重，空军的战斗力几乎是零，海军薄弱，陆军战斗力低”[2]。事实上，猪湾事件中的古巴军队并没有如此不堪一击，对登陆的流亡武装军队进行了有力的还击，使其折戟滩头。

---

[1] SNIE 80-59: The Situation in the Caribbean through 1959, 30 June, 1959.

[2] SNIE 85-3-60: Prospects for the Castro Regime, 8 December, 1960.

猪湾事件后，美国政府官员、国会议员、新闻媒体等大肆喧嚷继续对古巴奉行强硬政策，敦促肯尼迪采取果敢行动。肯尼迪兄弟对推翻古巴政府也已经到了痴迷的程度，急于想改写失败的记录。整个国家都掀起了一股反对古巴的高潮。[1] 国防部长罗伯特·麦克纳马拉和中央情报局负责行动的副局长理查德·赫尔姆斯后来都承认，在猪湾入侵失败后，肯尼迪不断施加压力，想尽快使卡斯特罗领导的古巴政府垮台，“各种疯狂的计划正是在紧张的压力下制订出来的”[2]。1961 年 5 月 19 日，中央情报局向国家安全委员会提交了一份新的《反对卡斯特罗政权的秘密行动纲领》。这一行动的目的是充分利用卡斯特罗政权在经济、政治和心理上的弱点，实施并维持对古巴的隐蔽行动。这一次，中央情报局对隐蔽行动的期望相对务实得多，并不期望计划的成功实施可以推翻卡斯特罗政府，而是把它当成国家整体计划的一部分，用以加速卡斯特罗政府的瓦解。[3] 这份报告确定了日后美国对古巴隐蔽行动的基本蓝图，当年 11 月 3 日，肯尼迪授权中央情报局开展一场新的旨在推翻卡斯特罗政权的行动，代号“猫鼬行动”。

与“冥王星计划”不同的是，根据“猫鼬行动”计划，要想根本解决古巴问题，需要美国进行公开的军事干预。“猫鼬行动”只不过是为美军的干预进行前期准备，创造必要的先决条件。一位负责行动实施的中央情报局官员称，“猫鼬行动”应该“最大限度地使用中央情报局和军方的资源”来挑起古巴内部的骚乱，或诱使古巴对美国人的生命财产进行挑衅，

[1] 赵学功：《十月风云：古巴导弹危机研究》，天津人民出版社 2009 年版，第 55—56 页。

[2] John Ranelagh, *The Agency: The Rise and Decline of the CIA* (New York: Simon and Shuster, 1986), p. 386.

[3] Paper Prepared in the Central Intelligence Agency, Doc. 223, *FRUS, 1961-1963, Volume X, Cuba, January 1961- September 1962,* pp. 554-558.

从而为美国的全面军事干预提供“正当理由”，否则“猫鼬行动”就没有什么意义。为此，美国军方还制订出与“猫鼬行动”相辅相成的应急作战计划。[1] 在这一事件背景下，搜集有关古巴军队的实力和动向的情报并作出有效评估的重要性就更加凸显。美国决策层也意识到这个问题，在国家安全委员会的一次会议上，肯尼迪强调应当注意情报搜集工作，特别是有关古巴军队的情况。[2]

由此，国家情报评估开始认真地对古巴的军事武装力量进行详细的描述和分析。SNIE 85-61 较为全面地介绍了古巴军队的编制和陆海空三军近期进行的指挥体制调整，包括古巴正规军、预备役和地方军的兵力人数、基本职能和战斗能力。NIE 85-62 分析了古巴负责国内安全和情报的相关机构，称其为“强大的监视和控制系统”，并特别关注了古巴军队的重组以及接受苏联武器和训练的情况。NIE 85-2-62 认为，通过苏联提供的武器装备和训练，以及军队全面重组，古巴军队镇压叛乱或击退入侵的能力都有了“很大的加强”。古巴军队不仅在忠诚度上“基本是可靠的”，而且在战斗力上有了相当的提升，“完全能够威慑普通民众，能够镇压任何在现在的环境中可能爆发的普通起义。他们应该能够控制任何威胁政权的游击活动，能够击退任何没有美国直接军事干预的入侵活动”。[3]

与此相呼应的是，美国对古巴的心理威胁、情报搜集、破坏活动等全面展开，旨在削弱古巴政府的控制能力。自 1961 年起，卡斯特罗就感受到持续不断的外部力量的威胁。古巴在猪湾的胜利并没有结束流亡者和美国要颠覆古巴革命的各类隐蔽行动，美国支持的反政府人员在埃斯坎布雷

[1] 赵学功：《肯尼迪政府对古巴的应急作战计划》，载《历史研究》2013 年第 2 期，第 100 页。

[2] Notes of the 483d Meeting of the National Security Council, Doc. 204, *FRUS, 1961-1963, Volume X, Cuba, January 1961- September 1962,* p. 480.

[3] NIE 85-2-62: The Situation and Prospects in Cuba, 1 August, 1962.

山区死灰复燃。最关键的是，肯尼迪的强硬态度和美国国内政治的渲染使卡斯特罗感到，美国当局正在准备比猪湾事件规模更大的入侵活动。虽然古巴的武装力量能够抵挡住美国空军小规模的空袭和一群流亡分子的入侵，但是与美国大规模的正规军相抗衡无异于以卵击石。虽然美国政府在事后多年承认，当时并无意赞助流亡者或组织美国军队进行一次新的入侵[1]，但是古巴在做防御计划的时候，必须将这种可能性考虑进去。卡斯特罗感到，古巴的革命政权正处在危险之中，它随时可能被摧毁颠覆，古巴革命随时会被扼杀。这使卡斯特罗政权的生存空间受到了严重挤压，面临这种非此即彼的选择，古巴加速了投靠苏联的步伐，为之后导弹危机的爆发埋下了伏笔。

第三节　古巴革命政权生存能力评估的外部指标

一个国家的生存与发展除了自身的实力以外，与其他国家关系的好与坏往往也具有重要的影响。卡斯特罗领导的古巴革命政权是西半球唯一的社会主义国家。因此，对于该政权拓展对外关系的动态，国家情报评估最为关注的有两个方向：一是卡斯特罗政权与其他拉美国家关系的发展趋

[1] 1989 年 1 月，在莫斯科举行的关于加勒比海危机的讨论会上，时任美国国防部长麦克纳马拉郑重地声明，1962 年，美国当局和约翰·肯尼迪从来没有制订过进攻古巴的计划。后来，他在《回顾越战的悲剧与教训》一书中又一次说："1962 年苏联导弹被运进古巴之前，苏联和古巴相信美国企图入侵这个岛国，以便推翻卡斯特罗，颠覆他的政府，而当时我们并没有此种打算。"参见〔美〕罗伯特·麦克纳马拉：《回顾越战的悲剧与教训》（陈丕西译），作家出版社 1996 年版，第 348—349 页；杨存堂：《美苏冷战的一次极限》，广西师范大学出版社 2002 年版，第 10—11 页。

势；二是以苏联为首的社会主义国家与古巴关系的进展情况。

一、其他拉美国家对古巴的基本态度

古巴革命胜利后，国家情报评估开始关注加勒比乃至整个拉丁美洲地区对这场革命的评价，以及对革命后建立的新政权的态度。一方面，国家情报评估承认，古巴革命对地区格局产生了巨大的影响。引用 SNIE 80-59 的话说，古巴革命旨在成为摧毁整个加勒比地区旧秩序的象征，“极大地激发了整个加勒比地区的革命积极性”[1]。另一方面，国家情报评估预测，大多数拉美国家对卡斯特罗政权不会有什么好感。具体而言，SNIE 80/1-59 认为，当时巴拿马、海地、多米尼加共和国和尼加拉瓜一连串反政府活动的幕后推手，其实就是卡斯特罗政权。虽然这些国家处于独裁统治之下，但执政党和反对党大都害怕古巴式激烈的社会和经济变革，因此，这些国家的各种势力反而会团结起来支持现政府。

随着美古关系交恶，美国试图利用美洲国家组织为其对古巴的干涉披上合法的外衣。也就是说，美国政府认为合适的时候，会亲自出面倡议或者利用其他国家要求召开美洲国家会议，在会议上迫使其他代表接受自己的要求，然后把它说成似乎是美洲大陆各国根据“大陆高度的团结原则”一致通过的决议。借助于拉丁美洲国家自己同意的各种协定、条约等使美国在拉丁美洲的扩张合法化，这是美国外交在西半球的惯用伎俩。

在古巴问题上，美国起初打算运用 1954 年加拉加斯第 10 届美洲国家会议所通过的反共宣言，即《加拉加斯宣言》[2]。然而，当时卡斯特罗在政

[1] SNIE 80-59: The Situation in the Caribbean through 1959, 30 June, 1959.

[2] 该宣言明确规定，如果美洲任何一个国家被国际共产主义运动所统治或控制，将是对西半球的威胁。如发生此类情况，应召开咨询会议以考虑采取合适行动来面对现存的威胁。

治上非常灵活，他总是从拉美的角度来批评美国，而没有采取古巴共产党的方式。连美国情报机关也不认为古巴已经处于共产党的控制或统治之下，中央情报局甚至非常肯定地认定当时的卡斯特罗不是一名共产党人，尤其是卡斯特罗“桀骜不驯和救世主式的个性”[1]，不论对他本人还是对古巴共产党都是一道难以逾越的障碍。中央情报局副局长查尔斯·卡贝尔在参议院作证时曾坚定地说，中央情报局可以证明：“卡斯特罗不是一个共产党人……古巴共产党是否愿意吸纳卡斯特罗入党，以及即使他们愿意，是否可能这样做，或者卡斯特罗如果入了党是否会接受共产党的纪律——这些都有疑问。”[2] 因此，1959 年 8 月在智利圣地亚哥召开的第 5 次美洲国家外长会议上，美国政府公开指责古巴革命引起了加勒比地区的紧张局势，要求美洲国家组织成员主动进行干预的提议受到了委内瑞拉等国的强烈反对，此次会议并没有采取实际的反古巴行动。

可见，美国想要鼓动美洲国家集体制裁古巴，必须切中古巴与其他拉美国家关系的脉搏。如果大多数拉美国家认为，古巴问题只是美古双边关系问题，而不是与众多拉美国家利益有关的多边问题，那么美国企图利用西半球国家集体支持以采取重大反古活动，无疑会遇到相当大的困难。为此，国家情报评估更加注重跟踪古巴与其他拉美国家关系的变化，以便为美国政府在美洲国家组织采取反古行动提供有效的情报保障。

1960 年上半年，古巴与苏联迅速拉近了距离，特别是赫鲁晓夫公开宣布要使用导弹来保卫古巴后，美国乘机借题发挥，宣称古巴问题并非美古双边关系问题，而是西半球安全遭到了来自西半球之外苏联威胁的问题，借此影响拉美国家。国家情报评估适时地跟进了拉美国家对于古巴问

[1] NIE 85-2-60: The Situation in Cuba, 14 June, 1960.

[2] *Communist Threat to the United States through the Caribbean* (Washington D. C.: U.S.GPO, 1960-1963), pp. 162-163.

题的态度。1960 年 6 月发布的 NIE 85-2-60 集中分析了拉美国家对卡斯特罗政权的接受程度。评估认为，“事实上每个拉美政府或多或少都是反对卡斯特罗的，特别是在加勒比和中美洲地区的统治阶层中普遍存在强烈的反卡斯特罗情绪以及对古巴式革命的恐惧”。该评估进一步指出，即使那些没有直接受到卡斯特罗政府革命活动威胁的国家或不愿对古巴国内政策作出评价的国家，也普遍认为卡斯特罗政府对美洲国家组织蔑视的态度以及古巴对不干涉他国内政原则的破坏将对美洲体系造成威胁。评估相信，少数拉美政府认为有充分证据表明古巴共产党已经统治了古巴，可以根据《加拉加斯宣言》采取行动；委内瑞拉和哥伦比亚则会支持有条件地制裁卡斯特罗。[1]

1960 年 8 月，在哥斯达黎加圣何塞召开了第 7 次美洲国家外长会议，会议上美国再次提交了针对古巴的议案。会议主席、哥伦比亚代表图尔瓦伊·阿亚拉发言，表示尊重古巴政府在国内进行改革的合法权利的同时，集中对古苏合作提出了反对和批评。最后，除了危地马拉、尼加拉瓜、巴拉圭等少数国家外，参加这次会议的大多数拉美国家仍认为古巴问题是美古两国之间的问题，美国对古苏关系的指责也没有得到普遍支持。但在美国经济压力和政治压力之下，大会还是通过了谴责古巴的《圣何塞宣言》，这份宣言实际上是“对古巴卡斯特罗政府明确的控告”[2]。

1960 年底，SNIE 85-3-60 就拉美国家对古巴采取对抗行动的可能性再次进行了评估。评估认为，“除非拉美国家发现卡斯特罗或其支持者干涉西半球其他国家的内部事务，否则大多数拉美政府不愿采取行动与之对抗……整个拉美地区将古巴问题视为古巴与美国之间的问题”。此外，该

---

[1] NIE 85-2-60: The Situation in Cuba, 14 June, 1960.

[2] G. Barraclough, *Survey of International Affairs, 1959-1960* (Oxford: Oxford University Press, 1964), p. 449.

评估还称，“拉美以外其他地区强烈反对卡斯特罗的呼声很小”，大多国家都会认为这主要是美国的问题。许多亚洲和非洲的欠发达和中立国家倾向于同情卡斯特罗的反美斗争，还有一些国家可能不希望在古巴问题上与苏联产生冲突。[1] 面对拉美诸国这种主观上排斥、行动上被动的矛盾态度，美国无法寄希望于拉美国家与其站在同一立场积极地向卡斯特罗政权发起行动，但同时，美国政府也相信，如果美国以自己的方式解决了古巴问题，大多数拉美国家会默认这一结果。特别是圣何塞会议后，艾森豪威尔表示，会议虽然没有关于集体行动的正式规定，但并不禁止任何政府“在不得已的时候”采取“单方面的行动”[2]。

猪湾事件之后，国家情报评估再次就拉美国家对古巴的态度进行了评估。NIE 80/90-61 认为，尽管拉美国家一贯对美国干涉感到反感，并普遍认为美国参与了此次入侵活动，但拉美国家基本都保持克制态度，而且不少拉美国家在事后都压制了卡斯特罗的支持者在本国组织大型反美示威和骚乱的企图。重要的是，拉美国家对待古巴问题的态度并没有发生重大转变，“拉美各国政府基本都无一例外地不赞成古巴政府的行事方式……除非亲卡斯特罗分子对某国政府发起直接挑战，否则各国政府一般都不对卡斯特罗发表反对意见……一些拉美国家开始相信美洲国家内部或许最终必须对卡斯特罗有所行动，不过他们试图逃避问题，至少在解决西半球经济问题的明确计划制订出来且美国承诺实质性参与之前，他们不会有所行动”[3]。这样的结论显然助长了美国继续利用美洲国家组织孤立古巴的外交政策。1962 年 1 月，在乌拉圭埃斯特角召开的第 8 次美洲国家外长会议

[1] SNIE 85-3-60: Prospects for the Castro Regime, 8 December, 1960.

[2] Memorandum of a Meeting with the President, White House, Washington, November 29, 1960, 11 a.m., Doc. 613, *FRUS, 1958-1960, Cuba, Volume VI*, p. 1127.

[3] NIE 80/90-61: Latin American Reactions to Developments in and with Respect to Cuba, 18 July, 1961.

上，美国对与会国家施加了更大的压力，最终费尽周折地通过投票表决将古巴排除在美洲国家体系之外。[1]

二、古巴与苏联关系的复苏与发展

古巴与苏联关系的亲近，是与古巴同美国关系的冷却同步发生的。几乎就在美国将推翻卡斯特罗政权作为对古巴政策最终目的的同时，苏联开始重视高度发展与古巴的政治、经济和军事关系，而且向古巴提供了包括大量军事物资在内的各类援助，古巴则以极力支持苏联在国际政治领域的活动作为回报。苏联势力介入古巴立刻触动了美国情报界紧张而敏感的神经，围绕古巴与苏联关系的演进进行了持续性的情报评估工作。

古巴和苏联最初的外交联系，是在二战的特殊环境下建立起来的。早期的两国关系只是处于维持状态，建交之初苏联并未向古巴派遣大使，大使一职由苏联驻美国大使兼任。从苏联政府到其社会，对拉丁美洲的忽视是根深蒂固的。苏联领导人对可能会在加勒比海获得一个社会主义盟友的情况完全没有准备。拉丁美洲各共产党小组与莫斯科之间的大量信息来往在二战期间终结，苏联早已接受了拉丁美洲是美国控制下的西半球的一个组成部分这一事实。

冷战开始后，与当时其他拉丁美洲国家一样，古巴转向了反共的态度。1952 年 3 月初，古巴发生军事政变，巴蒂斯塔建立独裁政权。仅一个月后，由于古巴当局不让两名苏联信使进入古巴给苏联驻古巴的使团

[1] 参加此次会议的共有 21 个国家，通过决议需要三分之二的票数。最终美国和 13 个拉美国家投了支持票，古巴投了反对票，仍然与古巴保持外交关系的 6 个拉美国家投了弃权票，这些国家是墨西哥、厄瓜多尔、玻利维亚、智利、乌拉圭和巴西。

送信，苏联政府决定撤出苏联驻古巴使团并与古巴断交。[1] 鉴于古巴国内强烈的反共氛围，中央情报局并不担忧苏联在古巴的影响，这一点在 NIE 80-57 中有清楚的体现："苏联为了扩大在中美洲和加勒比地区的影响投入了大量赞助，当地共产党与国际共产主义之间的联系可能会增加，不过古巴与苏联阵营之间的正式关系和商业往来恐怕仍是有限的。"

在卡斯特罗领导的反巴蒂斯塔武装起义时期，苏联从古巴共产党得到的情报是：卡斯特罗是大资产阶级的代表，而且是中央情报局的"走狗"，和巴蒂斯塔没什么两样。[2] 苏联不清楚这场革命的性质和发展方向，对其反应是迟缓的，没有采取任何支持行动，更谈不上对革命产生什么影响。用卡斯特罗自己的话说，古巴革命"是古巴人自己进行的，苏联没有给过古巴革命一分钱、一支枪。1959 年 1 月，我一个苏联人都不认识，也不认识苏联领导人"[3]。赫鲁晓夫在其回忆录中写道："当卡斯特罗领导的革命取得胜利并向哈瓦那进军时，我们并不知晓其政权遵循的政治立场，此前我们从未听说过卡斯特罗……我们与古巴新政权没有外交关系。"[4] 因此，古巴革命胜利后，苏联虽然于 1959 年 1 月 10 日承认了古巴共和国临时政府，但对临时政府仍持观察态度。

随着古巴革命形势的不断发展，特别是古巴与美国关系的日益恶化，苏联对古巴革命逐渐有了新的认识。国家情报评估敏锐地捕捉到苏联态度

[1] 蔡同昌、江振鹏：《苏联（俄罗斯）与古巴关系的演进》，载《拉丁美洲研究》2012 年第 5 期，第 36 页。

[2] Sergei N. Khrushchev, "The Cuban Missile Crisis," *International Affairs* (Moscow), Vol. 48, No. 4, 2002, p. 94.

[3] 〔古〕菲德尔·卡斯特罗、〔法〕伊格拉西奥·拉莫内：《卡斯特罗访谈传记：我的一生》（中国社会科学院拉丁美洲研究所组织翻译），中国社会科学出版社 2008 年版，第 257 页。

[4] Nikita S. Khrushchev, Strobe Talbott, *Khrushchev Remembers* (Boston: Little Brown, 1970), pp. 488-489.

的变化，SNIE 80/1-59 指出，苏联最近一段时间开始重视卡斯特罗，而卡斯特罗很可能也会接近苏联以寻求帮助，并预测："1960 年，卡斯特罗将可能恢复古巴与苏联的外交关系。"[1] 事实发展恰如国家情报评估预测的一样，2 月初，米高扬访问古巴，与古巴签订了贸易协定，正式开启了苏古经济协作的时代。3 个月后，苏联与古巴政府发表声明，正式宣布恢复外交关系。

米高扬 1960 年初访问古巴后不久，国家评估办公室就发布了 SNIE 85-60，其主题是"评估古巴共产党目前和未来在卡斯特罗政权及其政策中的控制力或影响力"，其中有相当的篇幅谈到了古苏关系的动向。该评估的一个突出观点就是，卡斯特罗仍是政权的主导因素，该政权会有目的地接近共产主义势力，"但不会接受任何来自外国的领导"。尤其值得指出的是，SNIE 85-60 首次对古巴、美国与苏联之间的三角关系进行了分析和判定，评估称"卡斯特罗与美国斗争得越激烈，就越需要苏联的支持，包括提供军事装备……苏联不会因古巴与美国发生直接军事对抗，或者至少在苏联政策目前状态下不会与美国发生一场重大外交危机，届时苏联将会毫不犹豫地舍弃卡斯特罗政权"[2]。

古苏两国最初的接触是在经济领域，正式复交后两国最密切的合作也首先是在经济方面。NIE 85-2-60 发布于古苏两国复交一个多月之后。该评估预测，苏联将会以多样化的形式加大对古巴经济援助的力度，而且，如果美国政府或私人公司威胁将破坏古巴经济，苏联援助古巴经济的等级和规模可能会继续增加。"随着苏联经济援助计划在接下来几个月中取得效果，苏联在古巴的存在感将会提升。"[3] 因此，古巴与苏联的联系将会加

[1] SNIE 80/1-59: The Situation in the Caribbean through 1960, 29 December, 1959.

[2] SNIE 85-60: Communist Influence in Cuba, 22 March, 1960.

[3] NIE 85-2-60: The Situation in Cuba, 14 June, 1960.

强，社会主义阵营将会承认古巴。1960 年下半年，苏联趁美国对古巴经济制裁之际，迅速与古巴签署了贸易、财政和技术大规模援助的协议，并且购买了美国削减的蔗糖配额，以解古巴的燃眉之急。1960 年底发布的 SNIE 85-3-60 认为，苏联经济援助的效果是明显的，“减少了美国制裁的影响”，其目的是“防止古巴经济在短期内严重恶化，使其在较长时期内具备经济增长的能力”。[1]

同样是在 1960 年下半年，苏联领导人曾多次表示支持古巴革命，谴责美国对古巴的制裁。7 月初，赫鲁晓夫在一次公开集会上称，如果五角大楼的侵略势力胆敢对古巴进行军事干涉，那么，如有必要，“苏联的炮兵可以用他们的火箭支援古巴人民”[2]。7 月底，赫鲁晓夫致电卡斯特罗，再次表示，如果古巴遭受武装入侵，苏联将提供一切必要的援助。[3] 10 月，赫鲁晓夫在接受古巴记者采访时又一次向美国发出核威胁，表示要用核武器保卫古巴。[4]

对于赫鲁晓夫这种咄咄逼人的强势态度，国家情报评估倾向于认为这是苏联方面做出的一种姿态，既是对美国的震慑，也是对古巴的安抚。NIE 85-2-60 认为，如果东西方关系变得更加紧张，苏联领导人可能会加大古巴筹码以使美国难堪，但无论如何，“我们依然相信苏联希望避免冲突，无论是他们发动的还是卡斯特罗引起的，因为这样的冲突可能会给美国和美洲国家组织采取行动反对卡斯特罗提供一个合适的理由”[5]。

---

[1] SNIE 85-3-60: Prospects for the Castro Regime, 8 December, 1960.

[2] Ronald R. Pope, *Soviet Views on the Cuban Missile Crisis: Myth and Reality in Foreign Policy Analysis* (Washington, D.C.: University Press of America, 1982), p. 5.

[3] Herbert S. Dinerstein, *The Making of a Missile Crisis* (Baltimore: The Johns Hopkins University Press, 1976), p. 94.

[4] William Taubman, *Khrushchev: The Man and His Era* (New York: Norton, 2003), p. 533.

[5] NIE 85-2-60: The Situation in Cuba, 14 June, 1960.

SNIE 85-3-60 也持相同的观点，“我们相信，苏联领导人不希望在古巴冒过多风险。鉴于古巴远离苏联阵营的权力中心且美国在古巴局势上具有极度敏感性，苏联领导人应该不会采取那些可能引起美国强烈反应的行动，特别是那些可能引起其他拉美国家同样紧张的行动”。该评估预测，苏联将继续支持古巴的军事建设，但不太可能寻求在古巴建立军事基地或与其签署正式的防务协定，而是“会无节制地发挥其影响力以维持现政权，当然除了冒险发动全面战争”。[1]

后来，赫鲁晓夫之子谢尔盖·赫鲁晓夫在回忆录中称，1960 年 9 月的联合国之行后，赫鲁晓夫对古巴的态度“发生了根本的转变”，他认为必须竭尽全力挽救古巴的革命，这是苏联的国际主义义务，也是他本人的责任。不过，对于如何做，赫鲁晓夫有着自己的打算，谢尔盖·赫鲁晓夫这样记述道：

“当时我不止一次地问父亲：我们如何帮助古巴？父亲认为只有用武器援助他们。提供武器的事，在劳尔·卡斯特罗访问时就已经谈好了。现在就看古巴人民的运气和坚强不屈的精神了。我问父亲：‘要不要跟古巴签订互助条约，就像我们跟我们的邻国签订的那样？’父亲认为这样的主意是无济于事的，也是危险的。要是美国人在古巴登陆，我们怎样帮助古巴人？打第三次世界大战？这是疯狂行为。而且也不清楚在危机时刻卡斯特罗将怎样表现自己？捉摸不定的东西太多了……父亲不愿冒这个险。”[2]

同时，赫鲁晓夫也不同意向古巴派遣苏联军队的建议：“把我们的飞行员派去，就像在朝鲜和埃及的做法那样，父亲认为道理上说不过去。而

[1] SNIE 85-3-60: Prospects for the Castro Regime, 8 December, 1960.

[2] 〔俄〕谢·赫鲁晓夫：《导弹与危机——儿子眼中的赫鲁晓夫》（郭家申、述弢译），中央编译出版社 2000 年版，第 430—431 页。

且这里的一切都和距离有关，它（古巴）是个孤立的岛屿。一旦卡斯特罗遭到失败，我们的人就只有当俘虏了。这样冲突就闹大了。”[1]

由此可见，1960 年的国家情报评估，早期关于古巴与苏联关系的认识是相当准确的。基于古巴与苏联关系的飞速发展和苏联对古巴战略上的保留态度，美国加快了从经济、外交等多方面对古巴进行制裁，并且策划和实施了猪湾登陆武装入侵古巴的活动。这次入侵是美国一次严重的战略错误，它巩固了卡斯特罗对古巴的控制，并使古巴与苏联的关系转入了更具实质性发展的新阶段。

三、对苏联在古巴军事建设的误判

猪湾事件发生后，苏联代表团在联合国大会上严厉谴责美国对古巴发动的“吉隆滩入侵”，赫鲁晓夫致信美国总统肯尼迪：“在反击武装入侵古巴方面，我们将对古巴人民及其政府提供一切必要的援助……如果别人要制造紧张局势，使矛盾激化，我们会全力以赴，采取一切措施。”[2] 1961 年 9 月，古巴与苏联签订了长期贸易协议。1960 至 1961 年，苏联与古巴的贸易额从 1.61 亿卢布增至 5.39 亿卢布。在苏联贸易总额中，对古巴出口的比重从 16.7% 增至 48.2%，从古巴进口的比重从 13.8% 增至 41.1%。苏联从古巴购买的原材料从 150 万吨增至 330 万吨，向古巴出口的石油和油产品从 216.4 万吨增至 402.8 万吨。[3]

相比这一时期古巴和苏联之间密切的经济活动，两国关系加强更为突

---

[1] 〔俄〕谢·赫鲁晓夫：《导弹与危机——儿子眼中的赫鲁晓夫》（郭家申、述弢译），中央编译出版社 2000 年版，第 431 页。

[2] 同上，第 438 页。

[3] Yuri Pavlov, *Soviet-Cuban Alliance 1959-1991* (Miami: University of Miami, 1994), p. 15.

出的表现是古苏军事交往的飞速发展。早在猪湾事件之前，1960 年 7 月，劳尔·卡斯特罗访问莫斯科期间，两国就已发表联合公报，苏方保证准备向古巴提供一切必要的帮助来支持其争取自由和民族独立的斗争，采取一切措施阻止美国对古巴的武装干涉。1961 年 4 月之后，卡斯特罗写信给赫鲁晓夫："我们非常担心美国对古巴的直接军事入侵，同时我们正在考虑如何加强我们国家抵抗进攻的能力。"他希望古巴能加入华沙条约组织，但没有得到赫鲁晓夫的同意。不过，苏联的确扩大了对古巴的武器供应，而且与以前有所不同的是，供应的不再是过时的武器，而是最新的现代化装备。1961 年 8 月 4 日和 30 日，苏联和古巴接连签订了两份军事条约。根据这些条约，苏联将向古巴提供包括米格 –15 战斗机、伊尔 –28 轰炸机、直升机、鱼雷快艇、猎潜艇等在内的价值近 2 亿美元的武器装备，而古巴只需象征性地支付一些款项，此外，苏联还负责训练古巴的军事专业人员。[1] 1962 年 3 月初，苏联国防部长马力诺夫斯基和总参谋长扎哈罗夫共同拟定了大规模援助古巴的军事计划，建议向古巴提供 196 枚地对空导弹。4 月 12 日，中央主席团批准向古巴提供 180 枚地对空导弹和 1 个岸防巡航导弹连，并派出军事使团考察古巴的军需情况。[2]

这些情况都受到国家情报评估的高度关注，1961 年至 1962 年 10 月间，数份《国家情报评估》都详细描述了苏联向古巴提供的重要武器装备和军事力量培训。SNIE 85-61 指出，古巴从苏联购买了米格飞机并派遣本国飞行员前往苏联受训，"估计古巴目前有 30 架米格 –15 和 10 架米格 –19，其中一半是可以即时使用"[3]。对于这一情况，NIE 85-62 进一步指

[1] Carlos Lechuga, *Cuba and the Missile Crisis* (Melbourne: Ocean Press, 2001), p. 10.

[2] Aleksandr Fursenko & Timothy Naftali, *One Hell of a Gamble: Khrushchev, Castro, and Kennedy, 1958-1964* (New York: W. W. Norton, 1997), pp. 169-170.

[3] SNIE 85-61: The Situation and Prospects in Cuba, 28 November, 1961.

出，“随着 35 架米格 –15/17 和 10 至 12 架米格 –19 战斗机的交付，苏联提供至少 50 名训练有素的飞行员和未确定数量的机组成员，古巴空军的能力得到极大的提升”[1]。NIE 85-2-62 关于古巴军队接受苏联军事训练情况的描述是，“目前在古巴的苏联军事顾问和教官应该超过 350 人。苏联顾问可能在军队各级担任主要参谋。大多数教官驻扎在军事学校和训练基地。此外，数百名古巴军事人员已经或正在接受苏联的军事训练”。该评估认为，“不排除苏联提供更先进的喷气式战斗机、地空导弹和现代化雷达的可能性，甚至可能象征性地提供一些伊尔 –28 喷气式轻型轰炸机以取代目前服役的 B-26”[2]。

实际上，苏联除了通过公开协议向古巴提供普通的常规武器，还计划在古巴秘密部署战略导弹。自 1962 年 7 月，苏联开始秘密向古巴大规模输送武器装备和苏联军队，这就是所谓的“阿纳德尔行动”。虽然美国情报部门当时尚不清楚苏联与古巴的秘密计划，但是如此大规模的军事援助活动明显引起了中央情报局的注意。时至 1962 年秋季，一连串的技术情报和人力情报的报告不断地显示古巴正在进行一场大规模的军事建设，9 月 19 日的 SNIE 85-3-62 正是以“古巴的军事建设”作为标题。在这份评估中，关于苏联对古巴军事援助的具体情况有着非常详细的记录，评估将其分为两个阶段。第一阶段是 1960 年至 1962 年初，在此期间“军事建设进展小心谨慎”，苏联主要提供的是“大量的、地面部队使用的常规作战武器”，许多苏联的技术人员被派往古巴对古巴军队进行培训。“至 1962 年 2 月，古巴军队已充分做好了应对外来入侵的准备，标志着这一阶段基本结束。”此后，苏联对古巴的军事援助进入了第二阶段，并一直延续至评估发布时期，这一阶段的特点是“苏联开始加快进度强化古巴防御空袭

---

[1] NIE 85-62: The Situation and Prospects in Cuba, 21 March, 1962.

[2] NIE 85-2-62: The Situation and Prospects in Cuba, 1 August, 1962.

和大规模海上入侵的能力”。评估尤其指出，“12 个萨姆 –2 地空导弹阵地已被部署在古巴岛的西半部……部分导弹阵地现在可能具备了发射能力”。此外，苏联还向古巴提供了先进的米格 –21 喷气式截击机。关于苏联派往古巴的军事人员，该评估认为是负责培训工作的“军事专家”，其数量“从今年初约 350 人增至现在的约 4000 人”。同时，SNIE 85-3-62 也承认，“受限于我们目前情报网传递的范围和速度，我们还不能确认所有已引进的新装备。最近的航运包括大量的电子齿轮，以及许多货车、板条箱、大箱等，这些货物中可能包含各种型号的设备”。[1]

然而，综合事后多方情况得知，当时苏联向古巴派遣的远不止“军事专家”，不但有防空、海防和地面防御的陆海空常规作战部队，而且部署了战略导弹部队。苏联交付给古巴武器装备的实际数量也大于评估中的数量，而那些无法确认的板条箱和大箱里放置的就是战略导弹的各种零件。这样来看，国家情报评估对于 1962 年夏秋之际苏联对古巴军事援助情况的情报，与事实之间存在较大偏差。但是，客观地说，我们不可能期望情报部门知道对手的一切，这是一种不切实际的苛求。无论如何，国家情报评估的确注意到古苏之间异乎寻常的军事交往活动，那么国家情报评估是如何分析和评判这一活动的，这点相比具体情况的搜集具有更重要的意义和影响。

国家情报评估很早就开始关注苏联对古巴军事援助的目的。NIE 80/90-61 认为，“古巴现在是苏联在拉美进行颠覆和宣传的一个有效机构……与卡斯特罗政权合作，能使苏联及其支持者给古巴共产党戴上一个土生的光环”，因此苏联会为其花费大量资金和精力。NIE 85-62 指出，“苏联给古巴提供军事设备，为的是提高古巴防御外部攻击的能力，维持内部安全，

[1] SNIE 85-3-62: The Military Buildup in Cuba, 19 September, 1962.

而不是为发展一种独立进攻性的军事力量”。NIE 85-2-62 认为，苏联提供的军事援助已经足以提高古巴抵御外来攻击和维护国内安全的能力，但是“尚不足以形成独立进攻的能力”，因为古巴的海空军缺乏大规模海外作战需要的能力，哪怕是在加勒比地区也难以开展行动。SNIE 85-3-62 的观点是，在古巴加速军事建设的目的很大程度上是为了警示美国，“任何以武力推翻古巴政权的企图都要承担更高的代价和风险”。

总结来说，古巴导弹危机爆发之前，国家情报评估在这个问题上的结论是，“苏联主要是因为能从古巴获取政治优势而重视对古巴的态度，古巴目前军事建设的主要目的是巩固古巴政权，防止出现古巴和苏联设想的一种危险情况，即美国可能试图通过某种方式推翻它。苏联方面显然希望通过加强卡斯特罗防御能力，并以其军事报复为威胁，防止任何此类企图”[1]。美国相信，在苏联看来，古巴革命及其产生的一系列效应已经在全世界范围沉重打击了美国的声誉，极大地提高了苏联的影响力。莫斯科从古巴身上看到了一种有效的示范，即世界上任何地方的“殖民地”人民都可以打破“帝国主义的枷锁”，而且有了苏联不可缺少的援助和保护就能够成功地保持独立，不被“帝国主义”侵蚀。因此，苏联会特别看重古巴革命政权在拉丁美洲的影响，也将古巴视为支持拉美激进革命分子的前沿阵地。

正是基于对苏古之间军事交往目的的有关结论，国家情报评估对于这一活动的性质也有明确的认识。这个问题的实质就是，苏联为了保卫古巴革命的胜利果实，是否会与美国公然地正面为敌？国家情报评估的答案是否定的。国家情报评估的观点是，苏联部队对确保古巴安全没有作出任何正式承诺，也不太可能会因为古巴而使自身安全受到伤害。NIE 85-62 提出，苏联会帮助古巴避免侵略，但“不会承诺卷入卡斯特罗所希望的那种

---

[1] SNIE 85-3-62: The Military Buildup in Cuba, 19 September, 1962.

与美国无限制对抗之中”；无论是古巴外部还是内部的势力企图颠覆卡斯特罗政权，苏联都“基本不可能直接派兵干涉”，即使是把美国干涉定为内部威胁，苏联的反应仍会是“用有力的政治行动威慑美国”，例如打击报复苏联周边的威胁、含糊提及使用苏联核力量等，但无论如何，“苏联几乎不可能为了古巴的利益而损害自己的利益”。当发现苏联在古巴进行大规模军事建设之后，NIE 85-2-62 承认“苏联变得越来越坚定地致力于维护和提升古巴政权的地位”，但该评估坚持认为“苏联试图造成的印象是古巴处于他们导弹力量的保护之下，但他们谨慎地避免作出在任何情况下保护和捍卫卡斯特罗政权的明确承诺”。在这样的认知前提下，国家情报评估对苏联是否会向古巴派驻军队和苏联是否会在古巴部署战略导弹，这两个问题的答案已经呼之欲出了。

SNIE 85-62 认为，苏联基本不可能在古巴驻扎任何性质的作战部队。NIE 85-2-62 坚持相同观点，并补充说，苏联向古巴派驻的军事人员主要是军事顾问、教官、服务和情报人员。而事实是，当时苏联计划在古巴驻军 4 个步兵加强团、2 个空军战术巡航导弹团、2 个防空团、24 个萨姆–2 地空导弹阵地、1 个战斗机截击机联队、1 个导弹武装鱼雷快艇旅、1 个海防导弹团和 1 个海军轻型轰炸机增强团，截至 1962 年 10 月，苏联在古巴的军事人员数量为 41902 人。[1]

同时，SNIE 80-62 和 SNIE 85-3-62 相继明确否定了苏联在古巴建立导弹或潜艇基地的可能性，因为“这种基地的军事和心理价值还不足使苏联涉险”[2]。特别是 1962 年夏天以来，苏联在古巴军事建设异乎寻常的规模

[1] James Blight & David Welch, *Intelligence and the Cuban Missile Crisis* (London: Frank Cass, 1998), pp. 28-29, 51-52.

[2] NIE 80-62: The Threat to US Security Interests in the Caribbean Area, 17 January, 1962.

和速度引起了美国各方的高度关注，此情况下 SNIE 85-3-62 依然坚定地认为："通过在古巴部署苏制中程弹道导弹或者建立苏联潜艇基地，苏联能够获得可观的军事优势。比较二者，建立潜艇基地可能性更大。但是，无论哪种部署都违背了苏联一向的行事风格，不符合我们对当前苏联政策的估计。如果这样做，将意味着苏联有极为强烈的愿望要将美苏关系的风险级别提升至前所未有的高度，同时在其他地区及东西方关系的其他问题上会制定重要的政策。"尤其是针对苏联利用古巴作为其战略导弹基地的可能性，SNIE 85-3-62 有着详细的分析："在古巴本土部署此类打击能力突出的武器将意味着明显背离苏联的做法，因为这种武器至今甚至没有在苏联本土以外的领土部署过。指挥和控制方面会出现严重问题。这也要求苏联派遣数量更为庞大的人员前往古巴[1]，但至少在起初的时候，这会成为他们在拉丁美洲的政治风险。苏联人可能会认为，如能侥幸成功，在如此凶险的情况下通过部署苏联的核打击力量公然挑衅美国的政治影响，这是一笔合算的买卖。不过他们几乎肯定会估计到，这么做不可能不激起美国的危险反应。"1962 年 10 月 14 日，U–2 侦察机在古巴西部的圣克里斯托瓦尔地区上空拍摄到建设中的中程导弹基地，完全推翻了 SNIE 85-3-62 在 25 天前作出的评估结论，使其成为后来为人所诟病的一份《国家情报评估》。

显然，国家情报评估关于苏联对古巴军事援助性质的判断出现了重大失误，追溯其根源，应该说这个结论是与该军事援助目的的认识误区一脉相承的。苏联如果只是为了保护古巴，将其打造成"一块把其他拉美国家吸引到社会主义中的磁石"，的确没有必要部署中远程战略导弹，只要有足够的常规武器或是与古巴政府公开签订一项安全条约，就可以做到这一

[1] SNIE 85-3-62 认为，当时苏联在古巴的驻军人数约为 4000 人。

点。相反，苏联在古巴部署导弹的行为会将古巴置于更加危险的境地，不仅不会降低反而可能增加美国入侵的风险。然而，苏联如果不只是想要保护古巴呢？20世纪60年代初，美国的军事力量尚处于绝对优势。赫鲁晓夫执政后，决意迎头赶上，极力扩充苏联的战略力量，特别是将战略核威胁作为苏联的一个重要工具加以利用。赫鲁晓夫编造的“导弹差距”虽然一度让美国信以为真，但最终还是被戳穿了。赫鲁晓夫一直吹嘘的强大核力量并不存在，而且苏联现有的远程导弹在不少方面都难以与美国的导弹相抗衡。然而，如果把中程和中远程导弹部署在古巴，就可以大大提高首次打击的能力，使美苏力量对比发生变化，有助于取得力量均势。这是一条可以快速扭转战略劣势的捷径，苏联不是完全没有理由尝试一下的。当然，对于赫鲁晓夫在古巴部署导弹的动机，学术界一直持各种各样的看法。[1]苏联及其后俄罗斯的大多数学者坚持认为，苏联这样做是出于政治上的考虑，即保卫古巴革命，加强古巴的防御能力，抵御美国入侵，这是第一位的。[2]而西方学者大都强调苏联的首要目的是为了改善自己的战略地位。[3]本书认为，赫鲁晓夫保卫古巴和谋取战略性军事价值的两个动机显然是互有联系的。不过，即使如此，赫鲁晓夫部署导弹的动机产生并不意味着自动生成部署导弹的决定，在这个过程中受到许多因素的影响和作用。

总而言之，国家情报评估的失误在于没有意识到苏联对古巴的军事援

[1] James Blight & David Welch, *On the Brink: Americans and Soviets Reexamine the Cuban Missile Crisis* (New York: Hill & Wang, 1989), pp. 116-117.

[2] Bruce Allyn, James Blight and David Welch, *Back to the Brink: Proceeding of the Moscow Conference on the Cuban Missile Crisis, January 27-28, 1989* (Lanham: University Press of America, 1992), pp. 7, 38.

[3] James Blight & David Welch, *Intelligence and the Cuban Missile Crisis* (London: Frank Cass, 1998), pp. 38-39.

助具有双管齐下的作用：一是有助于扭转苏联的全球战略劣势，二是可以阻止美国对古巴的进攻。虽然第一个动机被考虑过，但是对该动机中防御性因素的低估，导致美国错误地估计苏联可能不会部署导弹。评估者正确地认为，作为提高苏联地位的投机行为，其风险可能太大了；不过，他们没有考虑到如果不这么做，苏联可能会招致更大的风险。威慑美国对古巴的进攻是第二个动机，这一点受到部分情报分析人员的重视，但在正式的情报评估和政策讨论中被忽视遗漏了。因此，在 1962 年 10 月中旬，U–2 飞机获取到古巴建设中的导弹阵地的确切图像之前，国家情报评估关于苏联对古巴军事援助目的与性质的认识一直沉浸在过分乐观之中，不但没有对近在咫尺的导弹危机作出任何预警，反而一再地释放相反的信号，通过证据和推理建议政策制定者不必担心苏联会在古巴建设进攻性基地。这些情报评估没有帮助肯尼迪政府对苏联在古巴的军事援助有所戒备，反而使苏联的导弹部署显得更突然、猛烈、严重。

小结：生存能力评估在决策过程中处于被动地位

古巴革命政权在政治、经济、外交等领域同美国政府的对抗，引起美国的不满乃至恐慌。当时美国国内舆论普遍认为，美国这样一个军事、经济大国竟然控制不住近在咫尺、弹丸之地的岛国，这是不可思议的。1959 年底，美国确立了推翻卡斯特罗政权的方针。为了达到这一目的，美国针对古巴制定了一系列颠覆政策。

猪湾事件之后，美国对古巴的颠覆政策非但没有有所收敛，反而更加步步紧逼。在经济方面，美国以立法为依托对古巴实行禁运，并说服美洲国家组织成员国及欧洲盟国支持其禁运政策，极大地削减了古巴与这些国家的贸易活动。在外交方面，美国一边利用古苏关系的亲密来宣扬西半球安全遭到来自西半球之外的苏联威胁，指责古巴违背了美洲国家组织的宗旨和原则，借此影响拉丁美洲国家；另一边，美国借助政治、经济手段向组织内立场模糊乃至亲古的拉美国家施加压力，迫使其站到古巴的对立面。美国对古巴外交孤立的局势初步形成。与此同时，中央情报局领导的“猫鼬计划”也在暗地里如火如荼地展开，军方为此制订了应急作战计划。美国的这些举措进一步压缩了古巴的生存空间，使卡斯特罗政府感到前所未有的压力。

尤其是 1962 年初，美洲国家组织与拉丁美洲自由贸易协会先后开除了古巴，在古巴看来，这是美国在为入侵古巴做外交准备。3 月，赫鲁晓夫的女婿阿德朱贝给卡斯特罗发去一份报告，称在他与肯尼迪总统的会谈中，强烈地感到美国正在筹划一场入侵。[1] 同年 4 月，流亡美国的古巴革命委员会领袖卡多纳向记者透露，肯尼迪总统在一次白宫会议中向他暗示，美国政府希望他领导流亡军队发动一场入侵古巴的行动。这一系列事件深深地刺激了古巴。5 月 30 日，卡斯特罗与格瓦拉、劳尔·卡斯特罗、多尔蒂科斯等商讨苏联在古巴部署导弹的建议。古巴领导人认识到，接受苏联的导弹显然会导致政治局面的紧张，等于将古巴变成苏联的军事基地，从而有损古巴在拉美地区的声誉，并可能引发一场真正的危机。但是，古巴领导人也确信，此举能加强社会主义国家的力量，有助于古巴的

[1] Adzhubei’s Account of His Visit to Washington to the CC CPSU 12 March 1962. *Archive of the President of the Russian Federation,* Translated by Adam Mayle for the National Security Archive. http://nsarchive.gwu.edu/nsa/cuba_mis_cri/620312%20Adzhubei%27s%20Account.pdf.

防卫，最终古巴领导层一致同意接受苏联的导弹。[1] 因此可以说，美国对古巴革命政权紧锣密鼓的颠覆活动，在很大程度上成为导弹危机的催化剂，如果不是古巴感到来自美国的高压态势和巨大威胁，卡斯特罗可能不会同意苏联在古巴部署导弹。[2]

可以看出，美国推翻卡斯特罗政权的意愿愈加急切，美国政府对古巴外交政策也愈加严厉，而美国情报界对古巴就愈加重视。在这个过程中，国家情报评估对古巴革命政权的评估重心主要集中在该政权生存能力的认知上，其结论总结来说有以下几大方面：在政局掌控方面，卡斯特罗牢牢地控制着执政权力，其个人威望无人比及，国内反对派势力难成气候；在经济领域，卡斯特罗政权内困于管理能力薄弱，外困于失去美国的强大支持，但随着经验的积累和古苏关系的加强，古巴经济发展虽举步维艰但不至于崩溃；在地区关系中，古巴在拉美国家中依然具有一定影响力，后者大都对古巴问题持“事不关己高高挂起”的旁观态度，对于美国对古巴的制裁，拉美国家既不积极地参与，也不明确地反对；在古苏关系中，苏联会向卡斯特罗政权提供所需的帮助和支持，但无论如何，即便古巴受到严重的威胁，苏联都不太可能动用自己的力量直接干预。

现在来看，这一时期国家情报评估除了关于苏古关系的判断未能跟进

[1] 〔古〕菲德尔·卡斯特罗、〔法〕伊格拉西奥·拉莫内：《卡斯特罗访谈传记：我的一生》（中国社会科学院拉丁美洲研究所组织翻译），中国社会科学出版社 2008 年版，第 242—243 页。

[2] 卡斯特罗后来在接受法国记者伊格拉西奥·拉莫内的采访时称，他的本意是希望苏联发表一项公开声明警告美国，对古巴的攻击将被认为是对苏联的攻击。对于苏联的提议，他坦言：“（起初）不太愿意那些武器在古巴存在，因为我们关注的是，避免我们国家成为苏联基地这样的形象，特别是在拉美范围内成为基地。”参见〔古〕菲德尔·卡斯特罗、〔法〕伊格拉西奥·拉莫内：《卡斯特罗访谈传记：我的一生》（中国社会科学院拉丁美洲研究所组织翻译），中国社会科学出版社 2008 年版，第 242—243 页。

实际情况而停滞不前以外，其他分析结论基本是正确的，但同时期美国对古巴的颠覆政策为何遭受挫败呢？这其中原因固然是多重的，从情报的角度来看，这与国家情报评估在决策过程中所处的被动地位有很大关系。

美国颠覆古巴的政策，具体来说就是：在经济上，利用古巴对美国的高度依赖实施经济制裁，企图搞垮新生政权；在外交上，借美洲国家组织之名形成西半球国家对古巴的孤立格局，为美国针对古巴进行各种制裁行动起到营造声势、预留空间的重要作用；在军事上，通过心理战、间谍活动、暗杀行动、准军事活动等隐蔽行动企图秘密颠覆古巴。这些政策的出发点是美国的大国霸权主义和冷战思维，即美国决不允许出现一个独立自主的、反美亲苏的古巴，这就是美国对古巴政策的内在逻辑。也就是说，美国决定颠覆古巴不是因为情报显示颠覆条件成熟，而是为了颠覆而颠覆。因此，国家情报评估直接越过了颠覆政策可行性的评估，直接服务于政策的执行，处处围绕着如何颠覆古巴进行评估，而忽视了对政策效果和影响的关注。这种被动性助长了美国对古政策的极端发展，导致酿成导弹危机，促使美国政治决策层重新审视对古政策。

第四章

鞭辟入里的古苏同盟评估

——美国情报部门对古巴革命政权认识的成熟

古巴导弹危机是冷战的一次高潮，对当时整个东西方关系都产生了重大影响，同时也给美国国家情报评估敲响了一次振聋发聩的警钟。危机促使国家情报评估及时修正了对古巴革命政权的基本判断，尤其是对古苏关系的认识，摒弃了之前先入为主的情报分析思维，将古巴求生存发展的主观能动性与苏联的政策行为更加有机地结合起来看待卡斯特罗政权。正是基于对古苏之间同盟关系的深刻认识，美国对古巴的外交政策也随之确立并稳定。美国、苏联与古巴之间逐渐形成了一个相对稳固的多边关系，并在整个冷战时期得以延续，针对古巴的国家情报评估活动也随之相对趋于平稳。

第一节 对古巴革命政权认知结论的里程碑

历史学家们几乎一致同意，古巴导弹危机是冷战期间最危险的时刻。这场危机把冷战推向了顶点，“其严重程度超过了两次柏林危机”[1]。正是这场危机让国家情报评估意识到，无论古巴和苏联情愿与否，两国的命运更加紧密地联系在一起，因此，国家情报评估对卡斯特罗政权的认识更进了一步。

一、对古苏关系认知结论的修正

冷战期间，为防止共产主义势力对美国“后院”的侵蚀，苏联在西半球的一举一动始终牵动着美国情报界敏感的神经。所以，对国家情报评估而言，古巴与苏联两国关系并不是一个陌生的话题。自 1959 年 12 月发布的 SNIE 80/1-59 首次对古巴革命政权与苏联的关系作出评估起，国家情报评估系列中针对古巴的报告没有哪一份不提及苏联。

在卡斯特罗政权建立初期，古巴与苏联之间的关系是微妙的：古巴因为社会改革触动美国而开罪于这个强大的邻国，开始积极找寻其他有力的支持和援助；而苏联对古巴革命显得措手不及，“苏联领导人对可能会在加勒比海获得一个社会主义盟友的情况完全没有准备”[2]。所以，苏联还需要观察和考量古巴。在这种情况下，国家情报评估有关“苏联不会因古巴

[1] 于江欣：《古巴导弹危机及其影响》，载《军事历史》2004 年第 4 期，第 39 页。
[2] 〔英〕理查德·戈特：《古巴史》（徐家玲译），中国大百科全书出版社 2013 年版，第 237 页。

与美国发生直接军事对抗，或者至少在苏联政策目前状态下不会与美国发生一场重大外交危机，届时苏联将会毫不犹豫地舍弃卡斯特罗政权”[1]的结论，是符合古苏两国关系当时的客观实际的。

然而，随着卡斯特罗政权社会改革步伐的推进，古巴与美国的关系每况愈下，古巴与苏联越走越近。古巴在美洲地区建立起第一社会主义国家，这是一次历史性的转折。苏联逐渐意识到，可以把古巴作为向美国后院的拉美地区渗透的通道，这将有利于把共产主义的触角伸向美国的传统势力范围，甚至可以改变冷战以来苏联一直处于防御的战略态势。也就是说，古巴需要苏联的支持来对抗美国，而苏联要扩大在拉美的影响力也离不开古巴，两国的关系在这种相互需求中“换挡提速”了。可是，国家情报评估对古苏关系的认知依然处于僵化静止的状态，SNIE 85-3-60、SNIE 80-62、NIE 85-62、NIE 85-2-62、SNIE 85-3-62 等多份评估固守着之前得出的结论，均作出了苏联不会在古巴问题上冒险与美国直接对抗的论断。因此，尽管 1962 年夏秋之际，中央情报局源源不断地收到有关苏联在古巴军事建设异常的报告，也加大了对古巴的情报搜集和分析工作，但国家情报评估仍然固执地坚持“苏联不会向古巴派驻作战部队”“苏联不会在古巴部署战略导弹”等一系列判定，其根源就在于上述结论。古巴导弹危机无疑是一记响亮的耳光，狠狠地抽醒了中央情报局。

危机之后，美国情报界对于这一失误的反思是广泛而深刻的。1963 年，总统外国情报顾问委员会（PFIAB）的《凯廉报告》[2]、参议院武装部

[1] SNIE 85-60: Communist Influence in Cuba, 22 March, 1960.

[2] 该报告是以詹姆斯·凯廉为首的团队完成的，因此称《凯廉报告》。参见 Memo for the President, signed for all nine members by James R. Killian Jr, Chairman, President's Foreign Intelligence Advisory Board, 4 Feb. 1963, Top Secret, 10 pp.; Mary S. McAuliffe (ed.), *CIA Documents on the Cuban Missile Crisis*, Washington DC: Central Intelligence Agency History Staff, 1992, pp. 361-371。

队委员会下属的准备调查分委会的《斯坦尼斯报告》[1]等多份官方背景的研究报告，对 1962 年 10 月之前美国情报系统的工作进行了详细评价。这些报告基本集中于美国情报界为什么在评估苏联对古巴的行动和意图时出现重大偏差的问题上查找原因。当时的国家评估办公室主任谢尔曼·肯特也在《关于一份关键的评估》[2]中，以《国家情报评估》撰写人员的身份进行了自我剖析和辩解。无论如何，这些反思工作一定程度上都对古苏关系认知的客观化起到积极的推动作用。导弹危机之后，国家情报评估在承认古苏之间存在摩擦的前提下，明确作出了“古巴必将依附苏联，苏联必将扶持古巴”的正确判断。

二、对古苏关系认知地位的提升

古巴导弹危机给国家情报评估带来的另一个重大改变，就是将古苏关系的认识提升到对古巴革命政权评估的首要地位。虽然国家情报评估一直对古苏关系进行密切跟踪，但是在导弹危机之前，始终将其作为对卡斯特罗政权认识的一个方面，与其他问题的认识是并列的，甚至是从属的关系。经历危机之后，国家情报评估将古苏关系摆在了认识的决定性地位，不但将其作为对卡斯特罗政权认识的精髓，而且作为对该政权其他方面认识的前提和背景。

---

[1] 时任分委会主席为约翰·斯坦尼斯议员，因此称《斯坦尼斯报告》。参见 Investigation of the Preparedness Program, Interim Report on the Cuban Military Buildup by the Preparedness Investigating Subcommittee, Committee on Armed Services, U.S. Senate, 88th Congress, 1st Session, Washington 1963, http://jfk14thday.com/content/ jfk14thday/documents/govt/19630509-stennis-committee-report.pdf.

[2] Sherman Kent, “A Crucial Estimate Relived,” *Studies in Intelligence,* Vol. 8, No. 2, Spring 1964, pp. 1-18.

不但如此，国家情报评估对于古苏关系的这种思路在剩余的冷战岁月中得到了充分的体现和执行。例如，NIE 85-67 的主题是评估“卡斯特罗与古巴的关键问题和前景”，其中近半的篇幅在分析古苏关系的走势；NIE 85-73 和 NIE 85/80/90-81 分析的都是古巴与拉丁美洲的关系，却均有一章重点论述古巴与莫斯科的联系；SNIE 85-1-77 预测的是“古巴在美古关系正常化问题上的态度”，苏联的态度和利益是其中一个重要的分析对象；NIE 85-1-75、NIE 11/85-79、NIE 85/4-84/L 这几份专门评估古巴与苏联的军事关系、苏联在古巴军事建设的报告，对古苏关系的重视更不必说了。可以说，1962 年的危机之后，国家情报评估对古巴革命政权的认识始终都离不开对古苏关系的评价和预测。

第二节　对古巴革命政权认识的完全形成

古巴革命政权从国家情报评估的一个生僻未知的对象到成为密切观察的目标，前后经历了数年的时间。在这个过程中，国家情报评估对该政权的认识由表及里、由浅入深，特别是在将古苏同盟关系的认识作为对其认识的主线之后，对古巴革命政权的认识可以说完全形成。

一、共识应多于分歧的古苏同盟

苏联同卡斯特罗政权的关系并非铁板一块，而是一直充满许多误会和互不信任。古巴导弹危机制造的政治和心理影响，更是令古巴与苏联的关系出现了一道严重的裂痕。因此，危机之后古苏关系将何去何从是国家情报评估极为关心的一个问题。

（一）对古苏关系走向的评估

古巴革命胜利后，出于各自的考虑和需求，古巴和苏联两国关系迅速升温，苏联帮助古巴对抗美国求得生存，古巴则象征着日益增长的社会主义制度优越性的结果，同时也可以成为一个促成因素。[1]不过，国家情报评估很早注意到古苏友好关系的主旋律中个别不合拍的音符。

首先，在古巴革命政权中，卡斯特罗处于绝对的权力核心地位，但他在意识形态上的暧昧立场和非正统的革命学说却让苏联头痛不已。他坚持要古巴共产党服从他个人的领导，竭力要在政治上保持独立而不受苏联摆布，“从利己角度，或是信仰出发，他认定自己是共产党……然而，苏联和古巴共产党因而对他仍然心存疑虑，部分因为他是最近才加入共产党并且是在没有接受教育的情况下入的党，部分因为他鲁莽的个人作风”。[2]特别是，卡斯特罗与亲苏的古巴人民社会党之间的关系非常微妙。古巴革命的主体是卡斯特罗领导的“七·二六运动”，该组织是个多阶级的革命组织，代表工人阶级、农民阶级及小资产阶级中进步的和革命的力量。“一向屈从于莫斯科领导的国际机构”[3]的古巴人民社会党因为反对武装斗争的立场，直至武装革命胜利前夕才公开表明对卡斯特罗的支持。1959年革命胜利后，人民社会党虽然在支持新政权建设中发挥了比较积极的作用，但是该党与“七·二六运动”之间的权力之争一直处于明争暗斗之中，

[1]〔美〕利昂·古雷、莫利斯·罗森堡:《苏联对拉丁美洲的渗透》(复旦大学历史系拉丁美洲研究室等译)，上海译文出版社1979年版，第9页。

[2] NIE 85-62: The Situation and Prospects in Cuba, 21 March, 1962.

[3]〔美〕《苏联集团在拉丁美洲的活动及其对美国外交政策的意义》(北京编译社译)，世界知识出版社1962年版，第3页。

SNIE 85-60、NIE 85-2-62 等多份评估均有提及。为了巩固政权，卡斯特罗开始对各种政治势力进行整合与重组。1961 年 6 月，卡斯特罗的嫡系、“新”共产党人——菲德尔主义者，与亲苏势力、“老”共产党人——人民社会党党员组成了“古巴革命统一组织”。1962 年 3 月，卡斯特罗严厉斥责原人民社会党领导人、亲苏的阿尼瓦尔·埃斯卡兰特为宗派主义者，并将其驱逐出革命统一组织的领导层。5 月，该组织更名为“古巴社会主义革命统一党”，卡斯特罗担任第一书记，从而基本实现了权力从“老”共产党人转移到“新”共产党人手中。《国家情报评估》认为，即便如此，“屈从于卡斯特罗期待加强古巴与苏联阵营关系的愿望，苏联领导人已经做出明显的让步。他们充分认识到卡斯特罗的散漫性，但还是做出了让步，这不仅是因为他们对古巴高度重视，而且是因为他们没有太多的选择余地”。[1]

其次，卡斯特罗自以为是的经济规划，随心所欲的经营管理方式，以及滥用苏联支援的物力财力，也引起了苏联相当的不满。NIE 85-2-62 指出，“古巴经济管理现在是苏联和卡斯特罗政府之间摩擦的一个主要问题”[2]。

此外，卡斯特罗还试图以拉丁美洲革命运动领袖自居，积极地向其他拉美国家的游击队提供武器、资金、训练和志愿者，这种竭尽所能去输出革命的做法并不受苏联的鼓励和支持。苏联不愿支持在拉丁美洲采取非常好斗的革命策略，其他拉美国家的共产党也对卡斯特罗的做法表示忧虑，因为这令“资深共产党人的作用和特权受到了质疑”[3]。

所以，在苏联看来，所有这些都使卡斯特罗成为一个难以相处的、无法预料的伙伴，一个经常给苏联政策制造麻烦的根源。从卡斯特罗方面来

[1] NIE 85-2-62: The Situation and Prospects in Cuba, 1 August, 1962.

[2] Ibid.

[3] Ibid.

说，他原本指望苏联会不附带条件地向他的革命无限制地提供无偿的援助，结果却让他感到失望。尤其是，莫斯科在导弹危机中的所作所为，令他更加忧心忡忡。这场危机以苏联的退让告终，而且这一决定是苏联绕过古巴直接同美国谈判作出的，并未征求古巴方面的意见。也就是说，苏联为了实现政策的更大目标，牺牲了古巴的利益，与美国达成交易。古巴对此十分不满，卡斯特罗认为受到了背叛而感到莫大羞辱，他失态地“破口大骂，狠踢墙壁，狂怒之下竟打碎了一面镜子”[1]。他在给赫鲁晓夫的信中说：“我无法相信，您的决定（即赫鲁晓夫撤出导弹的决定）是与我们商量过的。”其字里行间流露出对苏联无法抑制的失望和嘲讽：“在这个危急的关头，我除了错误而外，也再做不出别的什么事情了。让您永远正确去吧。”[2] 可以这样认为，古巴导弹危机极大地激化了卡斯特罗与莫斯科之间原本就存在的分歧，危机之后古苏关系是否会发生重大的变化成为国家情报评估关注的重点之一。

1962 年 11 月 9 日发布的 SNIE 85-4-62 认为，鉴于苏联对待古巴的态度，“卡斯特罗可能已经开始考虑调整古苏关系”，他或许会寻求改善古巴与美洲国家组织，乃至同美国的关系。不过，该评估同时认为卡斯特罗“不可能找到可行途径减少古巴对苏联的依赖”[3]；也就是说，《国家情报评估》相信，古苏关系不会发生根本性变化。

事态的发展证实了 SNIE 85-4-62 的判断。1962 年 11 月初，米高扬飞抵哈瓦那与卡斯特罗会面，其主要目的在于修复因苏联撤出导弹而引发的两国之间的不信任问题。11 月 9 日，苏联共产党的机关报《真理报》发

[1] 〔英〕休·托马斯：《卡斯特罗和古巴》（斯禾译），上海人民出版社 1975 年版，第 734 页。

[2] 《卡斯特罗致赫鲁晓夫的信》（1962 年 10 月 31 日），引自沈志华、杨存堂主编：《苏联历史档案选编》第 29 卷，社会科学文献出版社 1999 年版，第 245 页。

[3] SNIE 85-4-62: Castro’s Subversive Capabilities in Latin America, 11 December, 1962.

表题为“苏联与古巴永远在一起”的社论，宣称苏联人民将在国际主义和劳动者忠诚友谊精神指引下，帮助英勇的古巴人民捍卫自身的自由与独立。[1] 1963 年 5 月，卡斯特罗对莫斯科进行了首次访问，并与赫鲁晓夫举行了会晤。随后发表的联合公报指出，苏联与古巴将在国防、经贸、科技和文化方面开展全面合作，建立“兄弟般的友谊和合作”关系。[2]

1963 年 6 月的 NIE 85-63 更加详细地分析了古巴与苏联之间的关系，其认识和判定主要集中在三个方面。

一是古巴和苏联都在努力修复双边关系，较为迫切的问题基本已经得到解决。卡斯特罗已经公开承认苏联在共产主义运动中的领导地位。虽然卡斯特罗访苏期间发表的联合公报中没有提及教条主义与修正主义的争论等敏感问题，但是卡斯特罗在中苏论战中一改此前试图保持的中立态度，已明显倒向苏联一方。作为回报，古巴获得了苏联持续经济支持的保证，并且苏联承认了古巴作为拉美历史上可以实现革命斗争的一个样板所具有的特殊重要性，以威信保证在美国袭击的情况下提供必要的援助。评估相信，在苏联的扶持下，经济困难或国内反对派很难使卡斯特罗政权垮台；如果不出现极端情况，卡斯特罗政权将会更加稳固。

二是苏联和古巴的命运已经紧密地捆绑在一起。评估认为，处理与美国的关系是古苏双边关系中一个重要的因素，存在一定的不确定性，因此古苏关系距离长久稳定还有一段距离。但是，古巴已经成为超级大国之间争斗的棋子，苏联会避免挑衅以使美国没有借口对古巴发动直接行动，并且通过谨慎处理各种关系以抑制潜在危险的发生。在这一点上，卡斯特罗

[1] Pravda on Endless USSR- Cuba Solidarity, Foreign Broadcast Information Service, *Daily Report*, November 11, 1962. http://www.readex.com/readex/prodcect.chm?product=304.

[2] Clissold Stephen, ed., *Soviet Relations with Latin America, 1918-1968: A Documentary Survey* (Oxford: Oxford University Press, 1970), pp. 284, 288.

是否会采取同样的克制态度尚存在变数。不过，该评估相信，卡斯特罗和莫斯科各自的行动自由都有所受限，他们共同的目标是使古巴的利益与苏联的愿望能够通过卡斯特罗政权的逐步巩固而得到最大化的实现。

三是从长远来看，古苏双方关系可能会有某种程度的摩擦。尽管联合公报的基调是和谐的，但是苏联和古巴对拉美形势的理解可能没有达到完全一致。卡斯特罗一直希望从苏联经济和军事援助中获得最大收益，但同时又坚持在苏联阵营中占据一个独特的位置，不受苏联施加给卫星国的纪律和控制所约束。随着时间推移和形势的发展，两国可能会因为方针政策而再次产生分歧。未来苏联对古巴经济援助的水平也可能成为两国争论的焦点之一。不过，目前来看，评估认为苏联和古巴都希望稳定局势，为在拉美的长远打算做好准备。

总的来看，国家情报评估对古苏关系走向的评估是正确的，准确地抓住了事态发展的主流方向。导弹危机之后，古巴为了解决生存问题最终还是谋求与苏联和解，言归于好，而苏联出于满足自身战略目的的需求，也不愿意放弃对古巴的支持。因此，两国互做一定的让步以保持平衡，达成了一种休戚与共的同盟关系，这种关系一直持续到冷战结束。

（二）对古苏关系前景的评估

导弹危机结束后，美国对于古苏关系还有几个非常关键的问题需要破解。首要的问题是，苏联是否会再次将战略武器引入古巴？NIE 85-63 认为这种可能性不大，其主要原因是“美国持续的空中侦察仍是一个重大威慑”，这导致苏联不敢在无法确保不被发现的情况下，在古巴部署战略导弹这样重要的武器。同时，评估也指出对古巴的情报侦察工作不能掉以轻心，还需要不断改进工作方法，因为“苏联对于美国在古巴的情报来源和方法的认识已有极大提升，这使其有可能在运输和部署的过程中采取隐瞒和欺骗的改进措施，有可能躲避美国情报部门依赖的许多指标”[1]。

NIE 85-64 对这个问题也持谨慎乐观的态度，认为在该评估期内“苏联基本不可能试图再次向古巴引入战略导弹”。而且相比 1963 年的评估，该评估的语气更加坚定，鉴于苏联在 1962 年的导弹危机中处于严重的战略劣势，评估认为苏联不会再轻易涉险：“哪怕苏联人认为有机会完成这样的部署而不被发现，他们也必须考虑到这些导弹随后会被发现，将会产生什么样的政治后果。”同理，该评估认为，苏联如果想要交给古巴其他一些可能会被美国认为是“进攻性”的武器（如轻型轰炸机、潜艇等），也会有相类似的顾虑。NIE 85-64 还指出，“苏联可能会认为利用古巴为苏联潜艇提供后勤保障的风险小一些”[2]。因为在古巴对船只进行加油和维修，可以大大克服距离和运输时间的困难，这样可以增强苏联舰队在西大西洋常规巡逻的能力。不过，评估相信，苏联不会为此冒很大的风险。

古苏关系中另一个爆炸性的问题是，古巴和苏联会如何对待美国侦察机穿越古巴领空的问题。NIE 85-64 认为，这是“卡斯特罗和美国之间的最大问题”[3]。因为当时证据都指向一个结论，即“多变的卡斯特罗”已经完全控制了萨姆系统，也就是说古巴已经具备了击落 U–2 侦察机的能力，苏联只能依靠其政治和经济影响力提供建议。对于这一问题，国家情报评估认为卡斯特罗“做出冲动反应的可能性是存在的”，但是受多方因素的制约，这一可能性并不是很大。一是古巴会考虑到击落 U–2 飞机的政治成本。卡斯特罗虽然表示“再也无法容忍这种行为”，但还是一直利用警告、威胁和妥协相结合的方式向美国施压，并一直努力向联合国大会提交议案。卡斯特罗很清楚，如果 U–2 被击落，美国将严厉报复古巴。二是

[1] NIE 85-63: Situation and Prospects in Cuba, 14 June, 1963.

[2] NIE 85-64: Situation and Prospects in Cuba, 5 August, 1964.

[3] Ibid.

苏联会敦促古巴保持必要的理性与克制。一旦U–2被击落，赫鲁晓夫将会陷入一个极为艰难的境地：要么与美国对峙，其形势甚至比1962年10月时还要不利；要么公开食言，放弃他再三重申支持卡斯特罗的承诺。为了避免出现这种两难情况，赫鲁晓夫一定会极力劝说卡斯特罗保持冷静。国家情报评估认为，甚至存在“苏联在实际发射操作中保留某种物理限制的可能性”[1]。赫鲁晓夫可能具备保留此类限制的动机,这样可以在紧要关头避免对苏联的利益产生重要影响。

1964年10月，苏联国内政治局势突变，赫鲁晓夫在政变中被迫退休下台，勃列日涅夫成为苏联新的最高领导人。这使原本就较为复杂的古苏关系蒙上了一层不确定的迷雾。古苏关系的发展趋向直接影响美国对古巴政策的走向。经过近一年的观察和分析，1965年8月，NIE 85-65对卡斯特罗政权的外交政策作出了基本的判断，认为目前的古苏关系和古美关系都不会有实质性变化，具体表现有以下两点。

一方面，卡斯特罗在政治上会更加接近苏联共产党。卡斯特罗充分地认识到，除了继续接受苏联的大规模援助以外已经别无选择，而苏联在维护卡斯特罗政权稳固方面起重要作用。同时，苏联的新领导人比赫鲁晓夫更倾向于利用古巴对大量经济援助的需求来施加苏联的影响。评估相信，尽管有零星摩擦，卡斯特罗政权很可能会“保持与苏联密切的政治和经济关系”[2]。

另一方面，在处理与美国关系方面，苏联和古巴都应该会谨慎行事，避免与美国在拉美的直接对抗。因此，卡斯特罗不太可能使用萨姆导弹击落美国的U–2飞机。当然，卡斯特罗很可能认为美古关系基本不可能有任

[1] NIE 85-64: Situation and Prospects in Cuba, 5 August, 1964.

[2] NIE 85-65: Cuba, 19 August, 1965.

何显著改善，因此，“他可能不会做出什么重大让步以改善美古关系”[1]。

1965 年 10 月，古巴唯一的政党按照苏联的模式进行改组，并更名为古巴共产党，卡斯特罗继续担任第一书记。古巴作为社会主义国家的成员，不仅在观点上，而且在结构和实践上都在逐步向苏联看齐。在第三世界和不结盟国家的各种会议上，卡斯特罗日益成为苏联政策和立场的代言人，古苏关系出现了一种协调的局面。

二、卡斯特罗对政权的牢固掌控

古巴导弹危机一定程度上有损于卡斯特罗的国际声誉，挫伤了古巴民众的革命热情，但是并没有对卡斯特罗政权在古巴国内的政治地位造成太大的影响。NIE 85-63 认为，卡斯特罗政权在积累执政经验，而且所有古巴人都已对该政权司空见惯。因此，“目前古巴的国内局势有利于政权的巩固”[2]，其表现有以下三点。

首先，古巴国内的反对派势力已经跌落至 1959 年以来的谷底。NIE 85-63 认为，“随着卡斯特罗政权执政时间的推移，推翻他们的希望已经越发渺茫。流亡者袭击、破坏行动、空投装备物资可以提高古巴反政府者的士气，但是他们自己不太可能具备发动起义推翻政权的能力”。该评估称反抗依然存在，但内部抵抗力量有可能不断遭受减员，抵抗人员或被捕或死亡或逃跑，并且无法得到有效的补充。目前对古巴岛内的反对派势力已“无法有效进行衡量”，是否会有更多的人最终愿意冒险加入或暗中支持反对派斗争，这种情况既无法排除也无法预测。唯一可以肯定的是，“反抗活动规模很小且无法对抗卡斯特罗政权的安全力量”。所以，评估相信，

[1] NIE 85-65: Cuba, 19 August, 1965.
[2] NIE 85-63: Situation and Prospects in Cuba, 14 June, 1963.

无论从外部获得多少装备和支持，所有反对派都缺乏具有革命性和改革性的、能够吸引大多数古巴人的领导和目标，无法建立起能够挑战卡斯特罗的力量。“即使在最有利的情况下，任何一个反对派想要推翻共产党政权之前，都必须获得（古巴）绝大多数军队的支持，还得考虑苏联军队的存在。”[1]

其次，苏联的大规模经济援助挽救了古巴经济的颓势。受美国经济制裁的影响，1960 年至 1962 年古巴经济大幅衰退，导弹危机之后其产值依然继续下降。不过，古巴获得了苏联持续支持的保证，后者不但提供高额物资、信贷援助，还以高于国际市场均价的水平购买古巴食糖以抵消古巴的部分债务。这样一来，可用消费品和服务的分配格局发生了根本变化，经济衰退带来的政治影响已经得到缓解。在这种情况下，国家情报评估坚信，“古巴的经济形势并不是卡斯特罗政权的致命弱点，也不可能变成弱点……迄今还鲜有证据表明因为对经济不满而导致使用极端方式的活动颠覆政权”。[2]

最后，古巴政权对卡斯特罗本人极度依赖的弱点很难加以利用。一是相比几年前，卡斯特罗对其继任者有了更周密的考虑。卡斯特罗在 1964 年 5 月 1 日的讲话中透露，如果他倒下，他希望社会主义革命统一党的领导层能接管政权。他显然希望他的继任者将是一个由核心成员组成的委员会，这样可以防止个人的独断专行，确保权力平稳过渡。二是新任领导人可能“比卡斯特罗更依赖苏联，因为他不会像卡斯特罗那样拥有大批古巴人的忠诚”[3]，这对美国来说只会适得其反。基于上述分析，NIE 85-63 得出的结论是，“国内的政治反对派或经济困难将不可能导致政权崩溃”。

[1] NIE 85-63: Situation and Prospects in Cuba, 14 June, 1963.

[2] Ibid.

[3] Ibid.

危机之后，卡斯特罗将更多的精力投入国内建设方面。1963 年，古巴先后颁布了三项新的法律：第二次土地改革法、劳动定额与工资等级法和义务兵役法。第二次土地改革法规定，征收超过 5 卡[1]的全部私有土地，古巴农村中的大庄园制和富农经济均被消灭，农业用地的国有化程度提高到 70%。劳动定额与工资等级法主要适用于工人，其目的是通过提高个人效率，在保持工人合理的政治愿望和通过对工人大规模再分配从而增加产出、降低成本的经济需求之间寻求平衡。古巴政府在经过 18 个多月实验的基础上，开始推广劳动定额与工资等级制度。义务兵役法要求古巴所有 17 至 45 岁之间的男性进行注册，全职或兼职服役，并将服役时间由两年改为三年。

国家情报评估对这些新法规的出台非常关注，认为这是古巴在“推进其公有化计划”的道路上更进一步。NIE 85-64 认为，“这三部法律如果全面实施，将会对几乎所有古巴人产生深远影响。这些法律不但侵占了那些不再对政府抱有幻想的民众的利益，而且伤害了农民和学生的利益，后者构成了卡斯特罗最强大的支持力量”[2]。按照该评估的分析，第二次土地改革法损害了中小规模农场主的利益，劳动定额制度无助于从根本上解决劳动力士气低下的问题，而义务兵役法取消了学生免除兵役的特权，势必增加学生阶层的不满。但是，“强大的安全机构几乎肯定会控制民众的不满情绪，以免政权受到威胁”。

NIE 85-64 还注意到，古巴重新调整了经济发展战略。在国内经济建设方面，古巴放弃了早期不切实际的工业化和农业多样化的计划，这一计划的最主要后果就是破坏了已有的食糖生产基础。这时的古巴“绕了一圈又回到原点，在苏联的支援下重新集中发展糖业，于 1963 年底提出了

[1] 卡，面积计量单位，5 卡相当于 67.15 公顷。

[2] NIE 85-64: Situation and Prospects in Cuba, 5 August, 1964.

1970年生产1000万吨的宏大目标”。在对外贸易交流方面，古巴政府加紧努力扩大与西方国家的贸易关系，希望通过这些手段“不仅可以减轻美国经济封锁计划产生的不利影响，也能达到降低古巴政治孤立感的目的”[1]。

此外，卡斯特罗还牢牢地控制着古巴军队和国家安全机构，因此，NIE 85-64认为，“目前情况下，民众对政府的不满情绪不太可能发酵成为使政府倒台的有效力量。卡斯特罗已显示出非凡的能力，可以使组成政府的不同团体之间保持程度可行的团结。他已经能够被许多古巴人接受，或者没有人积极反对他所领导的革命的公有化和组织化”[2]。

古巴经济经过一段时间的明显下滑之后，在1963年下半年趋于稳定，此后受益于食糖产量的增加而持续好转。工业和基础服务依然饱受零配件短缺之苦，但1964至1965年的总产量有所提高。NIE 85-65认为，在苏联的大力援助之下，古巴商品和服务的供应“已经差不多恢复到卡斯特罗革命前的水平”。综合古巴国内各方面的情况，该评估明确地指出，卡斯特罗对权力的控制是稳固的，“在可预见的未来实际上没有推翻他的机会”[3]。

三、对革命输出问题的谨慎低调

古巴革命胜利在拉丁美洲产生了深远的影响。格瓦拉说，古巴给拉丁美洲树立了革命榜样，“我们不能像美国所要求的那样，答应不输出我们的榜样，因为榜样是一种精神和具有精神元素的东西，是能超越国界

[1] NIE 85-64: Situation and Prospects in Cuba, 5 August, 1964.

[2] Ibid.

[3] NIE 85-65: Cuba, 19 August, 1965.

的"[1]。卡斯特罗执政后就开始对拉美国家革命进行支援，先后向尼加拉瓜、巴拿马、多米尼加共和国和海地派遣小股反抗力量，不过这些行动都没有成功。此后，古巴还通过对外宣传、人员培训、提供资金、运送武器等手段支援拉美国家的革命活动。1960 年 7 月 26 日，卡斯特罗在一次纪念集会上宣布，要把安第斯山脉变成美洲的马埃斯特腊山。[2]

这种在古巴领导人看来是"输出榜样"的革命，在美国政府看来却是极其危险的，一旦输出成功，必将会对美国利益构成直接威胁。因此，从美国的角度来看，这是不折不扣的"颠覆活动"。这种称谓上的反差，鲜明地体现了古巴与美国在意识形态上的冲突。在导弹危机之前，国家情报评估对古巴革命输出活动的主要认识是，"古巴会努力避免通过军事手段输出革命"[3]。国家情报评估认为，出于国际影响的考虑，古巴推动拉美国家进行颠覆活动的努力将可能仅限于宣传，比如组织广泛的文化代表团、古巴友好协会以及类似的机制以传播古巴革命事迹，又如通过古巴驻拉美国家的使馆和领事馆分发宣传材料，再如古巴电台面向整个拉美进行革命性的广播宣传，以此鼓励拉美其他国家的反对派造反。此外，古巴还可能秘密地向其他国家的革命者提供财力资助、物质支持和技术指导。可以说，在这一时期，古巴革命输出的效果不仅取决于古巴本国的能力及古巴榜样的吸引力，而且取决于美国政府抵制古巴此类活动的决心。

古巴导弹危机之后，美国政府的抵制行动会因为美国承诺不入侵古巴而受到束缚，也就是说，古巴在拉丁美洲进行革命输出行动的空间更加宽广了。为此，危机之后国家情报评估针对古巴的第一份报告 SNIE 85-4-62，

[1] 〔英〕理查德·戈特：《拉丁美洲游击战运动》（复旦大学历史系拉丁美洲研究室译），上海人民出版社 1975 年版，第 36 页。

[2] 洪育沂主编：《拉美国际关系史纲》，外语教学与研究出版社 1996 年版，第 272 页。

[3] NIE 80/90-61: Latin American Reactions to Developments in and with Respect to Cuba, 18 July, 1961.

即以“卡斯特罗在拉丁美洲的颠覆能力”为题，这充分显示出国家情报评估对新形势下重新评估古巴在拉丁美洲进行革命输出能力的重视。

SNIE 85-4-62 通过梳理卡斯特罗政权自执政以来的颠覆活动，细致地分析卡斯特罗自身能力，就古巴进行颠覆活动的资源、颠覆能力依赖的因素及未来可能颠覆的目标进行了详尽的分析，得出的结论是，卡斯特罗在拉丁美洲进行破坏和其他颠覆性活动的能力强弱，取决于古巴国内局势的稳定与否，取决于苏联对古巴的支持程度。鉴于此，“卡斯特罗不会贸然发起行动”[1]。

事实上，导弹危机过后，古巴对拉美国家输出革命的活动举步维艰，撇开美国与苏联制衡的要求限制了古巴行动的自由不谈，古巴的这种行为并不被其他拉美国家的政府接受，甚至没有得到这些国家共产党的积极回应。除了在委内瑞拉和危地马拉发生了极其轻微的暴力革命活动，其他拉美国家都没有出现卡斯特罗式的革命。委内瑞拉是卡斯特罗革命计划的优先目标，但 1962 年发起的革命输出活动遭到惨败。在巴拿马，1963 年 1 月的反美骚乱中形成的反政府舆论，似乎给了卡斯特罗主义者以主动暴力活动反对脆弱寡头政权的特殊时机，但在巴拿马的卡斯特罗主义者最终却以在确定的政治体系内逐渐增加影响力为首选策略。在巴西，古拉特总统 1963 年 3 月在政变中下台，左派失去了在巴西政府中的重要职位，这导致极左派发挥和扩大政治影响力的前景黯淡，且新政府与古巴的关系随即破裂。总之，卡斯特罗的革命希望在这段时间遭受了严重挫折。

NIE 85-63 重点评估了古巴实施海外军事行动的能力。报告认为，受限于空运或海运能力的不足，古巴实施海外行动的规模不太可能会超过一个营。再者，出于政治和军事上的原因，“卡斯特罗政权最不可能的就是

[1] SNIE 85-4-62: Castro’s Subversive Capabilities in Latin America, 11 November, 1962.

进行这种性质的军事行动”。因此，古巴采取的主要形式将是宣传、有限的财政援助、政治教育及训练颠覆活动技术和游击战。同时，评估指出，导弹危机“在中美洲小国之间加大了解决古巴问题的压力”，这些国家已加紧努力控制和打击反政府活动，这无疑增加了古巴革命输出的难度。因此，评估预测，古巴未来可能会避免与美国发生危机，避免大张旗鼓地实施行动，转而通过外交和经济等手段实施渗透。[1]

NIE 85-64 集中评估了古巴革命输出带来的影响。1964 年 7 月，第 9 次美洲国家外长协商会议作出决定，要求美洲国家组织各成员国同古巴断绝外交关系，并停止贸易和航运联系。评估认为，近一年以来的事态发展“趋于使大多数美洲国家组织成员国政府的反卡斯特罗立场变得强硬……这一决议对古巴的心理打击多于经济影响”。古巴在西半球的政治孤立形势显然有利于抑制卡斯特罗的革命输出。不过，国家情报评估同时指出，对于在其他拉美国家爆发革命的可能性不能掉以轻心，这是因为拉美的大量人口与有限资源之间的矛盾突出，经济和社会发展程度无法与人民的上升预期保持平衡，这意味着拉美国家会长期处于不稳定的状态，民众对现有政府的不满情绪会持续存在。在这种情况下，“几百名卡斯特罗主义者或古巴提供武器的少数人员，就可以提供推翻现有政府的最初动力或甚至是决定性因素”。因此，国家情报评估建议，必须要预见突如其来的变化和革命的情况。[2]

NIE 85-65 对古巴革命输出的发展趋势有了进一步的认识。一方面，评估认为古巴今后还会将革命输出作为一项重要的政策。这不但是因为卡斯特罗本人是一名“自我中心主义者”，喜好夸大古巴及他自己在世界事务中的重要性，而且是因为拉美其他国家发生革命将是打破古巴在西半球

[1] NIE 85-63: Situation and Prospects in Cuba, 14 June, 1963.

[2] NIE 85-64: Situation and Prospects in Cuba, 5 August, 1964.

被孤立状态的最佳希望。因此，在古巴有限的能力范围内，“卡斯特罗将继续向一些拉美国家和少数非洲国家的活跃革命分子提供培训和一些秘密援助”，但是他会“在这方面非常谨慎”。另一方面，评估还指出，古巴有关革命输出的思路发生了重大的调整。“卡斯特罗似乎放弃了整个拉美即将爆发革命的想法。”[1]

导弹危机之后，古巴革命政权在拉丁美洲革命输出活动的态度逐渐转为低调与谨慎，国家情报评估在这个变化过程中的分析和预测基本上都是正确的。可以说，古巴革命具有强烈的象征意义，但同时也是一桩难以复制的历史事件。在经历了 20 世纪 60 年代初期的革命输出之后，卡斯特罗本人也意识到这一点。因此，卡斯特罗政权不再大张旗鼓地充当拉丁美洲革命的“急先锋”，而是集中关注那些革命活动积极的国家，比如委内瑞拉、危地马拉、哥伦比亚和秘鲁，由这些拉美国家本地的革命分子承担主要的革命工作，让古巴承担配角的作用。

第三节　美国对古巴遏制政策的确立

战后美国追求的国家利益和对外政策目标，虽然因其多样化而难以明确界定，但至少有两点是最基本的：一是美国的安全与繁荣，二是美国势力的扩张。而战后能对美国国家利益构成威胁的力量主要就是苏联。地缘政治和意识形态的因素复杂交织在一起，使苏联成为美国追求其国家利益

[1] NIE 85-65: Cuba, 19 August, 1965.

的最大威胁和障碍。[1] 在这样的背景下，以限制和减少苏联影响力的遏制政策成为战后美国推行的基本战略之一。导弹危机促使美国事后对古巴外交政策进行深刻反思，审慎考虑古苏关系之后开始将对古政策纳入遏制政策体系之中。

一、对古巴经济制裁和外交孤立

对美国而言，古巴对美国在军事上的威胁无疑是蚍蜉撼树，它对美国的威胁完全是政治性的，如国家情报评估所述，“对于共产主义势力而言，古巴代表了一个无价的机会”[2]，卡斯特罗和古巴革命成功地创造了藐视美国这样一个可以大写特写的范例，同时也为共产主义势力在整个拉丁美洲的宣传和推广提供了基础。从美国的立场来看，卡斯特罗政权最大的威胁在于，以古巴为中心的革命运动可能会波及拉丁美洲各国，威胁美国在拉美的霸权地位。阿根廷总统弗朗迪西就曾警告美国：“卡斯特罗并不是根本问题。铲除卡斯特罗并不能解决根本问题。需要加以打击的是产生卡斯特罗的条件。即使铲除了卡斯特罗，而这些条件却原封不动的话，新的卡斯特罗还会在整个大陆到处冒出来。”[3] 因此，美国必须首要依靠政治手段抵制和消除这种“威胁”。导弹危机之后，美国更加严厉地运用经济和外交两种公开的手段制裁古巴。

1962 年 12 月 22 日，肯尼迪政府决定对将商品运往古巴及将古巴商

[1] 张小明：《乔治·凯南遏制思想研究》，北京语言学院出版社 1994 年版，第 25—26 页。

[2] SNIE 85-3-60: Prospects for the Castro Regime, 8 December, 1960.

[3] 〔美〕小阿瑟·施莱辛格：《一千天》（仲宜译），生活·读书·新知三联书店 1981 年版，第 101 页。

品运往国外的船只进行惩罚（包括任何国家的船只）[1]。1963 年，肯尼迪政府签署了第 220 号国家安全行动备忘录，禁止从事古巴贸易的商船运送美国政府出资购买的货物。6 月，美国公布了对古巴禁运最重要的法规《古巴资产控制法规》，禁止一切与古巴的贸易，冻结古巴国家或个人在美国的有价证券，禁止受补贴的企业在第三国与古巴做生意。1964 年 5 月，肯尼迪遇刺后继任的约翰逊总统决定完全禁止向古巴销售药品和食物，使美国对古巴的经济封锁和贸易禁运政策发展到极点。

可以说，自古巴革命以来，美国始终没有停止使用经济手段制裁古巴，哪怕实际上并没有对卡斯特罗政权产生伤筋动骨的效果，如国家情报评估曾数次指出那样，苏联会对古巴进行经济援助使其经济不至于发生崩溃；甚至有的情况下利大于弊，如禁运政策长期以来掩盖了古巴政府经济管理能力不足、体制结构存在缺陷等弊端，反而成为古巴解释其经济落后的正当理由。但是，这一政策毕竟带有强烈的政治效应，象征着美国对古巴的态度和立场。正是在美国的要求和影响之下，西方国家完全停止了对古巴出口军事战略物资，运往古巴的非军事战略物资和从事对古巴贸易的西方国家船只也大大地减少。

相比之下，对古巴在外交上的遏制显得更有实效。1964 年 7 月，在华盛顿召开了第 9 次美洲国家外长协商会议。此次会议上，美国成功地利用了多数拉美国家对古巴在拉美推行游击中心主义的反感，并施以一定的压力，终于通过了对古巴进行“集体制裁”的决议。决议的主要内容是：美洲国家政府不保持同古巴的外交和领事关系；中断同古巴的一切贸易往来；中断和古巴之间的一切海运。至当年 9 月，除了墨西哥外，其他拉美国家的政府都与古巴断绝了外交关系，古巴在西半球陷入了前所未有的孤

[1] Circular Telegram to All Latin American Posts, Doc. 255, *FRUS, 1961-1963, Volume XI, Cuban Missile Crisis and Aftermath*, pp. 635-636.

立。这种状况一直持续到 20 世纪 60 年代末，70 年代初才有改观。

二、对古巴隐蔽行动的基本废止

与导弹危机之前相比，美国对古政策最大的变化就是美国企图颠覆卡斯特罗政权的隐蔽行动被迫收敛。在卡斯特罗政权的头几年里，古巴同苏联关系中的主要问题一直是确保古巴安全，使其不被美国或明或暗地颠覆。美国对古巴的颠覆政策正是诱发古巴导弹危机的直接原因之一。卡斯特罗不仅寻求苏联的军事援助来建立他的武装力量，而且要求苏联正式承担在美国采取敌对行动时保卫古巴的义务。借用邦斯尔大使的话说，卡斯特罗“1959 年的胜利是激进的、纯粹民族主义的；他之所以转而依赖苏联，完全是由于美国 1960 年春季的行动，使苏联人除了挽救卡斯特罗之外，别无选择”[1]。

导弹危机期间，苏联在美国压力下的退缩，表明苏联在军事上处于相对劣势，使古巴领导人对莫斯科保卫古巴的意愿和能力产生怀疑。不过，无论如何，为了保全社会主义在加勒比地区唯一的基地，苏联要求美国作出的让步之一就是承诺不武装进攻古巴，这使古巴得以幸存下来。危机期间，肯尼迪致信赫鲁晓夫，声明会“立即取消现在实行的隔离检查措施，保证不入侵古巴”，并且“确信其他西半球国家也会准备这样做”。[2] 换言之，卡斯特罗政权获得了生存和发展的战略空间。虽然事后美国以古巴反对联合国核查为借口，拒绝以书面形式作出不入侵古巴的正式保证，但

---

[1] Philip Wilson Bonsal, *Cuba, Castro, and the United States* (Pittsburgh: University of Pittsburgh Press, 1971), p. 67.

[2] 《肯尼迪致赫鲁晓夫的信》（1962 年 10 月 27 日），引自沈志华、杨存堂主编：《苏联历史档案选编》第 29 卷，社会科学文献出版社 1999 年版，第 134 页。

是，1963 年 1 月 11 日，参议院对外关系委员会的行政听证会上，国务卿腊斯克实际上承认了美方的承诺。同时，他又强调这并不意味着美国“在任何情况下都不会入侵古巴”，如果卡斯特罗做出任何“在我方看来”可以使入侵名正言顺的行为，如挑衅他国、进攻美国在关塔那摩的基地等，美国都会向古巴用兵。[1]

不过，在苏联的影响下，古巴的外交政策一直保持了谨慎的态度，并没有给美国以可乘之机。苏联在古巴政治中所起作用之大，几乎和美国在过去所起的作用不相上下。苏联是古巴主要产品的主要市场；它向古巴提供武器和情报，如果没有这些武器，古巴政府未必能够维持下去；它甚至拿走了古巴果品和蔬菜这类次要产品的大部分；它还是古巴小麦和石油的唯一供应者。1967 年，苏联驻古巴大使馆的一个官员明白地告诉古巴政府高层：“我们只需说一句，修理工作在巴库停三个星期就够了。”[2] 显而易见，在很多对苏联具有真正重要意义的问题上，卡斯特罗不得不唯苏联的马首是瞻。

1963 年夏天，肯尼迪总统仍然批准了对古巴适宜目标实施有限的“打击和轰炸”计划，中央情报局也在继续制订暗杀卡斯特罗的计划，但是，来自美国的公开大规模入侵的危险基本消除。在 1963 年的大部分时间里，中央情报局在古巴的暗杀和破坏行动也都仅限于小规模的。到 1965 年，此类活动基本完全终止。[3] 纵观整个冷战期间，虽然古巴与美国

---

[1] “Briefing on the World Situation, January 11, 1963,” in *Executive Sessions of the Senate Foreign Relations Committee* (Historical Series), Vol. 15, 88 Cong. 1 sess., 1963(GPO, 1987), pp. 17-26. Quotations from pp. 25, 23.

[2] 劳尔·卡斯特罗在中央委员会的讲话，参见〔英〕休·托马斯：《卡斯特罗和古巴》(斯禾译)，上海人民出版社 1975 年版，第 817—818 页。

[3] Stephen Rabe, “After the Missiles of October: John F. Kennedy and Cuba, November 1962- November 1963,” *Presidential Studies Quarterly,* Vol. 30, No. 4, December 2000, pp. 714-726.

之间尖锐的分歧仍不时发生，但在1962年之后没有再出现一场严重危机。古巴、苏联和美国三方在危机后都在不断协调彼此关系间的平衡点：古巴利用美国与苏联之间的争霸，通过依附苏联以求取生存空间；苏联为在西半球开辟与美国抗衡的据点，力保卡斯特罗政权不被推翻；美国在确认古巴不会对自己在拉丁美洲的政策和利益造成根本性的破坏后，权衡利弊并逐步将颠覆的策略调整为遏制。可以说，美苏古三国找到了一个相对稳定的三角关系定位。

小结：评估模式的成熟与对古巴遏制政策的稳定

回顾国家情报评估对古巴革命政权的认知过程，其评估思路一直处于摸索和调整之中。1959年前后，国家情报评估虽将卡斯特罗领导的革命活动定义为非共产主义性质，但同时也认识到，不能简单地使用以往的眼光和经验来看待新生的革命政权。多份评估报告均提到"七·二六运动"与古巴共产党之间缠绕不清的复杂关系，这是卡斯特罗政权明显有别于古巴以往历任政府的突出表现。随后的事态发展表明，古巴最终步入了社会主义国家的行列，但国家情报评估并没有将分析苏联等其他社会主义国家的模式移植到对古巴的评估中，美国情报界更倾向于将其视为一个具有古巴特色的威权政体。这样的考虑不无道理，虽然与其他社会主义国家一样，古巴革命政权也强调共产主义的意识形态，政党控制军队，中央指令经济，但是古巴国内对卡斯特罗存在一种狂热的个人崇拜，且卡斯特罗在国内国际事务上的特立独行都使古巴在社会主义国家中显得有些"异类"。

基于此，国家情报评估对古巴革命政权的评估逐渐形成了“卡斯特罗模式”的雏形，也就是说，具备了属于古巴本国的时代特征与主题。同时，古苏关系在美国外交决策的思维模式中始终是美国对古巴敌对政策制定的起因之一，在这个问题的评估上，国家情报评估将其放在对卡斯特罗政权评估的一个重要位置，但并非位居首要。古巴导弹危机令国家情报评估对古苏关系有了更深刻的认识，并将古苏关系的评估摆在对古评估的首要位置。国家情报评估对古巴研究范式的建立，使其在总体方向和主要结论上都更加贴近实际。

正是基于这一范式下所获得的认识，美国逐步意识到，如何处理与古巴的关系实际上就是如何处理与苏联的关系，对古政策要服从对苏政策。苏联利益的重点，以及苏联当时对拉丁美洲革命运动的主攻目标和活动，倒不一定在于扩大苏联的控制，或建立彻底的共产党政权，而是培植对美国的敌对情绪，培植拉丁美洲社会中那些与美国有联系，或赞成走传统民主道路的人们的敌对情绪。因此，问题的关键不再是如何尽快颠覆卡斯特罗政权，而是如何有效控制该政权的地区影响，避免“第二个古巴”的出现。因此，美国最终于 20 世纪 60 年代中期对古巴形成了较为成熟的遏制政策。遏制是战后美国贯穿始终的策略思想和一脉相承的基本国策[1]，对 20 世纪后半叶的世界政治格局产生了重大影响。遏制政策主张美国加强自己的力量，加强与西欧国家的关系，以军事包围、经济封锁、政治颠覆，特别是局部武装干涉和持续不断的政治冷战来遏制苏联及其他社会主义国家的发展。该政策奠定了美国对古巴政策的基调，在此后的冷战岁月中一直为美国历届政府所延续。

---

[1] John Lewis Gaddis, *Strategies of Containment: A Critical Appraisal of Postwar American National Security Policy* (New York, NY: Oxford University Press, 2005), p. 12.

第五章

有关古巴的国家情报评估之评析

在古巴革命胜利半个多世纪后的今天，随着时间的沉淀，各类档案材料陆续公开化，加勒比海岛那段风起云涌的历史图景如同碎片一般不断被拼接起来，日渐以真实的面目展现在世人面前。在20世纪50年代末至60年代中期，国家情报评估是如何认识古巴革命政权的？有关的评估报告的准确性如何？国家情报评估对于这一历史阶段美古关系的历史性变化有多大影响？整个事件给现实的情报评估工作带来的经验和教训又是什么？通过考察这些评估，我们可以得出一些基本的判断。

第一节　评估效果：瑕瑜互见，瑕不掩瑜

在对国家情报评估的准确性进行评价之前，首先要明确的一个前提是，我们应当本着历史主义的立场来看待和评论这些情报评估报告，而非以“后见之明”的态度妄加评判。因为情报评估是一项充满风险的事业，评估对象会隐蔽某些活动，甚至会使用反侦察技术与欺骗手段来迷惑评估者。而且评估对象的战略意图随时会发生变化，这就意味着即使情报来源可靠，也无法确保作出准确预测。

一、在几大基本方面较为准确的分析和预测

国家情报评估的撰写人员充分意识到情报评估的风险，为了尽可能地降低这种风险，几乎每份评估报告都会对其结论设置先决条件，以谨慎表明其预测结果的局限性，并使用“在本评估期内”等表述方式限定其时效性。例如，NIE 85-63 预计卡斯特罗政权一年后将比现在还要稳固，这一结论设置的条件是“形势没有大的变化，比如说卡斯特罗去世，卡斯特罗与苏联关系破裂，美国果断实施干预等，这些情况都没有发生”[1]。多年主持国家情报评估工作的谢尔曼·肯特对此坦言：“国家情报评估要是仅限于对不争事实进行陈述，那么任务就安全、简单了。当然，其结果就不能被称为评估。根据定义，评估是超出既定事实进入未知世界的一种探索、一场冒险活动，评估者在此过程中通过类比、推测、逻辑和判断获取帮助

[1] NIE 85-63: Situation and Prospects in Cuba, 14 June, 1963.

和鼓励。当然，有时他得出的结论后来却被时间证明是错误的。承认这一点是不可避免的，并非意味着我们评估人甘于自己的不足；它只是意味着我们充分认识到我们在从事一项危险职业。”[1]

在这样的前提之下，我们可以更加客观而非苛刻地看待关于古巴的国家情报评估，看待其中出现的一些细节性的纰漏。比如说，国家情报评估倾向于使用一些带有偏见的词语描述卡斯特罗政权，并在一定程度上夸大了古巴国内的反政府情绪，认为“对卡斯特罗政权持积极支持态度的民众占总人口的 20% 左右”[2]。再比如说，NIE 85-64 以确切的口吻称：“几乎可以肯定古巴已没有苏联的作战部队。目前的撤军完成后，只剩一个主要由技术和维护人员组成的约 2000 人的军事援助顾问团。”[3] 而 16 年后，1979 年夏天美国情报部门突然在古巴发现苏联的一个战斗旅，引发了一场小规模的外交危机，经多方情报分析得出结论认为该旅已在古巴多年，可能自 1962 年起就已存在。我们应当将这些失误放在当时的历史语境和条件下加以考察，而不是用现在的眼光对其求全责备。

首先，国家情报评估关于古巴国内政治的结论颇为精妙。卡斯特罗及其领导的“七·二六运动”夺取政权后，古巴国内的政治局势极为复杂。新政权不但面临残留的巴蒂斯塔分子、保守派等势力的阻挠和破坏，而且迫切需要整合具有共产国际背景的人民社会党等左翼力量。从 1959 年武装革命胜利后的革命组织林立，到 1961 年三派合一的古巴革命统一组织，再到 1965 年正式更名为古巴共产党，其经历了“先掌权，后建党”的独特路径，在国际共产主义运动史上是罕见的，堪称独树一帜的“古巴模

---

[1] Sherman Kent, “A Crucial Estimate Relived,” *Studies in Intelligence,* Vol. 8, No. 2, Spring 1964, pp. 5-6.

[2] NIE 85-2-62: The Situation and Prospects in Cuba, 1 August, 1962.

[3] NIE 85-64: Situation and Prospects in Cuba, 5 August, 1964.

式”。在古巴如此纷乱的政治斗争中，国家情报评估牢牢地抓住了最主要的两点：一方面，一针见血地指出菲德尔·卡斯特罗长期以来在古巴无可替代的领袖地位和政治魄力；另一方面，国家情报评估对于古巴共产党中的新老势力——菲德尔主义者控制的“七·二六运动”与亲近苏联共产党的人民社会党——之间的斗争作出了精准的判断，强调前者占据了上风和主动，引领着古巴政治的未来方向。

其次，关于古巴经济形势的分析，国家情报评估做得也比较到位。经济领域的评估往往需要运用定量分析法，用数据说话，国家情报评估同样不例外。例如，NIE 85-64 梳理了 1957—1964 年古巴分别与社会主义国家和“自由世界”的进出口贸易总量。又如，NIE 85-65 详细罗列了 1957—1965 年古巴经济发展的部分重要指标，其中包括社会主义国家对古巴的援助总额、古巴进口贸易额、产品和服务的效益总值、国内生产总值和人口总数。再如，古巴的支柱产业——蔗糖的产量是国家情报评估每年必然要总结和预测的对象之一。通过这些翔实且较为可靠的数据，国家情报评估对古巴的经济发展作出了较为明确的中长期预测，指出古巴的经济不会成为卡斯特罗政权致命弱点的基本趋势。

最后，国家情报评估关于古巴外交关系的分析基本抓住了要点。1959 年底，国家情报评估就准确地预测到，古巴“将会偏离古巴在联合国与西方国家的传统结盟，将可能恢复与苏联的外交关系”[1]。1965年，NIE 85-65对古巴外交政策的总结是，古巴在国际社会中力图扮演好三个角色，即“共产主义阵营的合格成员，不结盟国家的亲密伙伴及任何反抗资本主义、帝国主义革命运动的支持者”[2]，形象地概括了古巴亲苏反美、追求相对独立的外交政策。

[1] SNIE 80/1-59: The Situation in the Caribbean through 1960, 29 December, 1959.
[2] NIE 85-64: Situation and Prospects in Cuba, 5 August, 1964.

总的来说，以 60 多年后的眼光来看，国家情报评估在评价古巴问题的许多方面是相当准确的，所作出的判断经受住了时间的考验，在后来的事态发展中得到了验证。然而，这一时期国家情报评估在古巴问题上的光芒，始终被古巴导弹危机中出现的重大失误的阴霾所覆盖。

二、对古苏关系评估的曲折起伏与迷途知返

通过回顾历史可以发现，古巴与苏联两国的关系在 1959 年之后经历了一个曲线变化，由冷漠疏离至急剧升温，再至趋于平稳。古巴革命胜利之初，卡斯特罗曾一度幻想建立所谓的“第三方力量”，即古巴与其他拉美国家连同亚非国家处于民族主义的中立世界。当时，卡斯特罗愿意采取靠近共产主义的行为模式，是因为古巴共产党的路线与他的革命观点吻合，不会对其政权构成威胁，也是因为他迫切需要外部支持来抵御美国的压力。1960 年前后，苏联对卡斯特罗政权的影响和支持也是审慎有度的，特别是有了与纳赛尔等民族主义领导人交往的经历后，苏联领导人深知与救世主式的民族主义领袖打交道需要谨慎。苏联并不迫切希望看到古巴政权显然是受其统治的局面，况且卡斯特罗所拥有的优势性民众支持使古巴共产党或苏联此时难以强迫卡斯特罗作出违背其意愿的选择。因此，在 1961 年前后，国家情报评估对古苏关系的认知基本契合了曲线的升降转折，其核心观点是古巴与苏联虽然日益亲近，但两国关系不足以使苏联领导人在古巴冒过多的风险。

从事后来看，这基本符合事实，并没有出现重大误判。但是，猪湾事件促使卡斯特罗政府认识到要对抗美国、获取生存，必须得到苏联的支持，而苏联也意识到对于社会主义阵营而言，古巴代表了一个不可替代的机会。两国的关系在这种相互需求中“换挡提速”了。然而，国家情报

评估在这种形势下对古苏关系的认识仍然停留在原地，从而导致评估结论逐渐远离事实发展的真实轨迹。这种认知上的僵化，非常明显地体现在1962年1月至（苏联在古巴的战略导弹基地最终被发现的）10月间发布的4份《国家情报评估》报告中。

第一份评估SNIE 80-62发布于1962年1月17日。虽然该评估认为未来十年间共产主义在该地区“很可能壮大”，但它的结论是“在未来一段时间内，苏联在该地区建立基地是不可能的”，因为“在苏联人看来，该地区的军事和心理价值还不足以使其犯险”。[1] 第二份评估NIE 85-62发布于3月21日。这份评估同样认为，苏联捍卫古巴或建立古巴进攻性军事能力的可能性很低。该评估指出，尽管卡斯特罗在积极努力地获取安全保障，但是苏联会“避免任何有关捍卫古巴的明确军事承诺”。该评估以更为坚定的评估口吻称，即使卡斯特罗政权被内部或外部势力推翻，“苏联几乎肯定不会直接使用自己的力量介入”，苏联会以强烈的政治行动对此作出回应，但“几乎肯定从未打算为了古巴使自身安全受到危害”。[2] 第三份评估NIE 85-2-62发布于8月1日。就在几个星期前，有情报显示苏联在古巴进行大规模的军事建设。该评估虽然确信在古巴有苏联阵营的“军事顾问和教官”以及“苏联提供的武器装备”，但再次指出苏联“不会在任何紧急情况下作出保护和捍卫古巴政权的任何正式承诺”。该评估进一步指出，“我们认为，苏联不太可能帮助古巴拥有独立承担重要军事行动的能力……至少在本评估期内，苏联阵营将不太可能在古巴设立任何种类的作战部队”。[3] 第四份评估SNIE 85-3-62是危机爆发前最关键的一份，

[1] SNIE 80-62: The Threat to US Security Interests in the Caribbean Area, 17 January, 1962.

[2] NIE 85-62: The Situation and Prospects in Cuba, 21 March, 1962.

[3] NIE 85-2-62: The Situation and Prospects in Cuba, 1 August, 1962.

发布于 9 月 19 日。到这个时候，情况已经发生了巨大变化：自 7 月中旬起，一连串的技术情报和人力情报的报告开始显示古巴正在进行一场大规模的军事建设。该评估指出，7 月中旬和 9 月初之间约 70 艘苏联船只向古巴运送了武器和建筑设备。这一数字比 1962 年整个上半年的总数还要多三到四倍。然而，这份关键的情报评估仍然得出结论认为，“苏联的政策在本质上没有变化”。这是国家情报评估在 9 个月内第 4 次声称，苏联在古巴的军事活动不过是意在维持共产主义意识形态在古巴的重要胜利而已。该评估专门对苏联部署重要进攻型基地的可能性进行了考量，但最终认为并不可行：“苏联在古巴领土上建立用于对抗美国的核打击力量，与我们现在估计的苏联政策不符。”该评估相当详尽地解释了这一判断，指出苏联之前从来没有在境外，哪怕在其卫星国，部署此类武器，这种导弹会给指挥和控制带来很大的问题，这些导弹需要相当大量的苏联人而且苏联“几乎肯定”知道这样的举动将引发“美国危险的反应”。[1] 10 月 15 日，美国情报部门通过 U–2 侦察机拍摄的照片发现了苏联在古巴部署的中远程弹道导弹，推翻了国家情报评估此前的种种结论，引发了古巴导弹危机的公开化。

从上述《国家情报评估》的判定结论上看，评估主要使用的是对比、归纳和推理的方法。美国情报界非常注重以苏联常规的行为模式为依据来分析苏联对古巴的外交政策，进而推理古苏关系的发展。其核心就是对一个问题进行隐性的比较分析：利用古巴领土和利用苏联其他盟国领土部署战略武器的问题。例如，在 SNIE 85-3-62 中，国家评估办公室注意到苏联从未在本土以外部署陆基弹道导弹，哪怕是在其忠实的卫星国领土上也未有过此类行动。对苏联这一行为模式的总结，推动评估人员得出了苏联人

[1] SNIE 85-3-62: The Military Buildup in Cuba, 19 September, 1962.

不太可能在古巴部署导弹的结论。总之，评估仅是因为苏联过去在其他地方的行为，就预计苏联当前在古巴的行为不会是“攻击性的”。显而易见，其内在的对比逻辑是扭曲的，因为这种基于相似性和连续性而得出的推理结论并无充分证据的支持。国家情报评估在考虑古巴领土对于苏联实施战略部署的价值时，过度关注了其中的负面因素，如相比在东欧集团国家部署战略力量，在古巴这样部署更具挑衅性，而且涉及指挥和控制等严峻问题。这些问题诚然存在，但是我们还可以从其他角度来看待这些差异，比如苏联想利用中远程弹道导弹有效威胁美国，只能利用古巴，因为古巴是唯一邻近美国的社会主义国家；又如在古巴部署导弹不会使苏联本土成为自己武器的受害者，而如果在东欧则会有所不同。也就是说，国家情报评估构建的分析框架是不完整的、有误导性的，将己方对形势的构建生硬地投射到对方，由此产生的“镜像风险”导致评估仅专注于对己方重要的因素。虽然这些因素非常重要，但这个框架完全忽略了对于苏联领导人来说非常重要的因素，即古苏关系的深入融合可以为苏联带来的战略优势。

国家情报评估出现失误的情况并不少见，如前文所述，出现一些细节性的失误甚至是可以理解的。但是，在同一个问题上如此连续出现重大误判，不能不引起深刻的反思。不可否认，这些评估称苏联不太可能在古巴部署核导弹，这一结论尽管是错误的，但却是基于所有可用证据作出的合理评估。在 1962 年 10 月 15 日之前，美国并没有发现古巴有战略导弹的确凿证据，相关的一切猜想都只能停留在待验证的怀疑阶段。但同样不可否认的是，在此之前，国家情报评估完全没有针对这一种可能性敲响警钟，也没有敦促政策制定者认真考虑苏联在古巴的战略收益。预警的本质不是对铁证如山的事实列举一份清单，而是预测和预防战略突袭中迫在眉睫的潜藏危险。情报预警中有一则重要信条：优秀的预警分析不会弱化异常，而是直接指向异常。虽然不是所有的异常都导致危机，但所有的危机都是由异常组成的。[1]古巴导弹危机前后古苏关系的发展可以看作是一个异常导致危机的教科书式的案例。从 1962 年春天起，苏联向古巴航运的物资在数量和体积上发生了极为异常的变化。这其中肯定发生了什么不同寻常的事情，对此美国情报部门是知道的。不过，国家情报评估依然坚持认为这属于正常范围，通过论证和推理建议政策制定者不必担心苏联会在古巴建设进攻性基地。这些情报评估没有帮助肯尼迪政府对苏联在古巴的战略意图有所戒备，反而使苏联的导弹部署显得更突然、猛烈、严重。从这个意义上来说，这的确是国家情报评估的一次重大失误。

如果不是美国情报部门于苏联在古巴完全建成一个可全面投入使用的中远程弹道导弹系统之前发现了目标，美国的情报失误将是彻彻底底的。也正是因为情报部门提前发现建设中的弹道基地，事后有不少声音赞扬情报界，强调决策者及时收到了有益的情报预警，从而占据主动并阻止了苏联毁灭性的既成事实。[2]但必须看到的是，危机事件的圆满解决并不等同于情报预警的成功，情报搜集工作的突破也不能掩盖情报评估上的重大漏洞。

尽管国家情报评估在导弹危机之后修正了与事实不符的结论，对卡斯特罗政权的认识也基本抓住了要点，但这次失误还是令国家情报评估的声誉受到严重损害，导致国家情报评估制度逐渐失去独立性，在一定程度上被排斥在国家战略决策之外。同时，这一事件也给美国情报界带来了深刻

---

[1] Cynthia M. Grabo, *Anticipating Surprise: Analysis for Strategic Warning* (Lanham, M.D.: University Press of America, 2004). p. 31.

[2] James Blight & David Welch, *Intelligence and the Cuban Missile Crisis* (London: Frank Cass, 1998), pp. 4, 7; Raymond L. Garthoff, *US Intelligence in the Cuban Missile Crisis*, ibid., p. 18; John Prados, *The Soviet Estimate: US Intelligence Analysis and Russian Military Strength* (NY: Dial Press 1982), p. 149; Victor Marchetti & John D. Marks, *The CIA and the Cult of Intelligence* (NY: Dell, 1980), p. 261.

的教训，令其逐渐意识到国家情报评估在生产组织上的缺陷和弊病。为加强国家情报评估的协调性和权威性，美国在 20 世纪 70 年代建立了新的国家情报官制度。这一制度将国家情报评估的责任按照功能和区域加以划分，明确了各个情报官的评估职责，规范了情报评估的制作过程，试图减少此类重大情报评估失误发生的概率。也正是出于这个原因，这一时期国家情报评估在古巴问题中的作为长期处于被低估的状态，没有得到应有的评价和尊重。

第二节　评估视角：从“俯视”到“平视”

自卡斯特罗领导的革命爆发开始，国家情报评估对古巴的重视程度逐渐增长。与这种不断增强的工作力度相比，评估视角也在变化之中，经历了一次由“高”到“低”的调整。

一、俯视态度在对美古关系考察中的体现

国家情报评估在对古巴革命政权的认知过程中，最初采取了一种“居高临下”的姿态。这种态度最直接表现在国家情报评估对美古关系的考察中，忽视了卡斯特罗政权在巨大压力之下寻求生存的主观能动性。具体来说，就是其评估视角仅仅局限于关注卡斯特罗政权“是怎样的”，几乎完全忽视了卡斯特罗政权“会怎么做”。也就是说，评估忽略了一系列至关重要的问题：古巴在受到美国遏制的客观环境下会怎么办？是束

手待毙还是奋起反击？如果是后者，那么古巴为应对美国遏制带来的外部压力会有什么样的反制措施？实力相差如此悬殊的情况下，古巴凭什么对抗美国？

这一视角的局限在革命政权建立的最初阶段并不十分凸显。起初，卡斯特罗政府除了没收古巴国内的美资产业、与美国进行外交口水战以外，尚未有更进一步与美国激烈对抗的举措。古巴虽然与苏联关系有所加强，但交往领域主要集中在经济方面，“没有证据表明在古巴和苏联之间有什么政策往来”[1]。可见，古巴对美国的外交政策还是有一丝弹性的，国家情报评估的主要注意力集中在对新兴政权本体的认知是可行的。

然而，1960—1961 年间古巴革命政权的生存空间发生了剧烈的变化。美国先是拒绝向古巴提供其社会变革所需要的外来支持，然后开始对古巴实施一系列的颠覆措施。实际上，美国对古巴的这种颠覆是不留余地的，再加上苏联势力逐渐介入，美国希望这种颠覆是速战速决的。时任国防部长麦克纳马拉等人后来都承认，当时美国对古巴的政策“简直就是歇斯底里”[2]。可以说，美国对古巴在这一时期的颠覆政策从本质上可被理解为“扼杀”，即推翻新兴的卡斯特罗政权，从而避免在拉美国家中引发共产主义的多米诺骨牌效应。随着美国颠覆政策的执行，古巴感到急需苏联的支持来对抗美国，而苏联也意识到古巴巨大的战略价值，两国的关系在这种相互需求中逐渐产生了质变。古苏关系越是紧密，美国推翻卡斯特罗政权的愿望就越发迫切，对古巴的颠覆也越来越变本加厉。然而，在这整个过程中，国家情报评估始终以一个游戏规则制定者

---

[1] NIE 85-2-60: The Situation in Cuba, 14 June, 1960.

[2] Thomas Paterson, ed., *Kennedy's Quest for Victory: American Foreign Policy, 1961-1963* (New York: Oxford University Press, 1989), p. 123; Don Bohning, *The Castro Obsession: U.S. Cover Operations Against Cuba, 1959-1965* (Washington, D.C.: Potomac Books, 2005), p. 92.

的身份俯视评估对象古巴，将其设定为一个静止、被动的目标，这显然与实际情况不相符合。

二、俯视态度在对古苏关系考察中的体现

国家情报评估这种“居高临下”的态度还表现在对古苏关系的考察中，过度地偏重分析苏联的主体地位。诚然，苏联在其绝大部分卫星国之中是占据着绝对主导地位的，但古巴的情况似乎不能一概而论。

古苏关系发展的最初动因主要是由于古巴而非苏联采取主动。在20世纪60年代以前，拉丁美洲并不是苏联优先考虑和感兴趣的地区。赫鲁晓夫在50年代提出在第三世界建立一个“和平地区”的方案，首先注意到的是亚洲和非洲，并不包括拉丁美洲。苏联在那个时期为第三世界设立的一个主要阵线组织——亚非人民团结组织，顾名思义，拉丁美洲并不被包含在其中。限制苏联在拉丁美洲活动的因素主要有三个：可供苏联利用的机会，苏联利用这些机会的能力，以及美国对这个地区的控制。可以说，自苏联成立之后，要对离它如此遥远的拉美地区采取一种积极的战略，苏联是有心无力的，而且可供苏联利用的机会也不多。更重要的是，苏联深信拉丁美洲是处于美国的牢固控制之下，对于任何左派政权或苏联的重大影响，美国想必都不会容忍。当时，苏联的领导人并不讳言他们在拉丁美洲的首要目标，“并不在于取得新的附庸，而是要破坏美国在该地区的力量和影响”[1]。不过，古巴革命，尤其是卡斯特罗政权在猪湾事件中幸存下来，大大影响了苏联对拉丁美洲的印象。

换言之，古巴之于苏联，是锦上添花，而苏联之于古巴，却是雪中送

---

[1] 〔美〕利昂·古雷、莫利斯·罗森堡：《苏联对拉丁美洲的渗透》（复旦大学历史系拉丁美洲研究室等译），上海译文出版社1979年版，第6页。

炭。为了保卫革命政权，卡斯特罗认识到，除了古巴人民极大的爱国热情外，尚需优良的军事装备。当时只有苏联在军事上堪与美国相匹敌，所以，卡斯特罗开始向苏联寻求军事援助和保护。1962 年春天，卡斯特罗告知苏联："我们非常忧虑美国对古巴的直接军事入侵，同时我们正考虑如何加强我们国家抵抗进攻的能力。"[1] 古巴正是因为处理与美国关系方面基本没有选择余地，只能加速向苏联阵营靠拢。这恰恰为导弹危机的爆发埋下了伏笔。反观国家情报评估，在考察古苏关系的时候，往往是以苏联的立场出发，动辄以"与苏联的政策是否相符"判定古苏关系的进展，几乎没有设身处地地从古巴的角度考虑，忽略了古巴在古苏关系中的主动性，从而导致对古苏关系评估结论的僵化。

三、俯视态度的根源及俯视向平视的调整

国家情报评估在古巴问题上的这种俯视态度，最主要原因在于美国人根深蒂固的"大国"意识作祟，从而忽视了从"小国"视角看问题。古巴问题既是美国如何处理与古巴的关系问题，又是如何对待拉丁美洲国家的问题，而在这两点上美国都具有强烈的优越感。

先看美拉关系，美国与拉丁美洲国家同处西半球，联系极其密切，彼此之间的外交关系可以追溯到 19 世纪初。在美国扩张触角尚未伸向大洋彼岸的时候，美国外交重点主要在西半球。即使是在美国开始扮演"世界警察"角色之后，拉丁美洲在美国的全球战略中仍然具有举足轻重的地位。美拉关系一直处于一种不平等的状态，美国始终把拉美作为一个特殊的势力范围，欲控制而后快。美国在独霸美洲的过程中，利用自己发展起

[1] Michael R. Beschloss, *The Crisis Years: Kennedy and Khrushchev, 1960-1963* (New York: Burlingame, 1991), p. 377.

来的政治、经济和军事优势，不遗余力地保证美国在西半球的霸主地位。特别是邻近的中美洲和加勒比地区对美国国家战略目标的实现利害攸关，那里长期成为美国对拉美政策的重点地区，历届美国总统都未放松过对这一地区的控制。尤其是，美国对危地马拉阿本斯政权武力干涉的成功，使美国情报部门更加沉迷于“危地马拉胜利”的经验。阿本斯政权与卡斯特罗政权在很多方面如出一辙：倡导国家走上独立自主的道路，推行激进的社会改革和经济改革，在对外交往中反对唯美国之命是从。1954 年 6 月中旬，在美国策划下，一支由美国支持和提供装备的雇佣军入侵危地马拉，致使该国陷入混乱之中。短短十几天后，阿本斯最终被迫宣布辞职。美国情报部门依据危地马拉情况类比分析古巴问题，殊不知从地理条件、国内安全和领导集团的情况看，古巴都不是第二个危地马拉。

再看美古关系，美国与古巴历来都处于实力相差悬殊的状态，古巴自 1898 年取得名义上的独立之后，政治经济命脉一直牢牢地被美国掌控，长期成为美国的一个“统而不并”的保护国。再加上，第二次世界大战加速了国际政治力量对比的变化，改变了全球的权力分配，美国以世界最强国的姿态进入战后时代，这令美国对古巴有着绝对的心理优势。举例来看美国对古巴的“主人”情结，肯尼迪在批评艾森豪威尔政府没有处理好卡斯特罗推翻巴蒂斯塔政府的问题时，曾说：“在这位脾气暴躁的年轻反叛者胜利之际，尤其是当他向祖国挺进时，如果美国能够给予热烈的‘欢迎’，或许这个热爱棒球的年轻岛国领袖就不会‘走上’共产主义道路。”[1] 这句话意味深长，但后来也备受争议，因为卡斯特罗的行为并不是个性使然，而是和美国的行为息息相关，美国对卡斯特罗的态度反过来又塑造了

[1] John F. Kennedy, *The Strategy of Peace* (New York: Harper & Brothers, 1960). 参见〔美〕戴维·科特罗普夫：《美国国家安全委员会的内幕》（孙成昊等译），商务印书馆 2014 年版，第 97 页。

他。这是一个生动的例子，很好地反映了近现代历史上美国人在古巴问题上表现出来的高傲心态。在这样一种潜意识的驱动之下，国家情报评估俯视古巴的姿态似乎是顺理成章的。

古巴导弹危机的爆发促使国家情报评估调整对古巴评估的视角，以国与国之间平等的角度正视卡斯特罗政权在处理国内、国际事务上的自主性和能动性。国家情报评估认识到，古巴的命运不再简单地由某一方决定，而是美、苏、古三方角力，相互妥协之后产生的结果。SNIE 85-4-62 指出，古巴的未来取决于多重因素，其中包括“古巴的形势，苏联对古巴的政策,美国及其他拉美国家应对卡斯特罗政府威胁的政策和执行情况”[1]。在美国 U–2 飞机飞越古巴的问题上，国家情报评估认为，苏联和古巴都采取了克制的态度，但这种克制的极限有所区别。就卡斯特罗而言，长期持续且规模不断扩大的飞行是美国通过展示实力以体现古巴政权的软弱，“他可能会觉得面临的压力越来越大，有必要作出一些有效的明确回应”。而苏联主要关注的是冲突升级的危险，因此“对于卡斯特罗的抵抗要求，苏联可能会建议继续保持克制”[2]。这就导致古巴和苏联在使用萨姆地空导弹上可能出现分歧。多方证据显示，苏联会在 1964 年夏天之前将萨姆系统的操作和控制权移交给古巴。移交之后，卡斯特罗完全控制了萨姆导弹的发射权，苏联只能依靠其政治和经济影响力给出建议。因此，NIE 85-64 和 NIE 85-65 都对卡斯特罗可能使用萨姆导弹的时机和结果作出了具体的分析。可见，当情报评估以平等的姿态看待评估对象的时候，才能看得真切，才能接近实际，才能获得较为客观的认知并朝向解决问题的方向发展。

---

[1] SNIE 85-4-62: Castro’s Subversive Capabilities in Latin America, 11 December, 1962.

[2] SNIE 85-2-63: Reactions to U.S. Low-level Overflights of Cuba, 21 February, 1963.

第三节　评估逻辑：逐步推进，环环相扣

从1957年开始，国家情报评估频繁地对古巴革命政权进行评估工作，预测未来几年古巴的发展趋势。这些评估报告往往是在各类专项评估的基础上归纳、提炼或升华而来的，反映了中央情报局乃至美国整个情报界对卡斯特罗政权政策取向及未来趋势的最终认识和判断。通过梳理这些认识和判断的主要脉络，我们可以对国家情报评估关于古巴革命政权的评估工作形成更为清晰的了解和评价。

一、评估活动的基本思路

根据1957至1965年国家情报评估对古巴的关注重点和深入程度，评估活动具体可以划分为三个层次。第一个层次是认识的初始，其核心问题是对革命政权性质进行判定。卡斯特罗领导的武装起义夺取政权后，古巴自1898年美西战争之后第一次以革命的形式完成了政权的更替[1]，美国政治决策层迫切地需要知道古巴将何去何从。为此，国家情报评估的首要任务就是对古巴革命政权尽快形成一个有效的认知。可以看出，国家情报评估将这一认知的内涵任务设定为判定新政权的性质。当国家情报评估对卡斯特罗政权有了“反美”“共产主义”的明确定性结论之后，认识活动需要进一步拓展，因而进入第二个层次。为了配合美国对古巴的敌对外交政策，国家情报评估对革命政权的各方面情况进行了广泛的评估，从内政外

[1] 1898—1959年之间，古巴政权的交接或是通过选举，或是通过军事政变完成的。

交举措，到社会民计民生，再到军事安全实力，无一不有具体的统计和分析。如果不是古巴导弹危机的爆发，国家情报评估对卡斯特罗政权的认识或许在相当一段时间内会集中在政权生存能力的评估上。导弹危机促使国家情报评估对古苏关系的地位有了新的认识，将其摆在对卡斯特罗政权认识的首要地位，成为对该政权其他问题认识的基础和背景。这是美国对古巴遏制政策的情报依据，同时也标志着国家情报评估对古巴革命政权认识的成熟，即第三个层次。可见，国家情报评估对古巴革命政权的研究思路紧密围绕美国对古巴外交决策的需求，充分体现了情报分析活动的循序性。

这三个层次对应的是国家情报评估对古巴革命政权认识的三个阶段。必须指出，各阶段之间的过渡是软着陆式，也就是说，它们之间的界限是相对模糊的。尽管我们可以指出其中一些关键性的评估产品或标志性的重大事件，但却难以用某个非常具体而明确的时间点对其加以划分。这是因为，我们虽然可以将每个阶段中的情报评估工作划分为搜集问题线索、理解并分析信息、确定问题要素、作出分析判断、评价与修正评估等诸多环节，但无法将整个认识活动归纳为一个简单的线性过程，前一个认识阶段的结论或许正是后一个阶段的起点，每个阶段相互之间是有重叠和交集的。

还要指出的是，每个阶段都有其重点评估的问题，但这并不意味着它是该阶段唯一的或是专有的主题。举例来说，国家情报评估自 1959 年就开始对古苏关系进行分析，但是在古巴导弹危机之前，一直是将其作为卡斯特罗政权外交关系的一个方面。又比如说，国家情报评估始终都在关注卡斯特罗政权的执政和生存能力，不同的是，导弹危机之前主要从古巴的内部环境进行分析，而危机之后侧重在古苏同盟的背景下进行判断。因此，本书对每个阶段提炼出的主题，是指该阶段国家情报评估对古巴革命政权最为关注的核心问题。

通过梳理国家情报评估对古巴革命政权的评估思路，可以发现，评估的重点在于判定左右古巴革命政权的决定性因素是什么，而这也恰恰是评估的难点所在。

国家情报评估早先认为民族主义对卡斯特罗政权具有重大意义，“卡斯特罗积极推进激进的民族主义改革，目的是将广大人民从他所认为的富裕阶层和美国利益对古巴的经济和政治奴役中解放出来”[1]。民族主义是民族意识的最高体现，是民族成员对本民族怀有的高度责任感。历史上的古巴不乏深厚的民族主义情结，两次独立战争便是突出的例证。革命之前的古巴实行资本主义制度，同时混杂封建的农业结构的大庄园制。这种制度具有依附性资本主义的特点和倾向，不但需要工业大国向其提供必要的投资和技术，而且反过来成为该地区出口商品的主要市场。这种制度滋养了极少数的上流阶层，而广大的古巴群众并无法从中收益，他们处于被剥削的贫穷状态。因此，战后古巴国内的民族主义情绪高涨，尤其是在中下层社会，要求改变现状的呼声日益强烈。正是由于这个原因，古巴的民族主义比远离美国的世界其他地区更加突出地反对美国。还是由于同样的原因，古巴革命胜利后，卡斯特罗发动的社会改革主要是采取反对外国经济控制的形式。

随着古苏关系的发展，国家情报评估发现，共产主义的意识形态对古巴革命政权的影响日益突出。虽然卡斯特罗的外交政策是朝向社会主义阵营的“一边倒”，但是国家情报评估在看待共产主义与卡斯特罗政权关系的问题上，并没有武断地作出结论，而是表现出高度的谨慎。通过对卡斯特罗与古巴共产党的关系如何、古巴是否会接受国际共产主义运动的统治

[1] SNIE 80/1-59: The Situation in the Caribbean through 1960, 29 December, 1959.

或控制、社会主义阵营如何看待古巴等多个角度的反复考察，国家情报评估认为卡斯特罗与共产党的关系，无论是古巴共产党还是苏联共产党，都“十分模糊”。最主要的原因是，国家情报评估认为卡斯特罗接受共产主义意识形态的动机有待商榷，卡斯特罗政权是在面临生死存亡的时刻才宣布加入社会主义阵营的，也就是说，这其中利己需求或许高过信仰诉求。因此，尽管利益认同及相互依赖将卡斯特罗与古巴共产党绑定在一起，但他们之间依旧存在摩擦。这个摩擦是否会大到破坏古苏之间的合作关系，取决于卡斯特罗的性情和他对于自己利益的理解，以及古巴共产党与他相处时的灵活性。

总而言之，民族主义与共产主义这两个因素相互交织、彼此影响，的确很难判断究竟哪一个在起主导作用。不过，当国家情报评估将二者辩证地结合在一起的时候，形势就豁然开朗了：古巴革命政权奉行的指导思想是“恰恰舞共产主义”，即具有古巴特色的共产主义。具体而言，就是根据国际形势的变化，制定有利于古巴革命政权存在和发展的内政外交政策。一方面，古巴积极地向苏联靠拢，寻求莫斯科提供的政治、经济乃至军事援助，以抵御来自美国的强大威胁。另一方面，古巴主动地援助他国的左翼力量，精心组织革命输出活动，以此作为最好的防卫手段。国家情报评估在厘清了这条线索之后，对卡斯特罗政权的评估思路就清晰通畅了。

二、评估工作的逻辑依据

综观而言，国家情报评估在对古巴革命政权的认识过程中，始终遵循以下三条逻辑依据。

首先是结合古巴的近现代历史遭遇作出的基本推理。在卡斯特罗政权建立之前，古巴还没有获得真正意义上的独立。关于“古巴”这一国名的起源有许多种说法，但几乎每种说法针对同一个问题的看法都是一致的：哥伦布是将这个加勒比海岛称为“古巴”的第一人。也就是说，古巴自被称为“古巴”起，就是西班牙的殖民地。在西班牙殖民统治时期，古巴人民掀起过多次争取独立和解放的斗争。1898 年，在古巴独立战争即将取得最后胜利的时刻，美国以援助古巴为名进行干涉，与西班牙开战。战争结束后，古巴获得了名义上的独立，实际上却长期被美国所控制，社会两极分化现象极其严重。对这样一个长期处于被殖民、受压迫的民族而言，卡斯特罗倡导的自由与民主恰好符合古巴人民希望从悲惨历史经历中解脱出来的心理。因此，国家情报评估认为，通过艰苦的革命斗争建立起来的卡斯特罗政权会与以往的古巴政府有所不同，会对国家主权和民族尊严高度地敏感，会不惜一切代价地捍卫之。国家情报评估对古巴革命政权的戒心由此而来。

其次是基于冷战思维作出的逻辑判断。冷战思维将地球一分两半，一边是美国为首的资本主义阵营，一边是苏联领衔的社会主义阵营。美国和苏联这两个超级大国都在试图使走上独立自主的国家接受自己的价值观，加入自己的阵营，对属于己方阵营的国家千方百计地实施援助，对属于对立阵营的国家不惜代价地进行遏制。美国学者贝科威茨在《美国对外政策的政治背景》一书中指出：“可以有把握地说，战后时期几乎每一项重要的美国对外政策决定，都是对其察觉到的或明显的共产主义威胁所做的反应。”[1] 在这种对抗式思维之下，国家情报评估对古巴革命政权的定位是非此即彼，不会存在中间地带。

最后是注重从地缘政治因素角度进行的分析。必须看到，地理邻近这

[1]〔美〕M. 贝科威茨：《美国对外政策的政治背景》（张禾译），商务印书馆 1997 年版，第 327 页。

个不可改变的自然属性，使拉丁美洲对美国在冷战时代所谓的共产主义威胁面前更显重要。对战后初期美国外交政策深有影响的约翰·福斯特·杜勒斯说："如果世界共产主义占领任何一个无论多么小的美洲国家，都将会形成一条危险的新战线，这将会增加对整个自由世界的威胁。"[1]古巴与美国、苏联两个超级大国关系的此消彼长，对美国来说意味着苏联的影响开始进入美国的势力范围，战后美国决策者担心的国际共产主义渗透西半球即将由可能性变成现实性。一系列事件的发展已然触动了美国"不允许在西半球建立一个由国际共产主义控制的政权"的底线。[2]这意味着国家情报评估必然对古巴革命政权高度重视。

总之，国家情报评估在分析古巴革命政权时，注重历史的继承与发展的变化，善于从卡斯特罗政权的行为特征来判断古巴的发展趋势，在大多数情况下作出的判断是理性的、客观的，体现了国家情报评估在情报分析方面的敏感性和准确性。

三、评估产品的决策价值

自第一份《国家情报评估》于 1950 年 11 月 8 日问世后，应高级政策制定者的正式要求或情报需求（无论是总统、国家安全顾问、国务卿、军事指挥官，还是国会议员），国家评估办公室开始对世界各地发生的重大事件或重点地区的情况发展进行评估和预测。

对于决策者而言，最困难的是在信息不充分、形势不明朗的情况下作

[1] Simon Serfaty, *American Foreign Policy in a Hostile World*, 参见洪国起、王晓德：《冲突与合作——美国与拉丁美洲关系的历史考察》，山西高校联合出版社 1994 年版，第 202 页。

[2] Graham H. Stuart, *Latin America and the United States* (New Jersey: Prentice-Hall, 1975), p. 139.

出决策。因此，决策的首要需求是看清形势，判断对方意图。国家情报评估的目标就是尽可能减少这种不确定性，通过分析与形势发展相关的信息，对其未来发展作出基本判断。可以说，国家情报评估是构筑美国外交决策的情报基础，其决策价值在很大程度上取决于政治决策层，特别是决策层的核心——总统的眼光和喜好。

艾森豪威尔是二战时期的最高将领之一，他对世界事务持有一种开阔且长远的眼光，并希望他的情报能够与这种眼光匹配。二战期间，他曾亲眼见识过通信情报和战术情报对敌军意图、计划和部署的预测产生了不可估量的价值，也曾见识过情报失误带来深重后果。因此，艾森豪威尔政府时期是国家情报评估与美国的决策体系融合得最好、对战略决策影响最大的时期，也是国家情报评估相对高产的时期。在他执政期间，超过 80% 的《国家情报评估》是为美国外交政策与安全问题生产的。这一时期，国家评估办公室及其生产的《国家情报评估》成为美国战略决策体系得以正常运转的情报基础，国家安全委员会每出台一项政策文件，都有国家评估办公室的情报支持。[1]

艾森豪威尔这样一位见多识广、积极进取的情报用户，本应激励国家情报评估对古巴革命政权采取一种开放心态和探索精神，但事实并非如此，这主要是他的中央情报总监艾伦·杜勒斯的性格使然。二战期间拥有丰富谍战经历的杜勒斯对间谍活动和隐蔽行动始终怀有浓厚兴趣，在他的任期内，中央情报局预算中 54% 的资金都被用于秘密行动[2]。自 1959 年 12 月起，中央情报局就开始致力于瓦解卡斯特罗政权的计划。1960 年 1 月 13 日，杜勒斯向国家安全委员会提交了一个代号“古巴工程”的计划，对在古巴进行秘密行

[1] Raymond L. Garthoff, *Assessing the Adversary: Estimates by the Eisenhower Administration of Soviet Intentions and Capabilities* (Washington D.C.: Brookings, 1991), p. 54.

[2] 田实：《美国中央情报局局长》，军事科学出版社 2008 年版，第 78 页。

动做了规划。18 日，比斯尔受命以 1954 年推翻阿本斯政府的人员为班底，成立了一支特别行动小组——“5412 委员会”或“40 人小组”，旨在通过隐蔽行动推翻卡斯特罗政权。[1] 相比之下，杜勒斯对情报分析工作兴趣索然，负责情报搜集和分析的情报处备受其冷落。1966 至 1973 年担任中央情报总监的理查德·赫尔姆斯（Richard Helms）回忆说：“杜勒斯不重视情报处，他对情报产品的价值和质量表示赞赏，却很少关心情报处或该部门的任何其他问题。”[2] 记者蒂姆·韦纳（Tim Weiner）则称，中央情报总监杜勒斯对最新的棒球比赛分数比对世界最新动态的分析更感兴趣。[3]

艾森豪威尔的继任者肯尼迪与其前任在对待情报的态度上有所不同，他在情报问题上主要依赖中央情报局、国防部和国务院的建议。猪湾事件之后，肯尼迪为了加强对中央情报局及其他从事对外情报工作部门的掌控，终止了总统对外情报活动顾问委员会的运作，转而建立了一个新的机构——总统对外情报咨询委员会。同时，撤换了杜勒斯，任命约翰·麦科恩为新一任中央情报总监。

麦科恩是一名成功的实业家和政治家，对华盛顿官场的政治权术有本质的了解。猪湾事件使中央情报局名誉扫地，肯尼迪总统需要麦科恩这样出色的管理人才来重振中央情报局。与前任不同的是，麦科恩不欣赏匕首斗篷式的间谍活动，而是关注情报的分析和评估工作，可以说，麦科恩给予了“国家情报评估新的能量”[4]。在他的领导下，中央情报局于 1962 年创

---

[1] 〔巴西〕克劳迪娅·福丽娅蒂：《卡斯特罗传》（翁怡兰等译），世界知识出版社 2003 年版，第 373 页。

[2] Richard Helms & William Hood, *A Look Over My Shoulder: A Life in the Central Intelligence Agency* (New York: Random House, 2003), p. 236.

[3] Tim Weiner, *Legacy of Ashes: The History of the CIA* (New York: Doubleday, 2007), p. 487.

[4] John Ranelagh, *The Agency: The Rise and Decline of the CIA* (New York: Simon and Schuster, 1986), p. 414.

造性地设立了科技处，进一步推动了情报搜集技术的发展和情报分析研究的工作。该处下辖研究开发办公室、工程开发办公室、外国广播信息服务处、技术服务办公室、技术情报办公室、国家图像译读中心等，科技处的设立为中央情报局加强侦察手段建设、提升情报评估能力起到了不可估量的作用。

肯尼迪遇刺后，约翰逊继任总统。情报界很快发现，新总统对情报的态度较几位前任有很大的不同。约翰逊喜欢独立深入思考，并相信自己的直觉，对情报工作不屑一顾。"艾森豪威尔和肯尼迪真诚地希望了解世界形势，约翰逊却只想让情报机构证实他已有的想法。"[1] 约翰逊从未造访过中央情报局在兰利的总部，也从未试图了解他所阅读的情报产品是怎样产生的。为了让约翰逊对情报工作给予应有的重视，麦科恩过多地夸耀了自己在古巴导弹危机问题上的先知先觉，而结果是总统越发反感和冷落他。麦科恩无法定期与约翰逊会面，也很难从总统那里得到他对国家情报评估在内的中央情报局各类报告的反馈意见。当然，约翰逊对情报工作疏远的态度并不可能改变美国外交决策的基本流程。决策依然需要建立在情报依据之上，而随着国家情报评估对卡斯特罗政权认识的逐步成熟和完善，约翰逊继承并巩固了肯尼迪对古巴的遏制政策。美国对古巴的遏制政策始终有一个基本假设，即古巴这样一个经济高度依赖于外国的、非民主的国家具有内在的不稳定性。美国通过遏制政策的实施或是在积极地制造，或是在耐心地等待这样一个机会，即使不能立刻推翻古巴社会主义政权，也可以将其对拉美地区的影响降到最低程度。

综上所述，国家情报评估是对全源情报进行综合搜集和评价的结果，每份评估报告都是对某个国家或派别内部发展有关的一系列可能结果的

[1] 〔美〕斯坦菲尔德·特纳：《读后销毁》（孙伊译），华中科技大学出版社 2014 年版，第 98 页。

分析与预测，其主要功能在于协助总统和其他美国领导人尽可能地深入了解外国领导人、发展中的事件和其他国家的军事经济能力，以便保护国家安全和利益免受危险。然而，在承认国家情报评估决策价值的同时，我们也不能过高地评价这类评估报告对政治决策的影响。这首先是由国家情报评估的属性和定位决定的。国家情报评估只是对各类情报的阶段性综合与判断，极少上升到政策决策的层面。[1] 就古巴这个具体案例而言，国家情报评估本身侧重的是对古巴局势的判断和预测，而非对古巴问题的政策建议。然而，无论它是否直接影响到美国对古巴的外交决策、对决策产生有多大作用，国家情报评估这项工作本身的价值都是毋庸置疑的。

第四节　经验教训：前车之鉴，后车之师

尽管距离20世纪五六十年代古巴风起云涌的时代已经过去了半个多世纪，美国情报界围绕古巴问题进行的国家情报评估工作也都成为往事，但从中得出的经验教训至今依然值得我们深思。通过总结美国对古巴国家情报评估工作的得失，有助于我们洞悉情报评估活动的发展规律，探索其中的机理，从而为我们进行类似的情报评估工作提供有益借鉴。

[1] 张曙光：《浅谈美国外交文献的利用》，载《美国研究》2006年第4期，第141页。

一、正确认识国家情报评估的双重属性

国家情报评估具有一种特殊的“双重性”：一方面，是社会学研究的一部分，需要运用经验社会学的理论和方法；另一方面，也是政治过程的一部分，评估结果可以对政治决策产生影响。

（一）国家情报评估的科学性

科学性是指符合客观实际的真实属性，它是主观认识与客观实际能够实现具体统一的属性。国家情报评估属于典型的战略情报产品。战略情报分析是建立在各门社会科学基础之上的一门交叉性应用科学，既吸收社会科学的成果，又根据自身的特征调整、改革分析方法，形成具有特色的管理模式、分析方法和认知过程。[1] 因此，国家情报评估在生产中不仅要应用社会科学已经积累的知识，而且会借助社会科学的研究方法为情报评估服务，利用社会科学知识的广阔背景，对片段的、冲突的和隐含的信息进行加工，提炼出完整的、一致的和明确的情报。显而易见，国家情报评估具有科学性。

可以说，战略情报分析植根于社会科学知识的沃土之中，没有后者的积淀，前者甚至寸步难行。但是，战略情报分析对社会科学的借鉴并非简单的沿袭，而是通过长期的实践与摸索，在一个特殊的领域不断地激励着情报学的研究方法和规律。因此，在确定国家情报评估科学性的过程中，我们还应当注意到它与普通科学研究相比体现出的特殊性。

首先，国家情报评估的研究对象、研究目的甚至评价标准通常是由情报用户给定的。评估的对象是事先给定的具体目标，着眼于政治、外交问题的解决。相比之下，普通科学研究相对漫无目的地追求发现新知识，其

[1] 牛新春：《战略情报分析：方法与实践》，时事出版社 2016 年版，第 67 页。

目的在于检验并发展理论、扩大认知、提供解释。其次，国家情报评估必须在某一确定的时间内完成，否则就无法在决策过程中得到关注。普通科学研究对于新的认知或发现通常不能强求在某一确定时间内发现，而情报评估则不然，这往往也是后者会使用次优研究设计的原因之一。再次，国家情报评估在生产过程中，所采用的猜想和假设都要得到高度的经验性检验，所有信息的获取、评价和解释过程都要有方法上的保证。与之形成鲜明对比的是，普通科学研究能以“失败”作为新认识的出发点，可以对从大胆猜想中得到的新认识进行探究。最后，国家情报评估服务于国家安全利益，而普通学科研究着眼于提高认知水平（参见表5.1）。

表5.1　国家情报评估与普通科学研究之间的差异

标准	普通科学研究	国家情报评估
认知导向	以理论为导向	以运用为导向
研究对象	自由选择，目标游离	用户决定，目标明确
时间框架	通常无时间限制	有明确时间限制
研究过程	允许犯错，允许大胆假设，如果出现错误，可以在此基础上重新论证	所采用的猜想和假设都要得到高度的经验性检验，犯错可能带来严重后果
产生效益	新认知的基础	对用户正面或负面的后果
获益群体	社会全体	用户或利益相关者

综上所述，国家情报评估与普通科学研究的差别主要体现在实践性和应用性两方面。在方法论的应用上，国家情报评估与普通科学研究并无原则上的差异，都是使主观认识符合客观实际和创造符合主观认识的客观实际的实践活动，因而国家情报评估的科学性不会因为这些差异而受到削弱或消减。

（二）国家情报评估的政治性

政治是各种团体进行集体决策的一个过程，也是各种团体或个人为了各自的利益所结成的特定关系，尤指对于某一政治实体的统治。“评估在社会中的角色很大程度上受到政治的影响，其发展历史是受政治驱动的。”[1] 可见，作为一门独立的学科，评估是政治的产物，因而具备政治性，国家情报评估亦不例外。

创建国家情报评估的初衷之一，就是为国家政策制定者提供重要的智力支持，为保障美国战略决策提供坚实的情报基础。建立一整套机构和机制生产国家级情报产品，为国家决策者提供情报信息和政策建议，这一思想早在第二次世界大战初期就已萌芽。冷战时期，向国家决策层提供战略情报产品的必要性和迫切性直接促成了国家情报评估体制的建立和发展。在朝鲜战争、古巴导弹危机、越南战争、东欧剧变、苏联解体、反恐战争等重大政治事件的决策中，国家情报评估无处不在，其中既有成功的经验，也不乏失败的教训。不过，国家情报评估虽然可以对政治决策产生影响，但毕竟只是政治过程的一部分，而且在决策过程中是被客观看待，过度解读，还是弃之不理，这其中存在诸多主观因素。纵观情报史中的风云事件，情报与政治决策之间这种微妙的互动从来都不少见。借鉴卡尔松和康纳在《评估与政治之间的关系》一书中提出的描述评估与政治之间关系的两个维度[2]，可以对国家情报评估与政治之间的关系进行如下描绘：

（1）是否可能从操作上将国家情报评估与政治分开；

---

[1] ［德］赖因哈德·施托克曼、沃尔夫冈·梅耶：《评估学》（唐以志译），人民出版社 2012 年版，第 54 页。

[2] Ove Karlsson V., Ross F. Conner, “The Relationship Between Evaluation and Politics,” Melvin, M.(Hg.): *The Sage Handbook of Evaluation,* 2006, p. 231.

（2）是否希望从概念上将国家情报评估与政治分开。

二、辩证看待国家情报评估的双重属性

尽管我们可以从科学和政治两个独立的视角分别证明，国家情报评估具备科学性和政治性，但是将这两种属性放在一起时，依然会产生这样的疑问：科学性与政治性之间是否存在主次从属的关系？更进一步说，这两种属性应当保持何种关系才能有效生产国家情报评估呢？正是由于对国家情报评估的科学性与政治性认识有所不同，美国情报界在其发展过程中形成了不同的方法流派。前文提及的传统派、激进派和后传统派三个流派分歧的本质就在于，对国家情报评估生产过程中作为情报生产者的情报界与作为情报用户的决策层是否应当分离持有不同意见，其具体表现如表5.2所示。

表5.2　国家情报评估与政治之间固有联系的三种情况

三种情况	是否可能从操作上分离	是否希望从概念上分离
第一种情况	是	是
第二种情况	否	否
第三种情况	不完全是	基本上是

传统派对应第一种情况，根据传统派观点，国家情报评估具有较强的客观性，而政治决策层会推动保护自己的利益，会对评估产生负面影响而不是信息的驱动，所以对国家情报评估是有害的，因而情报与政策始终需要处于隔离状态。激进派对应第二种情况，根据激进派观点，国家情报评估的相关性是突出的，实施评估与政策制定密不可分，认可情报与政策二

者以非常复杂的方式相互联系在一起，因而在情报界情报生产过程应与政策层紧密联系。后传统派对应第三种情况，根据后传统派观点，国家情报评估能够而且应该在政治环境中进行，情报与政策不能完全分离，情报界应该积极跟进政治决策层的情报诉求。

不过，国家情报评估在实践中很难与上述某一种情况完全重合或进行理想化操作。以古巴问题为案例来看，第一种情况与现实情况很少相符，政治决策层作为主要的评估委托方和情报用户，会以各种各样的方式对国家情报评估产生影响，而国家情报评估从来都不是在“真空”中生产出来的。导弹危机爆发之前的一个多月中，中央情报局先后收到多份有关在古巴岛内目击到 SS–4 导弹的报告，其描述确凿可信。这些报告再加上国防情报局怀疑古巴西部出现了地空萨姆 –2 导弹基地，直接促成了对比那尔德里奥省的圣克里斯托瓦尔区域的高度重视。然而，当时正临近美国的中期选举，由于担心 U–2 可能被击落而引发一系列的政治影响，再加上古巴的气象条件恶劣，因此，美国尽管觉察到苏联在古巴极为异常的军事建设，但 9 月 5 日至 10 月 14 日之间，却始终没有动用 U–2 对古巴进行空中侦察。后来，在麦科恩的一再坚持下，10 月 14 日天气转好后，美国派遣了一架 U–2 飞机对古巴的可疑地区拍摄照片，结果发现了苏联在古巴建设的导弹基地，彻底改写了国家情报评估的有关结论。

第二种情况下，国家情报评估归根结底必须按照科学的原则实施，这必然会与情报生产者要在政策制定过程中扮演一个有思想的讨论者相互矛盾。猪湾事件就是一个明显的例证。在行动的策划阶段，国务院和军方都认为，古巴后方的起义对登陆计划的成功是必不可少的，他们认为“中央情报局的观点大概也不会例外”。不过，事后杜勒斯承认：“当时很多美国报刊都认定，这次行动建立在一个错误的情报评估之上，即认为军队一登陆马上就会在古巴引起一场广泛的和成功的群众性暴动……我一点也不知道军队一登陆就会使手无寸铁的古巴人自发地举行起义这一估计。”[1] 这段话清楚地反映了中央情报局的想法，即靠消耗战而不是靠叛乱来赢得这次入侵。但是，为了促成这次入侵活动的实施，对实施隐蔽行动抱着一种急功近利心态的中央情报局利用包括《国家情报评估》在内的情报产品夸大了古巴国内起义的可能性，给人以只要成功占领一片滩头阵地，就会相当快地激起古巴武装反抗人员有组织起义的印象，促使决策层批准了登陆计划。由此可见，情报生产者在决策中的过度活跃会使情报评估的科学性受到干扰和影响，沦为迎合部分群体需求的工具。

可见，上述两种情况要么偏重遵循科学的标准，要么过于遵循情报用户的需求。出现以上现象的根本原因在于忽视了国家情报评估科学性与政治性兼备的双重属性。总而言之，一方面，国家情报评估属于科学研究的范畴，需要遵循相关规则和标准；另一方面，国家情报评估的目的在于为政治决策者提供可以使用的结果，具有相当的政治敏锐性。第三种情况可以较好地体现出国家情报评估的这一双重属性，因而具备更强的操作性。不过，这种情况的关键在于，情报界如何才能做到在与决策层沟通的同时又不受其影响。

要解决这个问题，首要的任务是正确认识情报与决策之间的辩证关系。“科学制定政策和作出决定,需要充分的情报和对情报的分析。”[2] 情报是决策的基础和依据，情报与决策是共生共存的关系。

首先，客观准确的情报是成功决策的必要条件，国家情报评估必须具备科学性。科学的决策必须建立在强有力情报工作的基础上，正所谓情报

[1] 〔美〕小阿瑟·施莱辛格:《一千天》(仲宜译)，生活·读书·新知三联书店 1981 年版，第 173 页。

[2] 〔美〕杰弗里·里彻逊:《美国情报界》(郑云海等译)，时事出版社 1985 年版，第 1 页。

是"源"，决策是"流"。决策过程就是在尽可能全面准确掌握情报的基础上，依据决策对象的发展规律及其外在条件，在变动的环境下，作出最有利的决断，并有效监督实施的过程。没有情报，制定决策就成了无源之水，执行决策无异于海底捞针。在古巴导弹危机爆发期间，美国情报界在肯尼迪政府决策过程中的作用正是一个有力的例证。美国情报部门在苏联导弹投入运作前对其进行了有效的鉴别，这为肯尼迪政府获得了一周的时间充分进行决策。1962 年 10 月 16 日至 22 日，美国虽已发现苏联在古巴部署战略导弹但秘而不宣，国家安全委员会执行委员会在这一周时间内就古巴的导弹问题进行了紧张而充分的讨论，先后提出 6 种方案以供选择，最终选择了进行海上封锁的策略，最后不但成功地迫使苏联从古巴撤出导弹，而且避免了一场千钧一发的核战争。毫无疑问地说，美国的情报优势使其在迫使苏联撤除导弹时掌握了主动权。试想，如果苏联在古巴的导弹全面部署完毕之前，美国情报部门都没有发现导弹，那么未来迫使苏联人撤离导弹恐怕要难得多，美国要么被迫默认苏联现有的部署，要么冒着发动世界大战的风险对古巴进行空袭，无论哪一种结果，其代价都是难以承受的。

其次，情报贯穿于决策活动的全过程，服务于决策，国家情报评估必须具备政治性。通过古巴的案例可以看出，从发现问题到决策实施的整个过程始终离不开对情报的加工与处理：借助情报发现问题，依靠情报锁定目标，根据情报制定方案，利用情报检验决策。决策准备阶段的情报应当具备综合性和现实性，旨在帮助决策者拓宽视野思路，及时了解情报，以便从宏观上增强决策判断能力。决策制定阶段的情报应当具备指向性和时效性，为的是帮助决策者尽快地制定出切实可行的方案。决策执行阶段的情报应当具备灵敏性，任何一项决策都不会十全十美，都需要在实践中不断地完善，在这种情况下，情报要积极主动，分清偶然因素和必然因素、全局因素和局部因素，为决策的完善提供保障。

最后，决策对情报具有指导作用，国家情报评估的双重属性共生共存、相互作用。现代社会的决策活动具有多目标、多变量、动态性和不定性的特点与趋势，对情报支持的要求越来越高。最初搜集的情报未必能够满足决策层需求；在事件发展的动态过程中，情报需求不断在发生变化；情报处理可能会揭示知识差距，从而引发情报搜集的新需求；决策层作为情报用户还可能会改变需求，或者要求获得更多的情报。因此，没有决策指导的情报工作如同无本之木，难以维系。“情报信息工作的重要甚至根本思路就是，依据决策的过程实务及其对情报的内在需求打通情报工作的脉络与机制。”[1] 也就是说，服务于决策的情报工作流程绝不是单向的，而是可以实现自由流动，以便满足决策活动的需求。

综上所述，要科学地把握国家评估的双重属性，生产出高质量的情报产品，必须正确认识科学性与政治性之间的辩证关系。尽管国家情报评估在实践中很难与后传统派的理论完全重合以进行理想化操作，但是至少我们从中可以获得有益的启示。一般意义上的评估产品，两个最重要的构成部分是提供信息（认识论构成）和提供判断（价值构成）。国家情报评估是分析人员在已知情报的基础上作出相关的预测，也就是将已知的事实扩展为对未来的理性估计和判断，显然，国家情报评估更加侧重提供判断的构成属性。基于这一认识，国家情报评估从概念上应该与政治分离；从操作上，在提供信息时，国家情报评估也应该与政治分离，而在提供判断时，则不能完全分离。这样一来，在实践操作中能够更好地兼顾到国家情报评估的双重属性，不至于出现“一边倒”的偏颇。

---

[1] 颜茵：《西蒙的决策情报信息论及实践启示》，载《情报杂志》2014 年第 10 期，第 70 页。

结 语

《国家情报评估》是具鲜明特征的战略情报产品，是美国情报界所生产的众多情报产品中影响最为突出的一类。1957—1965 年间美国针对古巴开展的国家情报评估工作处于一个极为活跃的阶段，不仅对其处理猪湾事件、导弹危机等事件本身产生了直接作用，而且对美国对古巴的外交政策产生了深远的影响。以这一时期美国对古巴作出的《国家情报评估》为研究对象，剖析和梳理这些情报产品的主要内容和基本思路，可以从宏观的视角观察美国情报界对古巴革命政权认识的形成过程，进而廓清美国对古巴决策的情报依据。

通过研究，我们可以将 1957—1965 年间国家情报评估对古巴的工作大致分为三个阶段。第一阶段是对古巴革命政权认识的初始阶段，其主题是评估政权性质。1957 年，菲德尔·卡斯特罗率部于古巴东部的一处海滩登陆不久之后，在马埃斯特腊山区逐渐建立了自己的根据地，拉开了古巴革命的序幕。随着起义军声势的不断壮大，卡斯特罗很快引起了美国情报界的重视。从国家情报评估的文本中可以发现，这种重视随着古巴执政当局岌岌可危、起义军势如破竹的形势发展而日渐加强。如果说在卡斯特罗领导的武装运动胜利之前，国家情报评估对古巴局势的分析预测是站在关注一个对美国而言具有巨大政治和经济利益的邻国角度上的话，那么在此之后，则出于一种迫切的决策需求：美国政治决策层对新生的卡斯特罗政权怀有难以言喻的疑虑，对古政策一时间摇摆不定。国家情报评估通过对卡斯特罗政权的执政主体和执政方式的分析，得出的结论是：它是“反美”和“亲共”性质的政权。此后，随着古巴与苏联关系的迅速密切，国家情报评估在卡斯特罗政权性质评定的结论上也逐步“赤化”，由疑似共产主义性质发展至最终确认。

第二阶段是对古巴革命政权认识的拓展阶段，其重点是评估政权生存能力。当国家情报评估对古巴革命政权有了定性判断后，明显就将评估工作的重点转移到古巴革命政权的生存能力上，这既是因为认知过程的必然发展带动了评估主题的变化，也是美国对古巴政治决策的情报需求驱使的结果。需要指出的是，这一时期的国家情报评估对古巴革命政权做了大量的工作，其产品发布的数量和频率可以充分地说明这一点，与此同时，这些产品涉及的领域又是极为广泛和分散的。因此，通过梳理和分类，本书将国家情报评估对古巴革命政权生存能力的评估指标归纳为内部和外部两个部分。其中，内部指标包括政权的社会支持基础、领导核心的稳定程度、经济治理的效率成本和古巴军队的军事实力。对于每个方面，国家情报评估均做了持续性的跟踪和分析，结论总体上基本正确。对于古巴革命政权拓展对外关系的动态，国家情报评估最关注的有两个方向：一是古巴与其他拉美国家关系的发展趋势，二是古巴与以苏联为首的社会主义国家关系的进展情况；而在后一个问题上，尤其是古苏关系的评估上出现了严重偏离事实的情况。

第三阶段是对古巴革命政权认识的成熟阶段，其重点是评估古苏关系。就国家情报评估而言，古苏关系并不是一个陌生的话题。实际上，自1959年12月发布的SNIE 80/1-59首次对古巴革命政权与苏联的关系作出评估起，国家情报评估针对古巴的报告没有一份不提及苏联。古巴导弹危机给国家情报评估对古苏关系的认识带来了两个重大的改变：一是重新对古苏关系进行定位，二是将古苏关系的认识提升到对古巴革命政权评估的首要地位。经历危机之后，国家情报评估将古苏关系摆在了认识的决定性地位，不但将其作为对卡斯特罗政权认识的精髓，而且作为对该政权其他方面认识的前提和背景。至此，国家情报评估对古巴的研究范式基本建立。基于这一范式，国家情报评估对古巴局势的主要判断有如下三点：一是同盟是古苏关系的主流趋势，两国之间融合多于分歧；二是卡斯特罗依靠苏联的扶持，未来将稳固掌控古巴；三是受制于国际形势，古巴在革命输出问题上会非常谨慎。根据这些判断，美国逐步认识到，处理与古巴的关系实际上就是处理与苏联的关系，对古政策要服从对苏政策。因此，美国最终于20世纪60年代中期对古巴形成了较为成熟的遏制政策。至此，国家情报评估对古巴革命政权的活动也由极度活跃趋于平稳规律。

基于上述研究，关于1957—1965年间美国对古巴的国家情报评估工作，可以形成以下几个方面的评析结论。

首先，在评估结论上可谓瑕瑜互见，瑕不掩瑜。长期以来，国家情报评估在古巴问题中的作为是处于一种被低估的状态，这主要是由于在古巴导弹危机爆发之前，国家情报评估的判断与事实严重不符。这一失误不但使国家情报评估的声誉受到严重损害，而且导致国家情报评估制度逐渐失去独立性，在一定程度上被排斥在国家战略决策之外。不过，本着从历史主义的立场出发，我们应该承认，国家情报评估在古巴问题上是有贡献和闪光点的。国家情报评估在较短时间内从古巴复杂的国内政治局势中抓住了要点，使用翔实的数据分析古巴经济形势的发展，并对古巴在国际社会中的定位有了基本的判定。以 60 多年后的眼光来看，国家情报评估在这些方面的结论是相当准确的，所作出的这些判断经受住了时间的考验，在后来的事态发展中得到了验证。

其次，评估视角经历了从“俯视”到“平视”的调整。国家情报评估在对古巴革命政权的认知过程中，最初采取了一种“居高临下”的姿态。这种态度在国家情报评估对美古关系和对古苏关系的考察中都有明显的体现，具体而言，就是忽视古巴革命政权的主观能动性，将其视为静态和被动的。这种俯视态度的最根本原因之一就是，“大国”意识作祟，导致美国情报界没有从“小国”视角看问题。古巴导弹危机促使国家情报评估校正了对古巴的评估视角，以平等的角度正视古巴在处理国内、国际事务上的自主性和能动性，从而在评估结论上也更加贴近事实。

再次，采用了逐步推进、环环相扣的评估逻辑。如前文所述，1957 至 1965 年美国对古巴的国家情报评估活动可以分为初始、拓展和成熟三个阶段，每个阶段都有其重点评估的主题，这既是情报评估工作循序渐进发展的过程，也是紧密服务于美国对古巴外交决策的需求。在国家情报评估对古巴革命政权的认识过程中，存在三条逻辑依据：一是结合古巴的近现代历史遭遇作出的基本推理；二是基于冷战思维作出的逻辑判断；三是注重从地缘政治因素角度进行的分析。总的来看，国家情报评估属于为国家安全政策的制定提供服务的预测性情报产品，在承认其决策价值的同时，我们也不能过高地评价这类评估报告对政治决策的影响。国家情报评估毕竟只是对各类情报的阶段性综合与判断，很少提供决策方面的建议。

最后，对于国家情报评估双重属性的思考与对策。国家情报评估具有科学和政治的双重属性。纵观美国国家情报评估制度的演变，也正体现出美国情报界对这种双重属性的持续认识和不断摸索。国家评估办公室时期的国家情报评估活动注重使用学术化的研究方法，对国家情报评估的科学性强调有余，而对政治性重视不足。国家情报官的设立就是为改变国家情报评估生产节奏滞后，无法满足政治决策需求的弊端，明显加强了国家情报评估的政治性。20 世纪 80 年代组建的国家情报委员会则是为了解决国家情报官制度下，国家情报评估质量参差不齐、与决策层联系不畅等问题。在“9・11”之后设立的国家情报总监制度，则更明显体现出对国家情报评估科学性和政治性的并重：国家情报评估转隶到国家情报总监办公室，受情报界首脑国家情报总监的直接领导，国家情报委员会负责生产，国家情报管理委员会负责审核，这样的设置使国家情报评估有了较为独立的生产机构，同时又可以更好地扮演情报协调者的角色。本书认为，要合理把握国家情报评估的双重属性，首先要从概念上把国家情报评估与政治分离开；从操作上，在提供信息时，国家情报评估应该与政治分离，而在提供判断时，则不能将其与政治完全分离。这样一来，可以有效地兼顾到国家情报评估的双重属性，不至于出现“一边倒”的偏颇。

参考文献

一、著作

（一）外文著作

1. Ally, Bruce & James Blight & David Welch, *Back to the Brink: Proceeding of the Moscow Conference on the Cuban Missile Crisis, January 27-28, 1989* (Lanham: University Press of America, 1992).

2. Barraclough, G., *Survey of International Affairs, 1959-1960* (Oxford: Oxford University Press, 1964).

3. Benjamin, Jules R. *The United States and Origins of the Cuban Revolution* (New Jersey: Princeton University Press, 1992).

4. Berkowitz, Bruce D. & Allan E. Goodman, *Strategic Intelligence for American National Security* (Princeton: Princeton University Press, 1989).

5. Beschloss, Michael R., *The Crisis Years: Kennedy and Khrushchev,*

1960-1963 (New York: Burlingame, 1991).

6. Blight, James & David Welch, *Intelligence and the Cuban Missile Crisis* (London: Frank Cass, 1998).

7. Blight, James & David Welch, *On the Brink: Americans and Soviets Reexamine the Cuban Missile Crisis* (New York: Hill & Wang, 1989).

8. Bohning, Don, *The Castro Obsession: U.S. Cover Operations Against Cuba, 1959-1965* (Washington, D.C.: Potomac Books, 2005).

9. Bonsal, Philip Wilson, *Cuba, Castro, and the United States* (Pittsburgh: University of Pittsburgh Press, 1971).

10. Breckinridge, Scott D., *The CIA and U.S. Intelligence Systems* (Boulder, Colorado: Westview Press, 1986).

11. Connell-Smith, Gordon, *The United States and Latin America: An Historical Analysis of Inter-American Relations* (Hoboken, New Jersey: John Wiley & Sons, 1974).

12. Dinerstein, Herbert S., *The Making of a Missile Crisis* (Baltimore: The Johns Hopkins University Press, 1976).

13. Fain, Tyrus G., ed., *The Intelligence Community: History, Organization, and Issues* (New Providence, New Jersey: R.R. Bowker Company, 1977).

14. Ford, Harold P., *Estimative intelligence: The Purpose and Problems of National Intelligence Estimating* (Lanham, Maryland: University Press of America, 1993).

15. Ford, W. C., ed., *The Writings of John Quincy Adams* (New York: Macmillan Company, 1913).

16. Fursenko, Aleksandr & Timothy Naftali, *Khrushchev's Cold War: The*

Inside Story of an American Adversary (New York: Norton, 2006).

17. Fursenko, Aleksandr & Timothy Naftali, *One Hell of a Gamble: Khrushchev, Castro, and Kennedy, 1958-1964* (New York: W. W. Norton, 1997).

18. Gaddis, John Lewis, *Strategies of Containment: A Critical Appraisal of Postwar American National Security Policy* (New York, NY: Oxford University Press, 2005).

19. Garthoff, Raymond L., *Assessing the Adversary: Estimates by the Eisenhower Administration of Soviet Intentions and Capabilities* (Washington D.C.: Brookings, 1991).

20. Grabo, Cynthia M., *Anticipating Surprise: Analysis for Strategic Warning* (Lanham, M.D.: University Press of America, 2004).

21. Helms, Richard & William Hood, *A Look Over My Shoulder: A Life in the Central Intelligence Agency* (New York: Random House, 2003).

22. Higgins, Trumbull, *The Perfect Failure: Kennedy, Eisenhower, and the CIA at the Bay of Pigs* (New York: Norton, 1987).

23. Hilsman, Roger, *Strategic Intelligence and National Decisions* (New York: The Free Press, 1956).

24. Hulnick, Arthur S., *Fixing the Spy Machine: Preparing American Intelligence for the Twenty-first Century* (Westport, CT: Praeger, 1999).

25. Kaplowitz, Donna Rich, *Anatomy of a Failed Embargo: U.S. Sanctions Against Cuba* (Boulder, Colorado: Lynne Rienner Publishers, 1998).

26. Karlsson, Ove & Ross F. Conner, "The Relationship Between Evaluation and Politics," Melvin, M.(Hg.): *The Sage Handbook of Evaluation*, 2006.

27. Katz, Barry M., *Foreign Intelligence: Research and Analysis in the*

Office of Strategic Services, 1942-1945 (Cambridge: Harvard University Press, 1989).

28. Kent, Sherman, *Strategic Intelligence for American World Policy* (Princeton NJ: Princeton University Press, 1949).

29. Khrushchev, Nikita S., Strobe Talbott, *Khrushchev Remembers* (Boston: Little Brown, 1970).

30. Kirkpatrick, Lyman B., Jr. *The Real CIA* (New York: The Macmillan Company, 1968).

31. LaFeber, Walter, *American, Russia, and the Cold War 1945-1975* (Hoboken, New Jersey: John Wiley & Sons, Inc, 1976).

32. Lechuga, Carlos, *Cuba and the Missile Crisis* (Melbourne: Ocean Press, 2001).

33. Marchetti, Victor & John D. Marks, *The CIA and the Cult of Intelligence* (NY: Dell, 1980).

34. Mecham, J. Lloyd, *A Survey of United States-Latin American Relations* (New York: Houghton Mifflin, 1965).

35. Mesa-Lago, Carmelo, ed., *Revolutionary Change in Cuba* (Pittsburgh, PA: University of Pittsburgh Press, 1971).

36. Morley, Morris H., *Imperial State and Revolution: The United States and Cuba, 1952-1986* (Cambridge : Cambridge University Press, 1988).

37. Nixon, Richard M., *Six Crises* (New York: Doubleday & Company, Inc., 1962).

38. Parkinson, F., *Latin America, the Cold War, and the World Powers, 1945-1973* (Beverly Hills, Calif.: Sage Publications, 1974).

39. Paterson, Thomas, ed., *Kennedy's Quest for Victory: American Foreign*

Policy, 1961-1963 (New York: Oxford University Press, 1989).

40. Pavlov, Yuri, *Soviet-Cuban Alliance 1959- 1991* (Miami: University of Miami, 1994).

41. Perez, Louis A., *Cuba and the United States: Ties of Singular Intimacy* (Georgia: Georgia University Press, 1988).

42. Perez-Stable, Marifeli, *The Cuban Revolution: Origins, Course, and Legacy* (Oxford: Oxford University Press, 1993).

43. Pettee, George S., *The Future of American Secret Intelligence* (Washington, D.C.: Infantry Journal Press, 1946).

44. Pope, Ronald R., *Soviet Views on the Cuban Missile Crisis: Myth and Reality in Foreign Policy Analysis* (Washington, D.: University Press of America, 1982).

45. Powers, Tomas, *The Man Who Kept the Secrete* (New York: Pocket Books, 1981).

46. Prados, John, *The Soviet Estimate: US Intelligence Analysis and Russian Military Strength* (NY: Dial Press 1982).

47. Price, Victoria S., *The DCI's Role in Producing Strategic Intelligence Estimates* (New Port, RI: Naval War College, Center for Advanced Research, 1980).

48. Rabe, Stephen G., *Eisenhower and Latin America* (Chapel Hill, North Carolina: The University of North Carolina Press, 1988).

49. Ranelagh, John, *The Agency: The Rise and Decline of the CIA* (New York: Simon and Shuster, 1986).

50. Ransom, Harry Howe, *The Intelligence Establishment* (Cambridge, MA: Harvard University Press, 1970).

51. Seers, Dudley, ed., *Cuba: The Economic and Social Revolution* (Chapel Hill, N.C.: University of North Carolina Press, 1964).

52. Shulsky, Abram N. & Gary J. Schmitt, *Silent Warfare: Understanding the World of Intelligence* (the third edition, Washington D.C.: Brassey's, 2002).

53. Smith, Earl E., *The Fourth Floor: An Account of the Castro Communist Revolution* (New York: Random House, 1962).

54. Smith, W. Thomas, Jr., *Encyclopedia of the Central Intelligence Agency* (New York: Facts on File, Inc, 2003).

55. Stephen, Clissold, ed., *Soviet Relations with Latin America, 1918-1968: A Documentary Survey* (Oxford: Oxford University Press, 1970).

56. Stuart, Graham H., *Latin America and the United States* (New Jersey: Prentice-Hall, 1975).

57. Taubman, William, *Khrushchev: The Man and His Era* (New York: Norton, 2003).

58. Troy, Thomas F., *Donovan and the CIA: A History of the Establishment of the Central Intelligence Agency* (Frederick, Md.: University Publications of American, 1984).

59. Watson, Bruce W. & Susan M. Watson & Gerald W. Hopple, *United States Intelligence: An Encyclopedia* (New York & London: Garland Publishing, 1990).

60. Weiner, Tim, *Legacy of Ashes: The History of the CIA* (New York: Doubleday, 2007).

61. Welch, Richard. E., *Response to Revolution: The United States and the Cuban Revolution, 1959-1961* (Chapel Hill, North Carolina: University of North Carolina Press, 1985).

62. Williams, William A., *The U.S., Cuba and Castro* (New York: Monthly Review Press, 1962).

（二）译著

1.〔巴西〕克劳迪娅·福丽娅蒂：《卡斯特罗传》（翁怡兰等译），世界知识出版社 2003 年版。

2.〔德〕赖因哈德·施托克曼、沃尔夫冈·梅耶：《评估学》（唐以志译），人民出版社 2012 年版。

3.〔俄〕谢·赫鲁晓夫：《导弹与危机——儿子眼中的赫鲁晓夫》（郭家申、述弢译），中央编译出版社 2000 年版。

4.〔古〕菲德尔·卡斯特罗、佩德罗·阿尔瓦雷斯·塔维奥、D. 施诺卡尔：《古巴雄狮卡斯特罗的青少年时代》（宋晓平等译），社会科学文献出版社 2000 年版。

5.〔古〕菲德尔·卡斯特罗、〔法〕伊格拉西奥·拉莫内：《卡斯特罗访谈传记：我的一生》（中国社会科学院拉丁美洲研究所组织翻译），中国社会科学出版社 2008 年版。

6.〔古〕乔斯·卢斯·莫尔拉、拉斐尔·卡尔辛斯：《CIA 在古巴》（海洋等译），时事出版社 1990 年版。

7.〔古〕玛尔塔·罗哈斯：《历史将宣判我无罪》（徐世澄译），华文出版社 2014 年版。

8.〔美〕艾布拉姆·N. 舒尔斯基、加里·J. 斯密特：《无声的战争：认识情报世界》（罗明安、肖皓元译），金城出版社 2011 年版。

9.〔美〕布雷德利·F. 史密斯：《美国战略情报局始末》（宋静存等译），国际文化出版社 1988 年版。

10.〔美〕戴维·霍罗威茨：《美国冷战时期的外交政策——从雅尔塔

到越南》(上海市“五·七”干校六连翻译组译),上海人民出版社 1974 年版。

11.〔美〕戴维·科特罗普夫:《美国国家安全委员会的内幕》(孙成昊等译),商务印书馆 2014 年版。

12.〔美〕杰弗里·里彻逊:《美国情报界》(郑云海等译),时事出版社 1985 年版。

13.〔美〕利昂·古雷、莫利斯·罗森堡:《苏联对拉丁美洲的渗透》(复旦大学历史系拉丁美洲研究室等译),上海译文出版社 1979 年版。

14.〔美〕理查德·里夫斯:《肯尼迪——权力日记》(贾文浩等译),商务印书馆 2015 年版。

15.〔美〕罗伯特·麦克纳马拉:《回顾越战的悲剧与教训》(陈丕西译),作家出版社 1996 年版。

16.〔美〕M. 贝科威茨:《美国对外政策的政治背景》(张禾译),商务印书馆 1997 年版。

17.〔美〕斯坦菲尔德·特纳:《读后销毁》(孙伊译),华中科技大学出版社 2014 年版。

18.〔美〕《苏联集团在拉丁美洲的活动及其对美国外交政策的意义》(北京编译社译),世界知识出版社 1962 年版。

19.〔美〕蒂姆·韦纳:《中央情报局罪与罚》(杜默译),海天出版社 2009 年版。

20.〔美〕小阿瑟·施莱辛格:《一千天》(仲宜译),生活·读书·新知三联书店 1981 年版。

21.〔委〕D. 博埃斯内尔:《拉丁美洲国际关系简史》(殷恒民译),商务印书馆 1990 年版。

22.〔意〕安格鲁·特兰托:《卡斯特罗与古巴》(杨晓霞译),生活·读书·新知三联书店 2006 年版。

23.〔英〕巴勒克拉夫：《国际事务概览（1959—1960）》（曾稣黎译），上海译文出版社 1986 年版。

24.〔英〕理查德·戈特：《拉丁美洲游击战运动》（复旦大学历史系拉丁美洲研究室译），上海人民出版社 1975 年版。

25.〔英〕理查德·戈特：《古巴史》（徐家玲译），中国大百科全书出版社 2013 年版。

26.〔英〕休·托马斯：《卡斯特罗和古巴》（斯禾译），上海人民出版社 1975 年版。

（三）中文著作

1. 洪国起、王晓德：《冲突与合作——美国与拉丁美洲关系的历史考察》，山西高校联合出版社 1994 年版。

2. 洪育沂主编：《拉美国际关系史纲》，外语教学与研究出版社 1996 年版。

3. 李景龙等编著：《美国国家情报评估报告选》，军事科学出版社 2013 年版。

4. 李景龙：《美国情报分析理论发展研究》，军事科学出版社 2014 年版。

5. 李萌：《冷战时期美国国家情报评估制度演变研究》，解放军外国语学院博士学位论文，2011 年。

6. 刘鹏喆：《美国〈国家情报评估〉研究——组织、程序、文本》，解放军外国语学院博士学位论文，2013 年。

7. 刘宗和、高金虎主编：《第二次世界大战情报史》，解放军出版社 2009 年版。

8. 牛新春：《战略情报分析：方法与实践》，时事出版社 2016 年版。

9. 沈志华、杨存堂主编：《苏联历史档案选编》第 29 卷，社会科学文献出版社 1999 年版。

10. 田实：《美国中央情报局局长》，军事科学出版社 2008 年版。

11. 武崇申：《美国与猪湾事件——二十世纪五十年代末、六十年代初美古关系的变化》，首都师范大学硕士学位论文，2004 年。

12. 徐世澄：《卡斯特罗评传》，人民出版社 2008 年版。

13. 杨存堂：《美苏冷战的一次极限》，广西师范大学出版社 2002 年版。

14. 杨生茂：《美国外交政策史（1775—1989）》，人民出版社 1991 年版。

15. 姚鑫贤：《美国古巴移民研究 1959—1980》，复旦大学硕士学位论文，2010 年。

16. 张长军：《美国情报失误研究》，军事科学出版社 2006 年版。

17. 张晓军主编：《美国军事情报理论著作评介》，军事科学出版社 2011 年版。

18. 张小明：《乔治·凯南遏制思想研究》，北京语言学院出版社 1994 年版。

19. 赵学功：《十月风云：古巴导弹危机研究》，天津人民出版社 2009 年版。

20. 资中筠主编：《战后美国外交史——从杜鲁门到里根》（上册），世界知识出版社 1994 年版。

二、研究论文

（一）外文论文和期刊文章

1. Brands, William J., "Intelligence and Foreign Policy: Dilemmas of a Democracy," *Foreign Affairs,* Vol. 47, 1969.

2. Briquets, Sergio Diaz & Lisandro Perez, "Cuba: The Demography of Revolution," *Population Bulletin*, Vol. 36, No. 1, April 1981.

3. Davis, Jack, "Tensions in Analyst-policymaker Relations: Opinions, Facts, and Evidence," *The Sherman Kent Center for Intelligence Analyst Occasional Papers*, Vol. 2, No. 2, 2003.

4. Díaz, Gustavo, "Different Approaches to the Difficult Relationship Between Intelligence and Policy," *UNISCI Discussion Papers*, No. 9, October 2005.

5. Ford, Harold P., "A Tribute to Sherman Kent," *Studies in Intelligence*, Fall 1980.

6. Hershberg, James G., "Their Men in Havana: Anglo-American Intelligence Exchanges and the Cuban Crises, 1961–62," *Intelligence and National Security*, 15:2, 1993.

7. Johnson, Loch K., "Glimpses into the Gems of American Intelligence: The President's Daily Brief and the National Intelligence Estimate," *Intelligence and National Security*, 23:3, 2008.

8. Kendall, Willmoore, "The Function of Intelligence," *World Politics*, Vol.1, No.6, July 1949.

9. Kent, Sherman, "A Crucial Estimate Relived," *Studies in Intelligence*, Vol.8, No.2, Spring 1964.

10. Khrushchev, Sergei N., "The Cuban Missile Crisis," *International Affairs* (Moscow), Vol. 48, No.4, 2002.

11. Munton, Don, "Intelligence Cooperation Meets International Studies Theory: Explaining Canadian Operations in Castro's Cuba," *Intelligence and National Security*, Vol. 24(1), 2009.

12. Munton, Don, "Our Men in Havana: Canadian Foreign Intelligence

Operations in Castro's Cuba," *International Journal*, Vol.70(1), 2015.

13. Rabe, Stephen, "After the Missiles of October: John F. Kennedy and Cuba, November 1962-November 1963," *Presidential Studies Quarterly*, Vol. 30, No.4, December 2000.

14. Wasserman, Benno, "The Failure of Intelligence Prediction," *Political Studies,* Vol. 8, No. 2, June 1960.

（二）中文论文和期刊文章

1. 蔡同昌、江振鹏：《苏联（俄罗斯）与古巴关系的演进》，载《拉丁美洲研究》2012 年第 34 卷第 5 期。

2. 冯秀文：《古巴的土地改革及其历史意义》，载《世界历史》2000 年第 5 期。

3. 傅清波：《关于情报研究过程认知机理的探讨》，载《四川图书馆学报》1994(1)。

4. 高金虎：《从珍珠港事件和古巴导弹危机看情报失误的原因》，载《情报杂志》1995 年第 3 期。

5. 胡荟：《战后美国情报界关于战略情报与国家安全政策关系的争鸣》，载《情报杂志》2015 年第 7 期。

6. 毛相麟：《中国和古巴关系的回顾与前瞻》，载《拉丁美洲研究》1997 年第 2 期，第 38 页。

7. 钱峰：《猪湾事件前后中央情报局情报失误评析》，载《情报杂志》1997 年第 5 期。

8. 颜茵：《西蒙的决策情报信息论及实践启示》，载《情报杂志》2014 年第 10 期。

9. 于江欣：《古巴导弹危机及其影响》，载《军事历史》2004 年第 4 期。

10. 张曙光：《浅谈美国外交文献的利用》，载《美国研究》2006 年第 4 期。

11. 赵学功：《肯尼迪政府对古巴的应急作战计划》，载《历史研究》2013 年第 2 期。

12. 朱尔茜：《经济治理的理论内涵及实施路径》，载《海南大学学报（人文社会科学版）》2016, 34(2)。

三、官方文件、报告

1. *Communist threat to the United States through the Caribbean*, Washington D. C.: United States Government Printing Office (hereinafter referred to as U.S.GPO), 1960-1963.

2. *Foreign Relations of the United States (hereinafter referred to as FRUS), 1945-1950, Emergence of the Intelligence Establishment*, Washington D.C.: U.S.GPO, 1996.

3. *FRUS, 1952-1954,The American Republics, Volume IV*, Washington D.C.: U.S.GPO, 1983.

4. *FRUS, 1958-1960, Cuba, Volume VI*, Washington D.C.: U.S.GPO, 1991.

5. *FRUS, 1961-1963, Volume X, Cuba, January 1961-September 1962,* Washington D.C.: U.S.GPO, 1997.

6. *FRUS, 1961-1963, Volume XI, Cuban Missile Crisis and Aftermath*, Washington D.C.: U.S.GPO, 1997.

7. McAuliffe, Mary S., ed., *CIA Documents on the Cuban Missile Crisis*, Washington DC: Central Intelligence Agency History Staff, 1992.

8. Kornbluh, Peter, ed., *Bay of Pigs Declassified: The Secret CIA Report on the Invasion of Cuba*, New York: The New Press, 1998.

四、网络资源

1. Assassination Archives, http://www.aarclibrary.org

2. Defense Technical Information Center, https://www.dtic.mil

3. Digital National Security Archive, http://www.proquest.com/products-services/databases/dnsa.html

4. Federation of American Scientists, http://fas.org

5. Freedom of Information Act Electronic Reading Room, https://www.cia.gov

6. *FRUS*, http://www.state.gov